謹謝在芳慈學習道路上，曾經幫助過她的各位教授與老師。感謝Torres教授、方主任、楊教授夫人、張助理教授及 Peter 教授，願意替芳慈論文的中文譯本寫序或引言。另外，也感謝陳校長及各位參與研究的老師、圖書館員與學生，幫助芳慈完成這篇研究。

用批判的角度閱讀漫畫書

以弗雷勒理論
探討臺灣中學生如何受日系漫畫影響

作者：許芳慈 撰

臺灣保羅・弗萊瑞學術交流中心 協編

本書為許芳慈Fang-Tzu Hsu博士於2015年在美國加利福尼亞大學洛杉磯分校（UCLA）發表之教育哲學博士學位論文，該論文原名為"Reading Comic Books Critically: How Japanese Comic Books Influence Taiwanese Students"，承下列委員審查通過及口試及格：

論文考試委員：
召集人：Carlos A. Torres, Committee Chair
世界比較教育學會聯合會會長、美國加利福尼亞大學洛杉磯分校教授。

委員：Douglas Kellner
美國加利福尼亞大學洛杉磯分校教育與資訊研究所教授。

委員：Richard Desjardins
美國加利福尼亞大學洛杉磯分校社會科學與比較教育學系教授。

委員：Virginia Walter
美國加利福尼亞大學洛杉磯分校教育與資訊研究所教授兼系主任。

中文摘要
Abstract

　　本研究的重點在於應用弗雷勒（Paulo Freire）的批判教育理念，探討漫畫這個文化議題。近來「日系漫畫書」已逐漸由次文化轉變成主流文化，了解其對臺灣主流讀者（國中生）的影響，甚是重要。

　　然而，單獨使用一種學術觀點很難公平地解釋日系漫畫書對臺灣青少年影響的複雜性，因此，為了以更深廣的角度去闡述這樣的主題，本研究採用文化研究、比較教育與教育社會學三種面向進行相關的討論。文化研究方面，本研究延續伯明罕學派的批判傳統，探討了種族、性別、階級、暴力等四種意識形態在文本中的表現。比較教育上，本研究透過後殖民的論述，闡釋日本與臺灣的濃厚文化情結，以及新自由主義（Neo-liberalism）全球化市場下，臺灣如何被他國牽引，並讓種族意識形態成為國際間的跨文化議題。至於教育社會學，本研究呈現出日系漫畫在學生文化中的重要性與影響力，並肯定其做為認知教材的教學價值。藉由弗雷勒的批判教學論將以上三個觀點加以整合，本研究將融合教育、政治、經濟與文化等議題。

　　資料收集上，本研究採用問卷調查的方式，了解國中學生閱讀漫畫書的方式、原因、閱讀習慣和喜歡的漫畫書種類等相關資訊。再者，透過對學生票選出的前五名日系漫畫書進行文本分析，本研究試圖檢視這群國中學生對於種族、性別、階級與暴力等民粹主義意識形態的理解。最後，本研究根據問卷調查和文本分析的結果，提出一系列的

訪談問題來詢問調查的學生及教育工作者（含老師）。透過這樣的研究方法，我發現年輕讀者對於隱含在日系漫畫書的各種問題看法，也同時更加理解教育工作者對於這個娛樂媒介有怎樣的看法。

根據我的研究結果，我發現雖然多數日系漫畫刻意營造國際感而在漫畫裡加入非亞洲人的角色類型，但角色的選用卻顯現出創作者的刻板印象和偏見。有色皮膚人種在漫畫書經常缺席或被刻板地描述其外表、日本以外的亞洲人種經常在漫畫中消失等問題，都顯現出日系漫畫在種族表現的侷限性。然而，大多數臺灣年輕讀者對於創作者此種呈現方式是可以接受的，他們甚至對潛藏其中的文化知識也相當感興趣。至於種族認定上，年輕讀者並非依照漫畫角色的外表或文化特徵來判別其人種，因此筆者認為其目前尚未受到漫畫裡的種族意識形態影響。

性別意識形態是訪談中討論最熱烈的議題。多數學生認為，漫畫中女性角色的性感穿著與男性角色對女性角色的好色表現皆是無傷大雅的。畢竟，當代媒體表現中，這樣的情形屢見不鮮，何況青少年漫畫又以趣味性表現為重，和色情顯然有別。然而，男性角色在漫畫裡總是更具有決定性的力量，並影響著劇情走向卻明顯的表現出其性別的刻板印象。再者，男性為主的異性戀意識形態主宰了漫畫故事的情節並被多數讀者接受。LGBT議題在日系漫畫裡乏於深度表現，即使在男同性戀（BL）漫畫裡。因此，日系漫畫無助於讀者對於「同性戀（Queer）」議題的理解。

國中學生在閱讀漫畫時，多半很少關注階級意識形態議題，而這個議題在漫畫裡的表現應分成經濟階級和社會階級兩個觀點來審視。經濟階級上，漫畫雖然唯物主義地以角色所擁有的物資財產來表現其階級差異，但中產階級依然主導價值觀。至於社會階級，少部分同學察

覺到漫畫裡的世襲概念對主角所造成的影響，然而多數師生並不認同這樣的意識形態，他們傾向相信透過努力來獲取成就的菁英價值。

漫畫裡的確充斥著暴力意識形態，並且經常有打鬥、噴血、斷肢，甚至死亡鏡頭，但幾乎所有的學生們都表示可以接受。事實上，透過創作者刻意的藝術化後，這些暴力的場景與真實世界的暴力已經完全不同。在本文中，我以「幻想化的死亡（Fantasized death）」來命名這樣的呈現方式。創作者藉由主角的拚死奮戰，來具象化各式各樣的精神挑戰，而這也讓讀者們為主角的奮勇精神感到激昂。

儘管學生們喜歡閱讀日系漫畫，但以後殖民主義的觀點看來，這個娛樂媒體已經影響他們對於臺灣本土創作者與其作品的認同感。在此急需將弗雷勒批判教育理論引入當前的教育環境之時，教育工作者卻顯然仍有顧慮。儘管如此，奠基在本研究結果，未來臺灣的批判教育恐仍是勢在必行。教育必須與日常經驗結合，如此才有助於未來的文化發展。

關鍵字：漫畫書、弗雷勒（Paulo Freire）、批判教育學、後殖民、臺灣中學生

作者感言
Author's Preface

　　本研究原為英文寫作，故在翻譯時，將因應讀者群的改變，對於美國文化相關之議題添增適當段落說明並補充臺灣本土相關研究，另外也加入我國相關文化與社會議題的對照。如此，讓讀者在閱讀之中更明白臺、美，日三方文化脈絡，及其媒體意識形態與教育表現。除此之外，本篇譯文也將變動章節與名稱，使讀者能夠清楚地了解本研究選用的理論模式與研究成果。

　　儘管我國已有不少針對影視、社會現象的文化研究，然對通俗書籍內容的分析依然闕如，尤其是動漫之類，受到傳統高低藝術觀的影響，更是缺乏實質了解。在教育領域也是如此，儘管課程與教學、社會學領域對動漫在教育的影響曾有探討，然該類型研究在質與量上相較其他學校文化研究卻無可併論。由於動漫在此主要兩個領域的研究匱乏，當我們在檢討動漫次文化所造成的社會、教育現象時，往往在檢討時淪為「常識性」猜測，而非科學論據。

　　然而如同本研究第一章所論述，動漫文化不是靠禁止、排除就會自動遠離臺灣青少兒教育環境的。動漫內容對學生的吸引甚為強烈，教師和家長的規約限制，只是將「教室中的大象」視而不見，而非理性地分析它、了解它。然而，教育即生命經驗。由弗雷勒哲學觀點而論，施行教育（尤其是批判教育）卻忽略每個人的生命經驗，是不可能的。因此，要徹底掌握此一文化現象在於教育領域中的表現，及其對國中

生思想的影響，必須要由國中生本身的經驗出發，藉由理論協助分析，方能了解其中真實。

然而此一現象牽涉複雜，不但有社會文化、歷史背景，更有全球化經濟的市場因素在背後操作。因此，本研究異於國內其他研究，改以跨領域的觀點出發，更宏觀的結合文化研究、教育社會學及比較教育三大領域，藉以深入探討這些不同類型的文本，如何引起學生共鳴，如何傳遞正面的價值觀，卻又如何潛移默化地夾帶種族、性別、階級、暴力的意識形態。

跳脫過去文化研究與教育分割式的局面，本研究關心的不僅是文本本身意涵，更關心這些圖像、文字對年輕讀者們的影響力。由此，文本分析和訪談自然勢在必行——學生的訪談結果與研究中教師、圖書館員對於文本考量的觀點進行比對，可以發現，兩者在諸多意識形態的認識上有明顯落差。包含社會大眾最關心的色情與暴力議題，就老師方面認定，和學生方面認定也不是簡單的二分法可以斷定——舉例來說，一本作品可能讓大多數的學生都斷定「內容暴力」，但學生們卻能區別這種幻想暴力和發生在社會上的真實暴力，甚或由暴力表現中體悟出更高層的抽象理念——這些都不是傳統報章媒體提供的簡單解答可以概論的。

在比較教育方面，本研究在學術上的突破是對臺灣現況極為重要的全球化議題。誠然，探討日本動漫對臺灣的影響將會牽涉到諸多兩國間的文化比較，然而本研究更進一步探究的卻是在此後運作的資本主義世界體系。由此，當對臺灣未來發展論述時，才能更精確地指出文化與教育的可行之道。

■ 研究經歷

博士後研究員。國立臺灣師範大學教育所（2016）。國科會專案
《「德國」教育制度中實現社會正義與適性發展與各國「技職教育」之比較暨我國「技職教育」之檢討與改進》計畫編號：MOST 104-2410-H-003 -051 -MY3。

研究者。於Kathryn Anderson-Levitt博士的Impact Project團隊中擔任研究員，美國UCLA（2014）。

研究助理。國立臺灣師範大學（2010.2-2011.1）。國科會專案：各國哲學期刊發展分析。

研究助理。國立臺灣師範大學（2010.9- 2010.12）。教育部專案：進階教學評鑑。

研究助理／專案助理。國立臺灣師範大學（2007.5-2008.05）。教育部專案：高職數學銜接教材評估。

■ 教育相關資歷

演講者。「美國高等教育與留學經驗分享」於臺中教育大學教育政策與管理碩士班課堂（2016）。

課程規劃。Paulo Freire Institute international summer program，美國UCLA（2015）。

演講者。「美國與臺灣的種族經驗分享」於教育社會學師資班課堂，國立臺灣師範大學（2014）。

演講者。"Cultural Studies: Examples of Stereotypes in Japanese Animation"於 Paulo Freire Institute international summer program，美國UCLA（2014）。

教學助理。Paulo Freire Institute international summer program，美國UCLA（2014）。

演講者。"Critical Pedagogy, Social Justice, and Transformative Education: Principal and Teacher Perspective"與Chitra Golestani博士共同講述，美國Teach for America（2014）。

教學助理。UCLA教育暨資訊研究所（GSE&IS）的ED596 Directed Independent Study（2013-2014）。

教學助理。Paulo Freire Institute international summer program，美國UCLA（2013）。

教學助理。國立臺灣師範大學教育系李郁馨教授助理（2011-2012）。

期刊審查員。美國UCLA GSE&IS e-journal: InterActions（2012-2014）。

演講者。「在教育系中如何發展自己」。國立臺灣師範大學教育系（2012）。

演講者。「公費留學經驗分享」。新竹教育大學（2011）。

演講者。「偏鄉實習經驗分享」。國立臺灣師範大學教育系（2009）。

實習生。教育部高教一科（2005）。

■ 教學經驗

國小兼任教師。臺北市仁愛國小一年級課後輔導（2016）。

領隊教師。兩岸三地海峽論壇夏令營，中國泉州（2012）。

武術教師。臺北通備武學暑期營，臺灣（2012）。

武術教師。臺北古亭國小課後活動、臺北五常國小課後活動「中式擊劍」（2011-2012）。

實習教師。臺東縣海端國中國文科（2008半年制實習）、臺北市仁愛國中（2006大四實習）。

■ 行政經驗

Coordinator。美國UCLA Paulo Freire Institute（2013-2014）。

研討會總籌。美國PFI 2014 CAFÉ conference（2014）。

網管。美國UCLA Paulo Freire Institute（2013-2015）。

研討會總籌。美國PFI 2013 CAFÉ conference（2013）。

大會總籌。第六屆通備武學校際大賽（國小組）（2012）。

■ 獲獎（教育類）

George Kneller Prize。UCLA Graduate School of Education and Information Studies（2013）。

GSE&IS獎學金。UCLA Graduate School of Education and Information Studies（2012）。

中華民國九十九年公費獎學金：比較與國際教育學門（2011）。

■ 獲獎（文學類）

第64梯好書大家讀。由《四時迴轉歌》獲得（2013）。

102年度第2期「國立臺灣文學館文學好書推廣專案」。由《四時迴轉歌》、《她的名字叫Star》獲得（2013）。

第二十屆九歌現代少兒文學獎。由《她的名字叫Star》獲得（2012）。

第十一屆全國聯合徵文比賽（論說文）第一名（2012）。

第十四屆菊島文學獎散文組首獎（2011）。

第四屆紅樓文學獎散文首獎（2005）。

■ 研究／文章發表

博士論文

Reading Comic Books Critically: How Japanese Comic Books Influence Taiwanese Students。由Dr. Carlos Torres指導，美國加利福尼亞大學洛杉磯分校GSE&IS（2015）。

碩士論文

Nietzsche 哲學人類學對當代教育之啟示。由楊深坑教授指導，國立臺灣師範大學教育研究所（2011）。

期刊論文

許芳慈（2014）。大學到底給了學生什麼？--《學術飄零：大學校園中有限的學習》書評。**通識在線**，51，35-37。

許芳慈（2014）。揭露高等教育中的學術審查。**通識在線**，55，40-42。

許芳慈（2016）。從Freire批判教學論論教師網路媒體素養之培育。**教育研究與發展期刊**，12(2)，65-88。（A級）

許芳慈（2017）。高教崩壞？市場化危機下的教育省思。**通識在線**，68，52-54。

研討會論文

許芳慈（2010年10月）。赫胥黎**《美麗新世界》**中的身心觀及其在當代教育的意義。第四屆兩岸四地教育史研究論壇，臺北市。

許芳慈（2010年11月）。**由Dewey經驗論論學生世界關懷情操之培育**。「全球化時代之關鍵能力與教育革新」國際學術研討會，臺北市。

許芳慈（2011年8月）。**尼采美學觀論孔子之教學表現**。楊深坑國家講座教授六秩晉六祝壽研討會，嘉義縣。

許芳慈（2012年3月）。**臺灣教育改革中的文化衝突**。教育高階論壇國際學術研討會，臺南市。

許芳慈（2012年4月）。**我國『發展國際一流大學及頂尖研究中心計畫』評析**。「教育國際化之反思」國際研討會，南投縣。

Hsu, Fang-Tzu(2013, March). *Learning in Language School: Parents' Expectation of Culture and Mandarin to the Second Generation Immigrants.* Power point presented at Spring Conference: Challenges and achievements in community language schools, LA, the USA.

Hsu, Fang-Tzu(2013, April). *Philosophy of Life: A comparative view between Freire and Nietzsche.* Power point presented at PFI 2013 CAFÉ conference, LA, the USA.

許芳慈（2013年7月）。**線上資源於華文作文教材之運用：以兩位教師之寫作教學為例**。第八屆全球華文網路教育研討會，洛杉磯。

許芳慈（2013年10月）。**媒體素養於社會科教學之運用：以電影《賽德克·巴萊》為例**。學術研討會暨「第29屆課程與教學論壇」，花蓮縣。

許芳慈（2016年10月）。**兩種翻轉：批判教學論與學思達教學法比較**。2016年E時代的教育創新國際學術研討會—「從翻轉教室到教育翻轉」，臺中市。

許芳慈（2016年10月）。**由批判種族理論論美國技職教育政策發展中的種族議題**。弱勢者教育國際學術研討會：反省與前瞻，臺北市。

許芳慈（2016年10月）。**以「人」為本：孔子與Freire對人性之觀點及其對當代教育之啟示**。「民主與教育」國際學術研討會，臺北市。

許芳慈（2016年10月）。**美國技職教育政策發展中的社會正義議題。**「民主與教育」國際學術研討會，臺北市。

許芳慈（2016年11月）。**批判、反思與實踐的力量：Paulo Freire批判教學論對臺灣教育之啟示。**2016 反思寫作教學研討會，臺北市。

許芳慈（2017年3月）。**一個「幻想化的死亡」：日本漫畫中的暴力美學及其教育蘊義。**第四屆教育美學學術研討會，花蓮縣。

Hsu, Fang-Tzu(2014, April). From the Dominant to the Minority: Race Issues from an International Student's Perspective, Paper presented at PFI 2014 CAFÉ conference, LA, the USA.

Hsu, Fang-Tzu & Hsieh, Yu-en (2014, May). *Nuclear War: How Media Manufactures Dualism over the Nuclear Energy Debate in Taiwan,* Paper presented at Twelfth Annual Meeting of the Cultural Study Association, Utah, the USA.

Hsu, Fang-Tzu (2014, May). *The Stories of Orchid Island: A Case study of Nuclear Waste and Social Justice Issues in Taiwan,* Paper presented at Twelfth Annual Meeting of the Cultural Study Association, Utah, the USA.

Hsu, Fang-Tzu(2014, June). *Political Awareness Teaching though Japanese Comic Books: Take One Piece for Example,* Poster presented at GSE & IS Research and Inquiry Conference, LA, the USA.

Hsu, Fang-Tzu(2015, March). *More than Comics: The influence of Japanese Comic Books on Taiwanese Junior High Students,* Paper presented at CIES Annual Conference, Washington DC., the USA. （**本次發表獲得美國比較與國際教育協會補助**）

Hsu, Fang-Tzu(2015, April). *Who are "New Taiwanese"? The Untold Hegemony in Taiwanese Society,* Paper presented at PFI 2015 CAFÉ conference, LA, the USA.

Hsu, Fang-Tzu(2015, May). *Another Way to Read Comic Books: How Ideologies in*

Japanese Comic Books Influence Taiwanese Teenage Students, Paper presented at Thirteenth Annual Meeting of the Cultural Study Association, California, the USA.

Hsu, Fang-Tzu(2016, August). *Ideologies in Comic Books: A Cross-cultural Influence in Education*, Paper presented at XVI World Congress of Comparative Education Societies (WCCES), Beijing, China.

Hsu, Fang-Tzu(2016, August). *Teaching Heritage: Different versions of Taiwanese Cultures at Language School in the USA*, Paper presented at XVI World Congress of Comparative Education Societies (WCCES), Beijing, China.

電子報

許芳慈（2011，2月）改變中的教育脈絡及網際網路。師大高等教育電子報，54。搜尋自 10月1日, 2011, from https://www.cher.ntnu.edu.tw/tk_epaper_show.php?eid=144#top3

Hsu, Fang-Tzu (2014, Jan.). Paulo Freire Institute summer program. *UCLA SSCE Newsletter*, 2013 Fall. Retrieved January 23, 2014, fromhttp://gseis.ucla.edu/academic-programs/education/social-science-and-comparative-education/resources/SSCEnewsletterFall2013.pdf

Hsu, Fang-Tzu (2014, Jan.). Educating the global citizen. *UCLA SSCE Newsletter*, 2014 Winter. Retrieved January 23, 2014, from http://gseis.ucla.edu/academic-programs/education/social-science-and-comparative-education/resources/SSCEwinternewsletter2014.pdf

一般報章雜誌

許芳慈（2011，10月29日）。延長在校時間，借鏡美國研究。載於《國語日報》「大家談教育」。

許芳慈（2011，7月30日）。得失心不要太重，很難。載於《國語日

報》「大家談教育」。

許芳慈（2011，7月9日）。防溺攻防戰，攻心為上。載於《國語日報》「大家談教育」。

許芳慈（2011，6月25日）。有些事太早知道，未必是好事。載於《國語日報》「大家談教育」。

許芳慈（2008，4月29日）。環保納入大學評鑑，慎思。載於《國語日報》「大家談教育」。

許芳慈（2006，10月20日）。品德教育，不全是大學責任。載於《國語日報》「大家談教育」。

自傳
Autobiography

許芳慈

　　我出生於臺北的一個中產之家，一路成長經歷中山女中和國立臺灣師範大學，也都在這個城市裡，但我不以在臺北謀生滿足，希冀著能四處看看臺灣、看看世界。

　　在通過推薦甄試後我進入教育系，並延續中學時寫作的興趣雙主修國文系。五年修畢後，受到對教育哲學與中文教學的感召，我成為了中學國文科教師，並進入了師大教育研究所。懷抱著想認識臺北以外、非主流環境中的教育情境，我選擇進入臺東縣海端國民中學實習。那是我第一次真正脫離都市，來到偏鄉生活，也是我的第一次離家之旅。

山邊海端，偏鄉實習

　　我和另一位朋友選擇進入海端，指導我們的譚光鼎教授說，近年來就只有三人（含我們）選擇偏鄉實習，實是大膽。但當時懷抱著一股教育熱情就這麼去了，也並沒有想太多。

　　在海端因為人力缺乏，實習老師被看作正職老師一樣。我們什麼行政、研習、大小會議都參與，學的很多也學的很雜。兩個月內，我們把封閉的圖書室重整起來，讓孩子有書可借；之後幫忙辦理自然科教師研習，也陪學生參與演講比賽。在期末時，我們還協助辦理了運動會，有時忙起來弄到半夜是所在多有。

　　然而我在那過得雖然充實愉快，對於偏鄉教育黑暗面的發現，卻也籠罩不去：不必要資源的過剩、必要資源的不足、學生家庭問題、師資問題……全都需要系統的改善，不是單一課堂可以解決的。這是藏在海端那些單純孩子、家長臉上的表情後，我最深的隱憂。

　　總括來說，在海端的日子是令人懷念的。每當我在臺灣、美國看到理想的課堂環境時，時常想到「要是當時這麼做的話，孩子們一定會很開心吧。」

　　這一點，我誠心希望有一天能夠實現。

師大教育，學術起點

　　結束實習後，我回到師大教育研究所，並成為楊深坑教授的學生。順從當時的興趣，我選了「尼采」這個藝術家兼哲學家作為我的論文主題。透過尼采的思想與身世，我某些程度地得以重新回顧自己的經驗：包括過去對創意寫作的熱情與教育思想的探求。

　　在一個意想不到的機緣下，我得到泛亞編輯的邀約，開始在兒童雜誌《365地球公民》撰寫哲普專欄「哲學不難」。事後回想，當時或許真是冥冥之中有什麼注定吧！否則一個已經拿下金鼎獎的刊物，怎麼會錄用一個在純文學界沒沒無名的小卒呢？

　　在那之後，我和365一直合作愉快。我們經常用信件往來，討論新的觀點、新的議題，總是想著怎樣才能用最有創意的方式，把教育知識和批判思考呈現給全國青少兒。這個工作充滿新意，但也充滿挑戰。即便現在我已經歷了「哲學不難」、「滿月堂」、「中西拼盤」和「科學演繹法」四個專欄與小說連載，仍時有如履薄冰的戒慎。每每提醒自己，必須由小讀者的心態出發，才能考量好怎樣的內容又吸引人、

又有教育性。

這樣特殊的教育經驗不斷發展，最後與我的文學理念融合，成就了後續的單本著作《她的名字叫Star》（九歌出版）與《四時迴轉歌》（繆思出版）。對我而言，創作最大的肯定已經不是是否獲獎了。當讀者閱讀時能被故事本身感動，甚而從中學習、啟發，那才是最重要的。

碩士的第二年我考取了公費留學，這個出乎意料的獎勵讓原本家境不允許的留學夢成為可能。因此在碩士畢業後，我繼續考入師大教研所哲史組博士班，在那充實一年，以作攻讀海外博士的準備。

海外留學，UCLA及PFI經驗

要描述出國後的留學經驗，即便萬字也不足。但在一切精彩的生活中，最值得一提的就是博二擔任Paulo Freire Institute（PFI）總執行的經驗。雖然前一年已經擔任過TA，也與學姐合作擔任過研討會總籌了，但接下一整個組織的複雜度儼然超過前兩者。

PFI是一個獨立運作在UCLA名下的NGO，有自己的成員、網頁、聯絡網和會議。身為總執行，除了要確保內外通訊良好、活動順利運行外，更要兼顧理想與實際。在擔任的一年間，我除了延續前代的弗雷勒文化圈讀書會和例會外，更將年度學術研討PFI CAFÉ擴大辦理成近百人參與的區域免費研討會。內容包含個人與團隊發表、名家演講、海報張貼、文化圈示範、教育者工作坊、藝術發表，尾聲的社會學遊戲照片還獲刊在GSE&IS的電子報上。

我們的網站宣傳在美國當地似乎也頗有成效，Teach for America（TFA）組織在該年竟主動聯繫我們，希望與我們合作為TFA培養出來的校長們舉辦工作坊。機會難得，我與PFI成員 Dr. Chitra Golestani 便合

作前往紐奧良提供講座。在融合弗雷勒理論和文化圈的經驗分享模式下，不論學員或我們講者都獲益良多。

除了擔任行政工作外，我的指導 Dr. Torres 亦令我再度擔任 PFI International Summer Program 的 TA。那是我第三次擔任 TA 的工作，但因為此次 program 擴大經營，共有來自臺灣、義大利、瑞典、埃及，甚至美國當地的學生，此次難度較前次更高。面對不同文化的衝突，我感受到的壓力也比先前更劇。這次的挑戰使我對國際教育有了更深的領悟，也了解到語言、課程與文化，如何政治性地在這全球化脈絡中體現。

精益求精，逆水行舟

有人問，在繞了地球一圈後，如果有機會，會不會選擇不同的路？我想，或許不會。因為現在我已經從寫作中找到教育的志業，並從研究與行政中看到臺灣的未來。對現在同時擔任泛亞出版社《365 地球公民》專欄作家，和清大兼任助理教授的我而言，教育的發展是多面向的。建立在專業學術的基礎上，與媒體結合，是廣化教育的最佳途徑。而要做到此種目標，正需要理論與實務的結合。

因此教育，於我而言不是一個人的事業，而是成就千萬人的事業。套句弗雷勒說的話，教育的最終目的就是改善這個世界。這種高遠的理想或者聽起來或有些不切實際，但倘若考量實際，現實地逐步改進，卻也並非不可。至少未來，我願意如此期許自己，能獲得機會，在教育學術與行政界貢獻所長。

斯人已遠去，典型在夙昔

許芳慈，女，1985 年生，2018 年 9 月 23 日因血癌病逝，得年 33 歲。

　疼痛的身軀終於無法禁錮你自由的靈魂。勇敢去飛吧！展翅翱翔到天堂國度哩，自由旅行、專心寫作，做一個快樂的天使。祝你放下一切重擔，不要害怕，快樂的飛翔。

——家人的祝福

致謝
Acknowledgments

　　我很難回顧我在國外學習時遇到的許多挑戰，這樣的難度和找到我真正感興趣的研究主題一樣困難。和大多數國際學生不同的是，我從未想過要到處旅行。反而我更珍惜來到美國南加州、成為洛杉磯居民，並在美國加利福尼亞大學洛杉磯分校UCLA獲得博士學位。

　　我很感謝Dr. Torres擔任我的指導老師，我從他身上學到了弗雷勒思想、政治哲學與全球化理論，在他的幫助下，我不論在學院或生活中都學到了比預期更多的知識。

　　再來，我也很感謝Dr. Kellner，他教會了我批判性文化研究的本質，也讓我理解哲學在現代社會中的重要性，沒有他，我可能永遠不會知道教育研究可以這麼的有趣。

　　Dr. Walter向我介紹了令人驚嘆的兒童文學世界，也改變了我閱讀書籍的內容與方式，在上了他的課之後，我在圖書館的閱讀呈倍數增長。

　　Dr. Desjardins讓我更加了解了全球經濟對文化和教育的影響。從這個角度來看，我開始以不同的方式看待一篇研究中的研究者和作者。

　　事實上，我認為一篇研究就是一項團隊合作。因此我要感謝我的臺灣和中國合作夥伴，他們分別是Adrian Niu、Yuen Hsieh、Jing Wang、Tan Zou、Angel Ho和Jia Jiang。由於我們對故事和研究都有著共同的興

趣，使我們的合作特別的愉快。另外，我也要感謝我的洛杉磯朋友
Jason Dorio、InêsSacchetti和Claudia Virruso支持，他們總是在我身邊支
持著我，給予我許多力量。

再來，我要感謝我的家人和丈夫，他們給予我持續、長時間的支
持。我還要向Dr. Peter Lownds致意，他和他的妻子Terre照顧了我在洛
杉磯的最後一年生活，我認為他是我的美國祖父。他全心全意地幫我
修改了這篇論文，如果沒有他，這篇論文可能無法以正確的方式表示。

最後，感謝所有參與研究的人員，雖然沒辦法一一點出，但我向每
個人學習，雖然研究中我們可能有不同的意見，但我們都致力於實現
共同的目標：憑藉想像力，愛與效勞，我們將使世界變得更美好。

Taking comic books very seriously.
Remembering my student Dr. Hsu, Fang-Tzu

Carlos Alberto Torres

Dr. Fang-Tzu came to our program in the UCLA Graduate School of Education and Information Studies in the Fall of 2012, and quickly rose to the ranks among the best international students in the Department of Education. Her intellectual prominence, her tenacity and goal-oriented perspective were part of her strong and dedicated personality pursuing a Ph.D. in Comparative and International Education.

Yet Dr. Fang-Tzu was not a newcomer to academia. Before coming to UCLA, she began a Ph.D. in Educational History and Philosophy, National Taiwan Normal University, Taiwan (2011) at the Graduate School of Education. Fang-Tzu obtained a M.A., Educational History and Philosophy, National Taiwan Normal University, Taiwan (2008- 2011) a B.A. in the Graduate School of Education; Department of Education, National Taiwan Normal University, Taiwan (2003-2008), and a B.A. in Chinese, National Taiwan Normal University, Taiwan (2003-2008).

She was not only a very experienced graduate student but also someone who immersed herself in the world of children's literature at a very early age. She worked as a writer, Chiuko Publishing Company, Taiwan (2012-); as a writer Muses Publishing Company, Taiwan (2013-); Columnist, *365 the Earth Citizen*, a Magazine for Children and the Youth, Taiwan (2010-), she wrote a Column: "Philosophy is not difficult", "World View" and a Series Novel for children: "The Moon Store."

Prior to joining UCLA she was also a research assistant in Taiwan, Department of Education, National Taiwan Normal University (2010.2-2011.1); *NSC (National Science Council, Taiwan): Analysis of Key Words in International Magazines of Education*; Research Assistant, Department of Education, National Taiwan Normal University (2010.9- 2010.12)-*NSC (National Science Council, Taiwan): Evaluation of Advanced Teaching Program*; Research Assistant, Center for Research on Educational Evaluation and Development, National Taiwan Normal University (2007.5-2008.05)-*MOE (Ministry of Education, ROC): Meta-analysis of Bridging Materials for Math (For Senior High School Students)*.

One of her hobbies and main sport was to be instructor of martial arts in Chinese Fencing. She worked as a Leader, Cross Straits Summer Camp, China (2012); Instructor of Chinese Martial Arts, Tonbei Summer Camp, Taipei City (2012) and taught "Chinese Fencing", "Stick" and "Wushu Boxing", Tutor, Taipei City (2012); Instructor of Chinese Martial Arts, Gu-Ting Elementary School, Taipei City (2011-2012). Taught "Chinese Fencing", a basic level for Chinese fencing game; Instructor of Chinese Martial Arts, Wu-Chang Elementary School, Taipei City (2011-2012); and taught "Chinese martial arts", a basic level for Chinese martial arts.

As a dedicated educator, she worked as Internship Teacher, Hai-Duan Junior High School, Taidung County (2008); taught "Creative Writing", an elementary school level course; taught "Chinese", an 8th grader junior high school level course and became an Internship Teacher, Jen-Ai Junior High School, in Taipei City (2006). In addition, she taught Chinese at 8th grader junior high school level course, and was a Tutor, Taipei City (2002), teaching "Mathematics", a 7th grader junior high school level course.

At UCLA she was my Teaching Assistant for two International Programs of the Paulo Freire Institute in the summer, performing with the outstanding quality and flair that characterized her work.

Her dissertation was a labor of love, linking her theoretical and empirical work on children's literature with her analysis of *Manga*, the Japanese literature for teenagers. Her basic thesis, well documented in her dissertation already published in English[1] was that teenagers love to read comic books. Most junior high school teachers understand their students prefer comic books to textbooks. But Fang-Tzu wondered, are comic books merely sources of entertainment? Or do they contain subtler and, in some cases, more insidious information hidden among their words and pictures?

From a Cultural Studies perspective, Japanese comic books (also known as *Manga*) become an important part of many Taiwanese adolescents' lives. In Taiwan, comic books are considered the core of ACG (Animation, Comics, and Games) that expose techno-savvy teens to a multiplicity of *manga*-related productions and merchandise.

---

1 Reading Comic Books Critically by Fang-Tzu Hsu and Peter Lowds, Peter Lang Publisher, Bern, Switzerland, 2021.

Recognizing the need to discuss this issue educationally, culturally, and internationally, she came up with the following problem statement: 'What ideologies of ethnicity, gender, class, violence, and cross-cultural issues exist in mainstream Japanese comics, and how do they influence teenage Taiwanese junior high school readers?'

Fang-Tzu took comic books very seriously as promoters of identities and values in Taiwan. She insisted that Japan's ACG exports have coopted the Taiwanese imaginary to the detriment of the nation's indigenous cultural industries. Her works marks a central moment in the study of cultural studies and how *Manga* affects the identities, values, and experience of Taiwanese teenagers.

Her untimely death deprived us of her further contributions on the question of children and teenagers' literature and cultural studies in Asia. Her always gracious public and private persona was a pleasure to have around, particularly her sharp contributions and criticism of a variety of theoretical and empirical topics in her field of expertise. She will be sorely missed.

Carlos Alberto Torres
Distinguished Professor in Education
UCLA School of Education and Information Studies

以嚴肅角度看待漫畫書
紀念我的學生 許芳慈博士

Carlos Alberto Torres

　　許芳慈博士於2012年秋季來到加利福尼亞大學洛杉磯分校的教育學院，成為我們的研究生，並且以極快的速度躋身教育系最佳國際學生行列。她的卓越智慧、堅毅和以目標為導向的觀點，是她堅毅和專注個性的一部分，而這也助其順利獲得比較與國際教育領域的博士學位。

　　許芳慈並非是學術界的新人。早在她來加利福尼亞大學洛杉磯分校前，她就已開始在臺灣師範大學教育學系讀教育史與哲學博士班的課程（2011年）。芳慈在2008-2011年就讀臺灣師範大學教育學系研究所教育史哲組，並取得碩士學位。在2003-2008年就讀臺灣師範大學中文系與教育系。

　　她不僅是一位經驗豐富的研究生，還從小浸潤在兒童文學的世界裡。2012年九歌出版社出版了她的作品《她的名字叫Star》；2013年繆思出版社出版了她的作品《四時迴轉歌》；另外，她也在2010年開始擔任臺灣少年兒童雜誌《365地球公民》的專欄作家，她曾撰寫專欄「哲學不難」、「東西拼盤」及兒童系列小說「滿月堂」[1]、「科學演繹法」[2]等。

1　該書在2018年由小兵出版社重新編輯出版為《妖怪藥局：我的玉兔店長》、《妖怪藥局：神仙惹麻煩》。

2　該書在2020年由小兵出版社重新編輯出版為《科學演繹法：偵探學園超展開》、《科學演繹法：第歐根尼俱樂部》。

在來到加利福尼亞大學洛杉磯分校前，她還曾擔任國立臺灣師範大學教育系的研究助理，參與行政院行政院國家科學委員會：國際教育雜誌關鍵詞分析（2010年2-2011年1月）、高級教學計劃評估（2010年9月-2010年12月）；國立臺灣師範大學教育評價與發展研究中心研究助理，執行教育部：高中生數學銜接教材的統合分析（2007年5月-2008年5月）。

中華擊劍的武術是芳慈的興趣，也是她主要進行的運動之一。她曾經擔任國海峽兩岸夏令營的領隊（2012年）；臺北市東北夏令營中國武術教練（2012年），教授「中國擊劍（Chinese Fencing）」、「棒法（Stick）」和「武術拳擊（Wushu Boxing）」；臺北市古亭國小中國武術教練（2011-2012）教授基礎的「中華武術」。

身為一位敬業的教育工作者，她曾在臺東縣海端鄉的海端國中擔任實習國文教師，教授八年級中學生（2008年）、臺北市立仁愛國中實習教師（2006年）、臺北市立仁愛國小課輔班老師，教授國小學生如何「創意寫作」及在2002年擔任國中七年級學生的數學家教老師。

在加利福尼亞大學洛杉磯分校，她是我在保羅・弗萊瑞學術交流中心於暑期所開的國際暑期研究所課程兩年的助教。並且她也在課堂中以卓越的品質和天賦分享了她的研究。

芳慈的論文展現的是充滿愛的工作，她將自己在兒童文學方面的理論和實證工作與其對日本青少年漫畫文學的分析聯繫起來。她的論文基礎，即青少年喜歡閱讀漫畫書，在其英文發表的論文[3]中得到了充分證實。大多數的國中老師都明白他們的學生喜歡閱讀漫畫書更勝教科

3　《Reading Comic Books Critically》這本書在2021年由Peter Lang出版，作者為許芳慈和Peter Lowds。

書。然而，芳慈更想知道的是，漫畫書僅僅只是一種休閒娛樂嗎？或者它們在某種情況下包含了隱蔽的訊息，正透過文字和圖片傳遞著？

　　從文化研究的角度來看，日本的漫畫書（又稱為日系漫畫書 Manga）是許多臺灣青少年生活的重心之一。在臺灣，漫畫書被認為是 ACG（動漫遊戲，包含 Animation 動畫、Comics 漫畫和 Games 電玩三者）的核心，它讓精通科技的青少年接觸到多種與漫畫相關的作品和商品。認清這個議題在教育、文化和國際上討論的必要性，芳慈提出了她的研究問題並進行陳述，即「在目前日系主流漫畫中存在著怎樣的種族、性別、階級、暴力和跨文化議題，及這些漫畫如何影響臺灣國中青少年讀者？」

　　芳慈以非常認真的角度看待漫畫書，並認為其可以做為促進臺灣身分和價值認同的重要因素。她堅稱，日本出口的 ACG 文化強行拉攏了臺灣人的想像力，也損害了國家的本土文化產業。她的研究標誌出文化研究的一個重要時刻，並且指出日系漫畫如何影響臺灣青少年的身分、價值觀與生活經歷。

　　芳慈的英年早逝使我們喪失了她可在亞洲兒童及青少年文學和文化研究議題上產生的進一步貢獻。不論在公開或私人社交場合中，她總是彬彬有禮，讓人很高興有她在身邊，特別是在她專業領域內對各種理論和實證主題的敏銳貢獻與批評。她將永遠被我們想念著。

Carlos Alberto Torres
美國加利福尼亞大學洛杉磯分校教育與資訊研究學院特聘教授

方永泉

　　在圖像時代的臺灣社會中，鮮少有人在成長的過程裡沒有受到漫畫或卡通（兩者現在合稱「動漫」）的影響。以筆者自身為例，小學時代即為了當時的《王子》及《漫畫大王》等雜誌積攢零錢，甚至廢寢忘食，為了即是其中精彩的連載漫畫，後來更受其中超人漫畫（當時叫「光能王子」，現代則稱「鹹蛋超人」）的影響，而自己動筆嘗試畫了半本的漫畫，不過後來並未完成。之後的一些勵志的棒球漫畫如《青少棒揚威記》、《棒球爭霸戰》（現稱《野球狂之詩》）在成長過程中更讓人對於棒球這項運動產生難忘的記憶與親切的好感，奠定了棒球作為臺灣國球的重要基礎。當然，歷久不衰的《機器貓小叮噹》（現稱《哆啦Ａ夢》）中天馬行空的想像力及溫馨療癒的情節，也一直是童年甚至長大後不斷重溫的舊夢。

　　卡通則隨著電視逐漸進入每個家庭，讓人留下更深刻的印象，目前上一世紀五〇及六〇年代長大的男生不會忘記《科學小飛俠》及《無敵鐵金鋼》中所懷抱的熱血和追求的正義，女生應該也很難忘懷《小天使》及《小甜甜》、《小英的故事》等曲折動人的故事情節。時至今日，當時許多卡通的主角及故事仍讓人如數家珍，甚至連主題歌曲都還能朗朗上口。這些在在都顯示了動漫所帶給人們一生的影響力量有多麼鉅大，其持續時間又有多長久。

從教育的觀點來看，學校中所實施的正式教育固然提供了更為系統化的學習內容及更為直接的學習機會，同時也在個人成長及人生晉階的過程中扮演了十分重要的角色。然而，若以實質發生的角度來說，一些如動漫之類媒體的非正式教育則在我們情意及價值觀的培養及塑造上發揮潛移默化、難以言喻的力量，其影響力大到我們所有的教育工作者都無法忽略的地步。事實上，所有教育活動的發生，應該都是正式與非正式齊頭並進，兩者缺一不可，我們一方面固然必須重視正式教育的效率及適切性，另方面則也需要正視非正式教育中的能量，並且以批判的視角留意其中所可能隱含的種族、性別、階級及暴力等方面的意識形態。

鑑於日系漫畫（筆者前所面提到的動漫均來自日本）在臺灣社會的影響，所以不少的學者或評論者皆曾對此現象進行了某種程度探討。惟若就領域來看，大多從文化產業、傳播學等角度著眼，鮮少有從教育的角度探討其對於青少年學生的影響，更遑論從批判教育學（Critical pedagogy）的觀點著眼。因此以探討主題來說，這本從 P. Freire 批判教育觀點探討媒體教育（尤其是日系漫畫）對於臺灣中學生影響的著作，就分外地具有重要意義，而且也開啟了國內教育界在此一研究領域的先河。這本著作除了正視日系漫畫——不只是青少年次文化，更隱然成為主流文化——對學生所造成的影響外，更從不同的面向，包括文化研究、比較教育與教育社會學等面向，並且運用了多元的研究方法，在研究過程與結果上相當嚴謹，整體撰述更非常有條理及流暢，兼顧了學術性與可讀性。

作者許芳慈博士本身即是國內教育界少見的優秀人才，芳慈畢業於臺灣師大教育系，在學期間就相當好學勤問。她孜孜於學術研究，於取得臺灣師大的教育碩士學位之外，便負笈美國，到著名的加州大學洛杉磯分校（UCLA）修讀博士學位，拜入世界級學者 Carlos A. Torres

門下，專攻教育社會學及教育哲學，並順利取得博士。芳慈洋溢著極高的文學才華，尤其是具備豐富的想像力及動人的敘事能力，她在課餘之際勤於筆耕，所完成的多部青少年文學作品，深受國內文壇注目，還曾榮獲九歌現代少兒文學獎首獎。芳慈的作品深具人文關懷及教育意義，其多著墨於對於弱勢孩子之間相互扶持的情感與奮鬥，十分發人深省。更棒的是，芳慈故事說的精彩，她的書只要一讀即會被深深吸引入迷，非要待全書讀完才會罷休。小女國小五六年級時，即讀過她的許多小說作品，而且往往讀完一遍不夠，還要時時拿來「溫習」。她的作品的精彩度與吸睛程度實不亞於哈利波特（Harry Potter）系列，若稱芳慈是「當代臺灣的 J. K. Rowling（羅琳）」，實則並不為過，而且芳慈還具有難得的學術才能及社會服務的教育熱忱。

令人痛惜的是，這麼優秀的芳慈，竟然天不假年，於2018年時因病離開了我們。她所留下的每項作品和每個文字，都令我們更加懷念這位難得的文學慧星。為了紀念芳慈，她的家人們主動翻譯了她的英文博士論文，不僅讓我們可以再次緬懷芳慈的初衷及研究熱情，另一方面，我也相信，她所開拓的學術成果，必然也可以帶給國內教育學界非常重要的貢獻。

國立臺灣師範大學教育學系系主任
臺灣保羅・弗萊瑞學術交流中心主任

方永泉
謹識

推薦序
Foreword

王秋絨

　　我與芳慈的認識來自她曾是先夫楊深坑的學生。與她逐漸熟識後，我非常欣賞她，欣賞她把自己的左右腦都開發得很好，這在一般研究教育學者身上，是較少見的。她可以左手寫小說、散文得獎，右手寫論文，獲取碩、博士學位，她在同僚中是少數的才女型研究者。

　　〈日系漫畫對臺灣中學生的影響〉一文，是芳慈於2015年在美國洛杉磯大學所撰寫完成的博士論文，指導教授是先夫與我多年好友Carlos A. Torres，也是Paul Freire的研究專家。

　　綜觀該論文運用Paul Freire的批判性教育學為研究方法論的基礎，再加上比較教育方法，形成該論文批判日系漫畫書對臺灣中學生的影響。

　　全部論文共分六章，第一章緒論，第二章漫畫書的弗雷勒式分析，第三章的研究方法，第四章臺灣學生與教育工作者的回饋，第五章進入大漫畫書時代：針對研究成果進行批判性分析，第六章結論。在研究方法中，芳慈首先選出國中學生最常看的五本漫畫書，再以Paul Freire的批判教學論，分別批判漫畫文本中的「性別、種族、階級、暴力」等國中生的意識形態，她發現在上述議題上，無論國中生及教師都未有太大的意識形態，但整體來看，長期看日系漫畫，「日本霸權

對臺灣文化的影響是不利的。因為它讓臺灣文化失去了講述自己故事的力量和存在感。」

這篇論文的研究方法論在批判常年閱讀日系漫畫國中生之各方面意識形態的探究，是有意義且有價值地。

只是臺灣國中學生及教師尚未處於「意識覺醒（Concientization）」的階段，直接以調查研究法了解國中師生受日系漫畫意識形態的影響狀況，有待進一步商榷。

如果芳慈能對國中師生先做進一步的批判意識之培育，再檢視漫畫對師生的各種議題層面意識形態的影響，似較合理。且會使本文之研究結果，對國中生課外閱讀書籍判別及內容，更具有參酌作用。

曾任臺灣師範大學社會教育系教授

王秋絨

致充滿教育熱忱與抱負的芳慈

張珍瑋

　　我與芳慈認識大約是在2013年，那一年她協助UCLA暑期的PFI Summer Program，我與在美國的她因此有更密切的聯繫，而結識到這位很認真做學術、也很認真在生活的年輕學者。在規劃Summer Program的過程中，芳慈的可靠與盡責讓我印象深刻，也因此我們建立了持續的友誼。在後續不論是她的研究或是生活，我們都保持密切的聯繫。芳慈於2015年順利於UCLA拿到博士學位畢業，我還記得貼心的她送給我一張感謝卡，我們也應景地在UCLA Bruin Bear前留影。在芳慈學成回臺後，我們無數次地見面，每次總是討論著臺灣學術界的現狀以及未來我們要做些什麼讓這裡更好等等，這些都成為我對芳慈難以抹滅的重要記憶，也常讓我迄今想起都會在心中註記「我要背負著芳慈的那份對教育的熱忱向前努力。」

　　還記得芳慈2017年在醫院治療期間，我因為正值孕期沒法去醫院看她，在互通的訊息中總是彼此打氣（因為家母當時也在化療期間），及至我2018年初生產後於月子中心休養時，芳慈已成功打敗癌細胞，還來看望我，我們再聊起未來發展時，芳慈說：「我決定要放棄學術界，未來就是好好寫作、壓力不要太大地生活。」那時我們仍然彼此打氣，因為知道我們只要能健康地活著比一切都重要。但沒想到不久

後芳慈在一次電話中跟我說：「學姐，我癌症復發了。」當時聽到這訊息的我，腦中一片空白，只禱告希望這一切都很快會過去，相信堅強的芳慈一定可以再次平安出院。於芳慈住院治療期間，我去見過她兩次，他後來在院中信主受洗，所以我們也能夠在後續電話中一起禱告，在電話中的芳慈仍然說話很有精神，我們也總是一起禱告希望最好的情況能夠發生。最後一次電話中，我們聊了很多，芳慈最後說了：「學姐，我想說謝謝你。」我慌了，問：「你怎麼這樣說。」芳慈說：「我怕我以後沒有機會說這句話。」我記得我最後哭著跟芳慈說：「我們一定會在天堂再見！」

芳慈還在世上時，我沒有機會閱讀她的博士論文，透過此次機會，我很榮幸能閱讀芳慈的研究，在讚嘆她的洞見之際，我也感到那再也沒有辦法讀到她更多研究發現的失落。芳慈在博士研究中所展現出的是對教育現場的深度關懷，青少年閱讀漫畫的文化由來已久，而其對於青少年的「影響」多是被視為「想當然耳」，卻少創發性地研究與利用此趨勢可行的教學創新。

Paulo Freire 曾說：「不要將我視為一個教會，不要跟隨我，要再創（Reinvent）我。」芳慈的研究透過 Freire 的視角，讓我們看到她對青少年的信任，以及再創 Freire 概念以提出未來教學應如何更貼近青少年進行創新教學的契機。相信芳慈博士論文的出版將不只是開創青少年漫畫文化研究的一條新路，也能夠啟發更多對青少年文化領域有興趣進行深入研究的學者與研究者不同的思想取徑與未來繼續研究的方向。

臺灣師範大學教育學系助理教授
UCLA PFI Summer Program 副主任
張珍瑋

引言
Foreword

譯自Peter Lownds在芳慈英文版論文出版品（READING COMIC BOOKS CRITICALLY）引言

　　我在2013年認識了許芳慈博士。當時的她決定搬出加利福尼亞洛杉磯分校（UCLA）在韋斯特伍德（Westwood）的宿舍。三年後，她從加利福尼亞洛杉磯分校（UCLA）完成了教育博士的學位。

　　在這三年的期間，芳慈除了研究回臺灣進行了將近兩個月的訪談和資料收集外，一直住在我們在1923年翻新的寄宿公寓裡的一間樓上的房間，那間房間的窗戶正巧可以映照出朝東三英里的洛杉磯市中心和朝陽。她的生活相當規律，平日會乘坐公共汽車到達12英里遠的教育與資訊研究所（GSE&IS；Graduate School of Education & Information Studies），並且在星期六轉乘數部公共汽車抵達在好幾英里外的聖迦谷（San Gabriel Valley）道場，向她的老師學習武術。週六的她身穿黑衣，身體的側邊插著一把木劍，看上去像是一個修長的武士。其餘時候的她，工作穩定，只和幾個朋友、我太太和我一起在樓下吃晚飯。

　　和她剛認識時，我發現自己很難理解她那個有著國語的聲調和嘴型的英語，畢竟我並不熟悉這個語言（國語）。我們稱呼許博士為「Saki」，這是她在臉書（Facebook）上的名稱，而她的臉書頭像是一

個張大嘴巴的獅子頭。Saki 相信弗雷勒改編自黑格爾的主奴辯證法（master-slave dialectic）的新世界，並且認為這樣的理論可以應用在日系漫畫對臺灣青少年的影響。她相信，日本的新殖民主義可以透過漫畫微妙地、潛移默化地劫掠臺灣青少年的心靈和思想。

Saki 是一個擁有數部著作的作家、翻譯和編輯。她想到了一個在臺灣菁英的中學裡對學生和老師進行一系列深入訪談的方法，並且花了時間和心力，在不到兩個月的時間完成了實地考察與資料收集。這些是她在美國永遠無法做到的。她的研究問題和得到的結論支持了她的論點。我相信她前衛的教育研究論文將給讀者帶來與那群年輕受訪者（國中學生）在描述與分析作品內容和漫畫情節時深刻通俗用語的獨特魅力，得到相同的感受與共鳴。她在教育研究上開闢了一條道路，如果她不是這麼快就過世了，我相信她會擴大和闡述這條道路。

當我閱讀和編輯外國博士學生的作品時，我試圖豐富他們的英文論述，以免他們的審查委員會錯意或感到困惑。Saki 的研究是非常有趣的，她的研究論述也非常詳細，我在閱讀時幾乎都可以清楚地理解她想陳述的部分。她在樓上透過筆記型電腦書寫她的論文，並且將大量的頁面發送到我樓下辦公室的桌上型電腦。在研究的設計、格式、研究問題、圖像、表格、章節和小標題上，我並未給予任何的建議。在對論文的整體編輯上，我和 Saki 設法創造出一個表達思想的語言論述，並且將重點著重在許博士關於漫畫書對青少年認知能力和重要性影響的激昂辯證裡。多年來，我編輯了許多亞洲博士生的論文，但 Saki 的論文脫穎而出，並且需要被更多人看見。我熱切的希望 Peter Lang 出版社以英文出版這本書後，將會有後續的中文與日文翻譯。

許芳慈博士於 2018 年 9 月 23 日因白血病在臺灣臺北去世。我將這本書獻給她的丈夫黃煥棠、她的妹妹、她的弟弟和她的父母。許博士

的著作豐碩。除了學術論文，她還是一位兒童文學家，並為年輕讀者
撰寫了許多的書籍。

　　珍重再見（Ave atque vale拉丁文，意同hail and farewell），親愛的
Saki，能將妳的部分願景展現出來，讓我非常滿意。

Peter Lownds, Ph.D.

Los Angeles, September 5ᵗʰ, 2021

第一章　緒論

識讀世界總是在閱讀字詞之前，而閱讀字詞意指著我們要不斷閱讀這個世界（Freire, 1983）。

Reading the world always precedes reading the word, and reading the word implies continually reading the world.

識讀世界總是在閱讀字詞之前，而閱讀字詞意指著我們要不斷閱讀這個世界。

——*The Importance of the Act of Reading*（*Freire, 1983*）

第1節 青少年與漫畫書

青少年喜歡閱讀漫畫書。多數國中老師都知道他們的學生對漫畫書喜愛更勝於教科書。但閱讀漫畫書只能當作是一種休閒娛樂嗎？或許，某些情況下，它們將潛藏書裡的許多訊息和微妙意義，透過文字和圖像影響著我們下一代。

從文化研究的角度來看，日系漫畫書（Manga）已成為許多臺灣青少年生活中不可或缺的一部分。在臺灣，漫畫書是ACG（動漫遊戲，包含Animation動畫、Comics漫畫和Games電玩三者）的核心，而許多漫畫愛好者也透過ACG接觸更多樣的漫畫相關產品與作品[1]。來到首都臺北，總是可以發現許多年輕人喜歡在漫畫店閱讀漫畫書、喜歡在網路上閱讀漫畫、喜歡在電視、電腦前觀看動畫片或喜歡參加各式各樣的ACG展覽。事實上，在遠東地區（西伯利亞、東亞、東北亞、東南亞等東方國家），漫畫書早已超越了最初出版的目的-即提供大眾一個價格低廉的一次性讀物。暢銷漫畫書更是成為一個廣受全球性社會大眾所接受的文化產業跳板。

---

1 臺灣的漫畫書、動畫與電玩迷（特別是男性）通常稱呼為「宅男（Otaku）」。

　　然而，引起臺灣目前漫畫熱潮的起源是值得特別關注的。根據2010年臺灣出版社調查指出：臺灣目前最大的漫畫出版商，從1992-1998年七年間，共出版了近3萬本的漫畫新書，且其中有95%是屬於日系漫畫書（行政院，2011）。不言而喻地，該調查發表迄今十七年間，日系ACG文化仍然續佔據臺灣流行娛樂的主導地位，並且持續不斷地增加其對國人的影響力。

　　目前，我們還無法確定的是，臺灣的年輕漫畫迷是否意識到他們對日系漫畫書的依賴程度，以及閱讀漫畫書是否成為他們的主要休閒活動？其實，前述行政院的調查還揭露出另一項重要的訊息，即臺灣的漫畫讀者多數集中於12~15歲之間，心理層面多處於發展中不穩定的時期。這個時期的青少年，或許因為受到體內賀爾蒙改變的影響而想要在自己的外表和對事物的想法上表現出「奇特」和「酷」，以與同儕有所不同。而日系漫畫書，擅長描述風度翩翩的英雄們接受各式各樣冒險挑戰，即使在過程中不斷受傷，卻又能毫髮無傷地再次戰鬥的故事劇情，正好滿足了這些青少年的期待與想像。

　　對這些青少年而言，漫畫書裡各種想像的冒險與充滿挑戰的生活是一種平易近人的文化表現方式。事實上，日系漫畫書與種族、性別、階級與暴力的意識形態有關，它們巧妙地透過引人入勝的劇情讓年輕的臺灣讀者樂於閱讀這樣的內容，並且，在不知不覺中將日式文化視為至高無上的文化典範。在臺灣，日系漫畫書也被整天介入、干涉和保護兒女生活的「直升機父母」視為眼中釘，這些父母們總是擔心他們的孩子會因為浪費太多的寶貴時間在閱讀漫畫書而考不上好高中。然而，在此同時，也有一派思想較前衛的教育學者指出，日系漫畫書的地位比教科書更能透過啟發的方式提供豐富的知識素材，假如臺灣

學童能從中學階段開始以正確的方式討論並理解書中的內容，將對他們的未來有正面效益。

　　由於漫畫在臺灣已影響了好幾代的中學生思想，我認為是時候探討這些青少年到底從漫畫書中學到了什麼？雖然臺灣的中學教師都知道很多學生是日系漫畫迷，但他們多數並不知道學生們所閱讀的漫畫內容以及這些學生所支持的世界觀。事實上，由於缺乏針對日系漫畫書讀者閱讀經驗的研究，教育工作者（含老師）及學術研究人員對於日系漫畫書的影響力認知是相當有限。對臺灣教育工作者與學術研究人員而言，他們認為透過學生的紙本作業和課堂表現可以了解學生的情形，但卻忽略了日系漫畫書對於學生日常生活所帶來的影響。

　　當以跨文化角度來看這樣的問題時，它將變得更加複雜。由於日系ACG文化的引入，不但影響了臺灣人的創作能力，還損害了本土的文化產業。人們過分關注於正規的教育課程，而常誤解或忽略非正規教育所帶來的影響。然而，教育從未發生在憑空之中，它總是與教育工作者與學生們所處的社會環境與生活經驗相互關聯。忽略在學校中進行漫畫書研究的價值，宛如是未能注意到在房間裡的大象一般[2]。在臺灣，多數的教育工作者即使承認學生對漫畫的明顯著迷，卻不認為它們有可能對學生的認知產生問題。

　　有鑑於這個問題涉及教育、文化和國際議題等面向的討論，我提出了以下的研究問題，即：「在目前日系主流漫畫中存在著怎樣的種

2　「房間裡的大象」（Elephant in the room），意思是說明房間裡有一頭大象，大家卻假裝沒看到，也就是比喻眾人故意忽視或刻意逃避一個擺在大家眼前的大麻煩、大問題。

族[3]、性別、階級、暴力和跨文化議題，及這些漫畫如何影響臺灣國中青少年讀者？」由於此議題與比較教育和文化研究領域有相關，並應由不同面向進行研究，因此以下為我的三個研究子問題：

一、從文化研究的批判觀點來看，日系漫畫書裡再現哪些種族、性別、階級和暴力的意識形態訊息？

二、國中學生及教育工作者如何解讀日系漫畫書與其影響？

三、作為外來傳播媒體，日系漫畫書是否影響臺灣青少年的文化認同？

根據以上的問題，本研究嘗試在全球化時代呈現一個多元架構的研究舞臺。透過深入探討這種多層次的文化現象，教育工作者與教育研究者將有機會覺知到批判性思考的價值，並採更寬廣的角度去重新思考、重新設計部分當代教育內涵的可能性。

第2節 以嚴肅的角度探討日系漫畫書

為了全面檢視日系漫畫書熱潮在臺灣所造成的文化和意識形態影響，有必要先讓讀者理解日臺兩國之間的關係。從歷史角度進行檢視，日式文化對臺灣的影響可追溯到西元1895-1945年，這個時期不論是從中國大陸移居臺灣的漢人或本土的臺灣同胞皆受到了日本長達半世紀

---

3 在我的研究裡，當探討到臺灣和日本間的種族的議題時我使用「Ethnicity」而非「Race」。因為，「Race」與生物學上的差異較有關，而「Ethnicity」則強調的是文化上的差異。由於生物學上，臺灣人和日本人都是亞洲人種，應是臺日之間的文化差異使其有所不同。

的日本殖民統治時期。日本藉此系統化地控制臺灣當時的教育、公共政策及生活方式，並徹底改變了臺灣人民的文化，且深深地影響臺灣人的種族和文化認同。

日本殖民政府為了鞏固權力，在臺灣推行皇民化運動[4]。公學校教師透過特別編製的教科書，對當時的臺灣學生洗腦，強加日式文化與價值觀於這群學生。在受到這樣培訓後的臺灣人，成為忠誠的日本公民並毫無疑問地遵守日本所訂定的規則，未去挑戰日本殖民政府所建立的不公平特權（王錦雀，2004；林振中，2006）。在這樣的背景下，19世紀臺灣社會原本主流的漢文化幾乎被日式文化所取代。即使在二次世界大戰後，日本帝國主義的文化仍遺留下來，並持續明顯地影響臺灣。

日本雖然在二次世界大戰戰敗，但戰後在美國的監控、協助下，經濟很快得回到正軌並蓬勃發展。與各方面仍處於困頓的臺灣相比，日本以飛快的腳步發展，並搖身為東亞地區中擁有主導地位的現代化超級大國。而這個充滿活力的日式經濟又再次對臺灣社會產生了跨文化的影響。除了經濟上的因素外，臺灣國民政府在西元1949-1987年進入戒嚴時期，很多本土的文化活動受到這樣的政治背景而被禁止與嚴格審查。1962年，當時的國民政府更制訂了「編印連環圖畫輔導辦法（Comic Books Counselling Law）」以對當地的漫畫出版業建立明確的政治限制。為了避免爭議，很多臺灣漫畫出版商在這樣的限制下選擇

4　在二戰期間的1937年7月7日事件（七七事變）後，中日關係日益緊張，日本殖民政府當時的總督小林躋造決定制定強而有力的政策讓臺灣人在語言、意識形態和身分認同上（Tsai, Hsu, Wang, & Hsu, 2008）全面「日本化」。這項政策在二戰期間被稱為「皇民化運動」嚴重影響了臺灣當時的命運。

拒絕出版本土作者的原創作品，而傾向以盜版方式輸入日系漫畫書（李朝陽，2004，頁27）[5]。「編印連環圖畫輔導辦法」所規定的審查制度，不僅迅速且劇烈地導致臺灣漫畫產業的衰敗，還為日系漫畫產業提供了一個寬廣開放的市場。因此，當1970年代，日系動畫攻占臺灣唯三的電視頻道時，臺灣早已成為日系漫畫進口的主要市場，並使所有喜歡看漫畫的臺灣人趨之若鶩（周宜慶，2008，頁107）。

日系文化產品在臺灣相當受到歡迎，而日本經濟和文化在這樣背景下，長期在臺灣處於主導地位。很多臺灣青少年將「日本」等同於「酷」和「時尚」的象徵，甚至表示希望有一天能造訪那個有趣又強大的國家。臺灣媒體經常使用「哈日族（Japanophile）[6]」這個名詞來形容喜歡日本一切事物的臺灣公民。這種傾日的現象不僅改變了臺灣的流行文化產業結構，也影響了臺灣青少年的日常生活和思想。受到日式文化不斷輸入的影響，臺灣青少年已逐漸內化日式的價值觀（楊于萱，2009，頁125-126）。

在這樣的時空背景下，臺灣因此成為日系ACG文化產業的主要輸入國，許多臺灣人購買日系漫畫書、電視動畫、電影和電子遊戲等。而任何漫畫衍伸的產物，如扭蛋玩具和海報日曆等周邊產品，也被這些動漫迷視為社交娛樂的珍貴收藏品（黃俊儒，2010，頁70）。除此

---

5 受到國民政府的法令限制，當時很多反應昔日臺灣社會及批評獨裁制政府的漫畫被禁止。相比之下，日系漫畫並未描述現實臺灣社會的情況，因此他們並未受到戒嚴時期法令的限制。

6 臺灣近年來出現另外一個術語「哈韓族」，以描述欣賞韓國一切的人，其中包括電視劇、電影、歌手和食物等。然而，與日本相比，臺灣和韓國之間並未有強大的歷史連結，因此人們「哈韓」的現象可能只基於粗淺地社會文化因素，而與「哈日」的原因不同。

之外，臺灣還有成千上萬的日系動漫迷，會依據自己所喜歡的漫畫主題及角色創作出其它延伸的作品，或模仿自己心儀的動漫角色盛裝參與「角色扮演（Cosplays）」和「同人（Doujin）」展覽等漫畫迷派對，這些都證明了他們對日系漫畫產生的品牌忠誠度與熱情。

如此看來，日系漫畫書的影響力遠超過單純作為圖像式的閱讀素材，它儼然成為動漫娛樂網路的核心，並深植在臺灣人的意識中。在臺灣，這些著名的日系漫畫書與美系的漫威 Marvel 和戴爾 Dell Comics（DC）漫畫有一個相似之處，那就是不論是否為他們的粉絲，臺灣人都相當熟悉其內容裡的角色與劇情。事實上，漫畫書的影響力不僅只限於「青少年」。根據近期的臺灣政府報告調查，全臺灣有將近40%的漫畫書讀者介於30-60歲，其中13.7%介於30-34歲區間，而9.8%介於35-39歲區間（行政院，2011）。因此，漫畫在臺灣的地位，不再單純只是由充滿想像力與幻想的年輕人所支持的活躍次文化，更是21世紀社會大眾的主流文化。

由於漫畫書所含的文化範圍持續發展且富有活力，我相信現在正是將其作為學術討論與分析的時機。由於這樣的研究若缺乏嚴謹的學術試驗，將會使人們容易以自己的意見與偏見理解現實，而忽略真相。為了促成這樣的研究，我在這裡先介紹幾個關鍵詞彙：

一、日系漫畫書（Manga）

日系漫畫書（Manga）是專指由日本當地出刊的特定漫畫詞彙。Manga 這個詞語最早出現在西元1769年日本藝術家英一蝶的《漫畫圖考群蝶畫英（GraphicManga：Butterflies and Flowers）》圖畫漫畫中（許

立風，2009）。而Manga的概念，則可追溯到12世紀，當時的政府會在文宣上印製藝術圖畫，而人民會以連續圖像方式來敘述事情，這正是連環漫畫的精隨。因此，連環畫批評家夏目房之介（Fusanosuke Natsume）與日本文化和教育部將這個時期稱為「漫畫前時期（Pre-manga era）」（Gravett, 2004, 18）。

到了近代，日系漫畫作者開始從美系漫畫中學習到現代化的繪圖技巧，比方說圖片的協調性、文字和框架表示的最佳方式等基本原理，他們將這樣的技巧與傳統的日式元素結合（Gravett, 2004, 18-38）。雖然日系漫畫創作者最初是受到美系漫畫書和圖畫小說的影響，但他們很快地以富有想像的自我表現方式，跳脫出西方漫畫的框架，並找出屬於自己的漫畫風格與表現形式。西元2007年，日本內閣副總理麻生太郎更曾帶領一群外交使節至其它各國推動「漫畫外交」，他們訴求以日系漫畫書作為增進與其他國家之間政治與經濟的橋樑（Wen, 2007）。因此，將日系漫畫書視為在全球飽富盛名且深具影響力的一種流行娛樂是一點也不誇張的。

二、動漫（Anime）

動漫（Anime，ah-nee-may）是日語動畫片的同義詞。動漫通常是由漫畫書而來，並且沿用該書中的人物角色。大部分的動漫是電視連續劇，與原創漫畫有著相同或類似的情節。它們可以被分成三種不同的類別：原創動畫錄影帶（Original Video Animation, OVA）、原創動畫光碟（Original Animation Disc，OAD）及動漫劇場版（Anime movie）。然而，也有的動漫並不與原創漫畫有著相同劇情，而是以原創漫畫的劇情作衍伸，並產生各種不同的情節。對一部成功的動漫而言，它通常會大為賣

座，還可能出現由真正演員去扮演漫畫角色的版本。例如2013年的電影《航海王電影：Z（ONE PIECE FILM Z）》就是改編自最受歡迎的漫畫之一的《海賊王（航海王）》，這個電影在上映第一周內票房收入就達到近2100萬臺幣（697,333美元）（Bahamut GNN, 2013），並蟬聯臺灣年度最高票房的日系電影。

三、同人展（Doujin exhibitions）

在漢字中「Doujin」是指「同人」，即一群對日系文化產品有著共同興趣的同好者。如今，這個詞常被漫畫迷用以描述自己最喜歡的消遣之一。同人展通常包含兩類的活動：販售自己創作的漫畫產品，或是將自己打扮與模仿成心儀的漫畫人物，即「角色扮演（Cosplay）」。臺灣的同人展最初只是一群由漫畫迷建立和發展的社交網絡。然而，近年來它飛快地發展，在2013年就有近5萬人參與了一場為期兩天的同人展（許敏溶，2013）。

在本研究中，我採用了多元的觀點，來分析日系漫畫對臺灣造成的特殊文化現象。雖然漫畫書相對於以書籍、電影和電視所進行的媒體分析而言，仍是在臺灣文化研究中較新的領域，但這並不意味著這個主題不如其他媒體主題重要。事實上，缺乏相關漫畫書對教育環境影響力的學術研究，也證明了多數的教育工作者與研究者對於年輕學生所關心的事物，及他們在蓬勃發展的漫畫所傳遞的世界觀中擷取到了何種文化和社會訊息了解甚少。

因此，我的論文將以文化研究、比較教育和教育社會學這三個面向的學術視角對臺灣最受青少年歡迎的日系漫畫書進行研究。藉由保羅‧

弗雷勒（Paulo Freire；亦可譯為保羅‧弗萊瑞）的批判教學論將以上三個觀點加以整合，融會教育、政治、經濟與文化議題。我相信我的「研究」在面對「研究問題」時，將透過維持「好奇」和「嚴肅」的態度，活化弗雷勒對於這些詞彙的定義。在進行研究的過程中，將借用文化研究裡的某些概念和術語，來幫助我對前五大在臺灣最受歡迎的日系漫畫進行深入分析。另外，藉由比較教育的一些原理，幫助我檢視跨文化（日本／臺灣）的效應。最後，我採用教育社會學的概念，來討論青少年和成年讀者在閱讀這些漫畫所引起的感受和想法。透過這樣跨學術領域的研究方式，相信我已盡可能地減少這些原理本身的侷限性，並為這些原理提供共通的研究橋樑。

第3節　研究之章節結構

本篇論文總共分成六章，論述內容涵蓋該主題有關的各種理論回顧及我於臺灣一所國中對該校學生及老師進行研究所得結果。第一章緒論部分，闡明本研究的研究動機、研究問題、相關術語及研究範圍。第二章探討相關文獻，並以弗雷勒的概念作為理論框架，提供綜合比較教育、教育社會學與文化研究理論視角之批判性回顧。意即我將延續伯明罕學派的批判傳統，透過文化研究的方式來揭示日系漫畫裡種族、性別、階級和暴力意識形態在文本中的表現。再者，結合比較教育理論，以後殖民論述日本與臺灣的濃厚文化情結與新自由主義（Neoliberalism）全球化市場下，探討臺灣如何被他國牽引，並使種族意識形態成為國際間跨文化的議題。最後，使用教育社會學的觀點，呈現漫畫在學生文化中的重要性與影響力，並肯定以漫畫書做為認知教材的教學價值研究。

　　第三章呈現本研究的方法論與研究方法。我使用三種不同研究方法，並分別與國中生、教師、及圖書館員進行合作。為了解有閱讀日系漫畫習慣的國中生在閱讀漫畫時可能會有的反應與感受，我對十幾位臺灣國中生進行問卷調查與訪談。再者，為幫助我建立可靠的漫畫內容文本分析，我邀請了四位教育工作者（兩位老師和兩位圖書館員）共同組成「專家審查小組」以協助我進行日系漫畫書的資料分析及找出所隱含的意識形態議題。透過與專家們討論，他們提供了各自對於漫畫書意識形態在教育脈絡的多元觀點。透過收集、分析問卷與文本分析後，本研究歸結出關鍵性的問題，並導入我與學生和教師們之間的對話。關鍵問題不僅引起受訪者的興趣，也讓我們之間的對話更加生動與真實，我也因此獲得受訪者對漫畫書在教育領域下的多種看法。

　　第四章提供本研究的問卷調查結果、文本分析和訪談內容的質性與量化分析結果。透過量化資料呈現，我嘗試描述不同群體間對於日系漫畫書相關問題的意見相似與相異之處。在進行文本分析與辯證性的訪談後，我以質性的方式找出隱含在所選日系漫畫中的各樣意識形態，以及發現不同教育經驗背景和教育階段的人群，如何理解及解釋這些意識形態。

　　第五章是本研究最重要的一章，主要在對第四章所得到的結果進行分析，透過第二章所提及的弗雷勒框架與理論，我將研究結果分成六個類別以回應研究問題。這六個類別分別包括：探討存在於日系漫畫中的種族、性別、階級和暴力意識形態議題普及性及可能產生的微妙影響；由我的角度詮釋日系漫畫在臺灣經歷日本文化殖民主義新階段中所扮演的角色；最後，我認為將批判性教學法應用在日系漫畫是可行的，以對話的方式討論這樣的主題對未來臺灣的教育浪潮是相當急

迫且重要的。本章結合調查、文本分析和訪談的結果，深入省思與批判存在日系漫畫書內容的各種意識形態及臺灣國中生與教育工作者們對於這些漫畫書的偏見與觀點。由於運用了多種理論與綜合性的視角進行分析，本章揭露一個更廣、更複雜的日系漫畫觀點，即日系漫畫書不只是有圖和文字的印刷品，它更像是文化傳播的秘使，而這須透過我的讀者意識覺醒（Conscientização）與提升，以得到對漫畫書的更進一步認識。

　　第六章為本研究的結論。本章中，我試圖回答我所提出的研究問題，並總結本研究的論述。當討論到研究限制時，我提出了幾項可行的改進策略與此領域未來研究的建議。最後，我為教育研究者、教師、家長和政府官員提供了一系列可能的教育實踐方式。這項研究不僅為使公眾意識到日系漫畫書的潛在影響力，本研究更提供一種學術上的突破性探究，我在此誠摯地邀請我的同僚與國人共同克服過去的局限，參與這項革命性的教育實踐，以改變臺灣的未來。

第二章 漫畫書的弗雷勒式分析

事實上，閱讀文學作品的行為與閱讀者本身過去經驗及其所處的社會世界有關，因此它被視為廣義上人類發展和成長過程的一部分（Freire, 1983）。

第1節 日系漫畫書對臺灣青少年的影響

The actual act of reading literary texts is seen as part of a wider process of human development and growth based on understanding both one's own experience and the social world.

事實上，閱讀文學作品的行為與閱讀者本身過去經驗及其所處的社會世界有關，因此它被視為廣義上人類發展和成長過程的一部分。

——*The Importance of the Act of Reading*（Freire, 1983）

許多教育工作者都知道年輕人喜歡閱讀漫畫書。然而，臺灣青少年閱讀日系漫畫的行為並不能單純只視為休閒娛樂，日本的確透過漫畫書主導了臺灣文化。這些進口的日系漫畫書所含的大量圖像與意識形態，對臺灣青少年產生的認知影響可能更勝正規教育。

我相信有必要以批判分析觀點來討論目前此一現象。所以，我在本章中使用弗雷勒的教育理論揭示日系漫畫書中隱藏的訊息及其對臺灣青少年的重要影響。本研究會使用弗雷勒的理論主要有兩個重要的原因。首先，弗雷勒的教育概念提供了連結大眾文化與教育的可能性，由於他的教育方法，最初是為一群窮困和沒有受教育的巴西貧民所設計，並且總是與周遭生活相關，因此，他認為教育過程在正規與非正規的教學環境中都可能會發生（Freire, 2012）。日系漫畫占據臺灣青少年的大部分休閒時間，且對他們的影響是歷經數代日本政治與文化統治的結果，我認為在此引用他的教育理論是相當適合的。

另一個在本研究使用弗雷勒批判教育理論的原因，在於其認為政治權力和主導文化兩者是不可分割的，並替受壓迫者（The Oppressed）

提供批判教學，可以促成受壓迫者對自身處境及站在主導地位的「壓迫者（Oppressors）」覺察，並有所「意識（Consciousness）」，進而能透過教學過程獲得實質改變力量及對既定的社會文化做出「實踐（Praxis）[7]」變革（Freire, 2012；Freire, 1971）。這樣對壓迫者與受壓迫者之間複雜關係的論述，在這裡正巧可以用於檢視日本殖民主義對臺灣文化微妙但普遍的影響。

弗雷勒在對未受教育的窮困巴西農民施教前，先給農民們許多他們工作上相當熟悉任務的圖片，比方說耕作、狩獵、挖井等，並將這群農民喻為「文化創制者（Culture-makers）」。本研究在檢視整體脈絡後，認為臺灣青少年對日式霸權的文化副產物接受度與其祖父母和父母有關。由於這些長輩在過去長期受到日本的國際經濟權力影響，他們逐漸喪失自我認同，否定自己也能成為出口多元商品的「創制者（Makers）」。因此，多數臺灣青少年並不覺得自己所喜歡的日系漫畫中充滿了壓迫者（日本）的社會文化型態，在閱讀時不知不覺接受存在於書籍裡的日式文化。若教師將日系漫畫書視為寶貴的教材而非鄙視它們，它們將可透過弗雷勒所指的「編碼（Codification）」方式，讓教育從原本的垂直形式（囤積式教育Banking education）[8]變成水平形式（對話式教育Dialogic education），並吸引新世代年輕人推動及再創「全球在地（Glocal）」[9]的臺灣文化。

---

7 本段參考許芳慈的論文「兩種翻轉：批判教學論與學思達教學法比較（2016年10月）。」在翻譯論文時加以補述。

8 囤積式教育（Banking education）同我們常說的「填鴨式教育」，該名詞引用參考方永泉譯（2003）《受壓迫者教育學（卅週年版）》（原作者：P. Freire）第107-108頁。

9 Glocal指某種文化特徵受到全球化與當地的文化影響。由於日系漫畫書已從一種外來的娛樂媒體變為臺灣流行文化的一部分，因此正呈現這樣的特徵。

再者，單獨使用一種學術觀點很難公平地解釋日系漫畫書對臺灣青少年影響的複雜性。因此，為了以更深廣的角度去闡述這樣的主題，我在這裡引進跨理論的多元學術視角，包括文化研究、比較教育和教育社會學等。從文化研究的角度揭示日系漫畫裡各種意識形態在文本中的表現並進行分析；從比較教育的角度探討日系漫畫的主導地位突顯了日本對臺灣知識分子生活的持久影響；另外，使用教育社會學的角度去了解日系漫畫書如何影響年輕的臺灣讀者，至於他們的老師如何回應（避免或接受）將漫畫書作為一種認知工具？將會讓這個主題更具意義。

以弗雷勒的觀點看來，這些影響融合在臺灣學生、班級同儕和老師彼此的日常接觸中。雖然目前在這樣的社會基礎下，臺灣學者仍堅信正規教育是建立臺灣文化形象與未來發展的基礎，但或許使用文化研究、比較教育和教育社會學這三個面向的觀點討論這樣的主題，比單純以正規教育的觀點來探討更具廣泛性。

因此，在接下來的部分，我將以弗雷勒的理論作為理論框架，並引入文化研究、比較教育和教育社會學三個理論作為研究視角。透過這樣跨學術理論的分析，我將可以整合這三個面向，並形成一個可靠的研究結構，對後續的研究發現進行批判性的分析。

第2節 文化研究觀點：漫畫書中的意識形態

Sometimes its [ideology's] presence is greater than we think. It is directly linked to that tendency within us to cloak over the truth of the facts, using language to cloud or turn opaque what we wish to hide. We become myopic. Blind. We become prisoners of artifice. Trapped.

有時候意識形態的影響力遠比我們想像的還要強大。它直接關係到我們傾向隱藏的事實真相，透過語言矇蔽我們想隱藏的部分。因此，意識形態使我們變得短視盲目，而我們也從而困於這樣的詭計之中。

——《自由的教育學（*Pedagogy of Freedom*）》（*Freire, 2001, 112*）

如同其他文化傳播媒體一樣，漫畫書透過其內容傳遞特定的意識形態。直到1970年代，才有研究人員意識到漫畫書在年輕人間的影響力並著手進行相關研究。一篇由美國和智利劇作家弗拉基米羅・阿里爾・多夫曼（Vladimiro Ariel Dorfman）及比利時社會學家阿爾芒・麥特拉特（Armand Mattelart）共同撰寫的《如何閱讀唐老鴨（西班牙語：Para leer al Pato Donald）》，即以馬克思主義的角度批判當時受世界各國歡迎的卡通之父華特・迪士尼和他的「奇幻王國（Magic kingdom）」，並於1971年在智利瓦爾帕萊索大學出版社出版。該書作者認為迪士尼不過是以各種可愛擬人化的動物作為美國帝國主義文化代言人。另外，書中更藉由角色設計的傾向（如缺乏藍領階級的主角、女主角通常飽受欺負與歧視、孩童總是被描繪成野蠻頑皮的樣子，及為求金錢、名利而頭昏眼花的唐老鴨與他的史高治叔叔）來揭示迪士尼早期殖民主義和資本主義思想的黑暗面。可惜的是，該書在智利總統薩爾瓦多・

阿葉德（Salvador Allende）被其繼任者奧古斯圖·皮諾契特（Augusto Pinochet）將軍殺害後禁止發行，不過，這本書後來被藝術歷史學家 David Kunzle翻譯成英文版本（Dorfman &Mattelart, 1975）。雖然皮諾契特將軍（Augusto Pinochet）監禁了作者Ariel Dorfman，但《如何閱讀唐老鴨》這個作品卻受到了國際關注，並代表著智利某個短暫關鍵時刻的社會狀況。

一本名為《美國連環漫畫書（The Comic Stripped American）》在1970年代由美國舊金山州立大學社會學教授兼媒體分析師Arthur Asa Berger所撰寫。該書作者彙編了《瘋狂的吉特（Krazy Kat）》、《頑童班（Katzenjammer Kids）》及《自然先生（Mr. Natural）》等許多當時美國的連環漫畫，並指出早在1930年代的美國報紙連環漫畫版面即有性別偏見等意識形態的內容（Berger, 1973, 10）。事實上，漫畫書經常反映出創作者對當時的時代精神與社會狀態看法。正如Berger所描述的：「一般來說，一個社會與其英雄之間存在著相當密切的關係；如果英雄不擁抱他的支持者所認同的價值觀，他似乎不太可能會受到歡迎（Berger,1973,151）。」因此，超級英雄這樣的角色同樣反映著不斷發展的國家意識，超人「輕易地」跨越摩天大樓，正反映出人們希望能克服二次大戰後在社會生存的各種障礙，並抱持樂觀態度。

報紙連環漫畫和漫畫書等文化產品，是向讀者宣傳政治理念和意識形態的理想媒介（Wright, 2001）。它們對於英雄角色冒險的敘述性描述，儼然將漫畫變成了具有銷售量的宣傳工具。然而，這些故事中所支持的意識形態不該被低估，事實上，有些故事劇情在拍成影片或電視劇後，反而較適合由成年人所觀看（Barker, 1989）。

　　意識形態是相當重要的，因為它存在於每個文化和社會當中。然而，儘管它根深蒂固地存在多數人生活裡，但除非對某事物或行為有明顯好惡，否則很少有人會注意到它。弗雷勒的理論架構，不但可以運用於新自由主義、種族／族群、性別、階級問題和民族主義的意識形態議題，還可以協助我們探討這些議題對日常生活的影響（Freire, 2001, 113-118）。漫畫書蘊藏的意識形態宛如現實生活般的多元，它可能以數字、對話、情境等方式呈現，此外，故事由誰說、如何說、為什麼要說，也都可能存在著意識形態的議題。那些微妙的細節可能透過圖像或者藉由敘事框架而影響讀者。除非，讀者在閱讀這些帶有意識形態議題的圖文時能激起批判性思維，否則漫畫的意識形態將潛移默化地影響或催眠這些喜歡冒險和刺激故事的讀者。或許，有些讀者在剛開始閱讀漫畫時，能對書中內容維持客觀的距離與批判角度，但若長期、不間斷地接觸這樣的暴力或爭議內容，很難相信不被激起任何情緒並受其影響。

　　如同社會學家卡洛斯・阿爾貝托・托雷斯（Carlos Alberto Torres）指出：「所有的意識形態都可看作一種肯認的思想，其背後皆有因應的架構支持，或改變它們（Torres, 2014, 27）」。因此了解意識形態及其所支持的文化背景間的聯繫是相當重要的。我在本研究裡除了要探討日系漫畫書所表達的意識形態外，還要檢視消費這些漫畫書的臺灣讀者所處的文化環境。在調查與分析流行文化與漫畫書連結的論述中，我將依照過去文化研究中對意識形態批判的悠久傳統。我的目的在於找出這些種族、性別、階級與暴力的意識形態，並理解這些意識形態如何存在於一個國家的創作裡並對另一個國家的青年產生影響[10]。當我

10 文化研究的精髓在於對意識形態的批判。「意識形態（Ideology）」這個詞彙最早出現

回顧過去研究後，我發現種族、性別、階級與暴力這四個意識形態在探討日系漫畫書對臺灣青少年的影響上，有以下幾項令人信服的論點：

一、種族意識形態

　　種族意識形態是西方文化研究分析的重要主題之一。臺灣與日本雖然有著相似的社會型態，但卻各自受到不同的文化潮流與逆流衝擊。自1960~1970年代初期起，西方的文化研究學者就開始討論種族或民族相關議題。社會學家斯圖亞特‧霍爾（Stuart Hall）即指出：「黑人在各種行為表現上經常被當成客體，而非主體。這樣的情形直到黑人開始爭取自身權力，並抨擊社會物化或施加他們許多負面形象時，才慢慢地有了轉變，成為具有人權的主體（Hall, 1989, 443）。」

　　黑人的形象長期受到以白種人為主流的社會所扭曲與排擠。自他們的祖先被迫到新大陸後歷經三百逾年，各個才華橫溢、熱情洋溢的美國黑人哲學家、小說家、詩人和劇作家的聲音，才在近代開始被這個不友善的世界所注意。

　　今日，種族和民族間的議題與批判仍然在不同的文化傳播媒體中廣泛討論，當然，這樣的議題也存在漫畫書中。事實上，漫畫出版商逐

在18世紀的啟蒙運動，當時該詞彙是指人們以理性的方法批判無知錯誤的思維，並檢驗與改進主流的普世價值與原則（Larrain, 1994, 9-10）。到了19世紀，馬克思（Karl Marx）將它用於描繪統治階級的社會型態（Marx & Engels, 1968）。而首先將「霸權（Hegemony）」和「常識（Common sense）」兩個概念與「意識形態（Ideology）」聯繫起來的是安東尼奧‧葛蘭西（Gramsci Antonio），他以政治的觀點解釋統治階級如何維護霸權（Hoare & Smith, 1999）。直到近代，法蘭克福學派和伯明罕學派的文化研究學者將馬克思和葛蘭西對於意識形態的偏見及其中有關資本主義的批判轉化為文化導向的視角。

漸意識到他們的讀者來自於各種不同種族背景，因此美系漫畫書的超級英雄角色設計即出自於不同種族。這些角色不僅代表著某些種族群體，也成為不同種族讀者的投射對象。對當代小說、漫畫和電影很感興趣的人文社會學者Marc Singer研究就指出，多數美國超級英雄，如超人、蜘蛛人、綠巨人浩克都有著兩種不同的身分，而他們的「祕密身分」，增加了擁有潛在內向性格、喜歡隱藏秘密與性傾向的青少年讀者認同感（Singer, 2002）。事實上，正因超級英雄們同時具有超強秘密身分與平凡普通人兩種身分，反而更能激發這群10~20歲生活正經歷迷惘挫折的超級英雄迷們，對角色的認同感與忠誠度。

然而，雖然漫畫出版商開始在主流漫畫書中增加許多不同種族的角色，但這並非意味各種角色在漫畫裡有著平等的地位。正如媒體與文化研究學者Jeffrey Brown所指出的，猶太人、亞洲人或黑人在漫畫中不是被描述成溫順、柔弱，就是描述成粗野、野蠻的形象（Brown, 1999）。相似的論述在傳播學學者Karen McGrath對美國漫威漫畫《驚奇幻想（Amazing Fantasy）》的研究中亦可找到。該研究表示，儘管漫威漫畫嘗試納入各種生活在美國的民族，但創作者仍然是以既定刻板印象在描繪這些不同種族的角色（McGrath, 2007）。漫畫世界裡，雖然創造出各種不同的種族，但這些偏頗缺陷的角色，並不能算是實現社會平等或重建已受損的民族形象。因為，不管來自社會主流或社會底層的刻板印象，都可能對年輕讀者的心理健康產生負面的影響。

類似弗雷勒認知的種族議題存在於每個人的日常生活中，若以主流群體的角度來看漫畫書裡的少數種族，他們如同是受壓迫者描繪的「客體（Objects）」。因此，光是計算每個種族的數量和其被設定成好人還是壞人並不能作為判斷一系列漫畫裡是否有著各種種族，及這些角

色是否可以作為種族平等代表。事實上，一個角色是否能跳脫主流群體的偏見而代表或包含不同族群的觀點，才是比該族群在漫畫中所擁有的角色數量更為重要的事。

依據弗雷勒的看法，這樣的關鍵取決於我們是否有覺察到並試圖改變。若漫畫能不論角色的種族背景，皆以「主體（Subjects）」而非「客體」的角度進行陳述，將會跳脫原本刻板的意識形態，及打破傳統以囤積方式（Banking）傳遞和創造出的主流文化風格。

事實上，日系漫畫書中的種族意識形態並非我主要的研究主題，但這並不意味它們沒有存在這樣的種族議題。儘管多數日系漫畫會依照時空背景設定，呈現出當地的生活方式與社會文化，然而種族議題仍然存在於其中。尤其當臺灣和日本之間有著特殊的後殖民主義關係。這個部分，我將在後面第3節的地方進行更詳盡的探討。

二、性別意識形態

性別意識形態是文化研究的另一個典型議題。基於女性主義理論[11]，男性主導的意識形態在文化研究中經常被以批判性的視角所檢視。許多文化研究學者發現，即使觀眾群不一定是男性，但男性的角度（Male glance）仍主導大眾媒體，並試圖透過女性身體的形象來營造一種性「快感」（Mulvey, 1975; Hammer & Kellner, 2007）。雖然，目前在已開發國家中，普遍已改變傳統對男、女性角色的保守思想，但

---

11 女權主義（Feminism）定義了過去三個階段性別研究的不同觀點。根據海伍德（Heywood）和德雷克（Drake）的定義，目前女性主義正在「第三波（Third wave）」，繼承了第二波浪潮所批評的美貌文化、性虐待及各種權力結構，但也承認與利用這些權力結構中的快感、風險及反抗力量（Heywood & Drake, 1997）。

仍存在著一定程度的文化偏見。漫畫書作為一種流行傳播媒體，也以多元化的方式再現這樣的性別意識形態。

女性主義學者除了關注女性身體形象在漫畫中的呈現方式，傳統社會對於「理想女性」的觀點也成為一個競逐的議題，這同時反映出文化現實與刻板印象。比方說，研究拉美的歷史學者Hinds和研究西班牙語的人文學者Tatum在檢視20世紀70年代的四部墨西哥漫畫後，發現書中都以男性優越主義（男性沙文主義）角度進行詮釋，女性角色在書中不是被描述成充滿狂野、性慾的「女巫」，便是卑微、持家的「妻子」。書中的妻子總是被刻畫成默默守護家裡、努力繁衍後代的樣貌，她們為了家庭和愛犧牲一切，成為社會所認同的「理想女性」代表。相對而言，女巫在大多的故事中被描述為惡魔女性的代表，她們不受男人操控，並且以衝動狂野的行為來反抗主流社會文化（Hinds & Tatum, 1984）。值得一提的事，上述的女性刻板印象同樣出現在日系漫畫書裡。日籍社會學者伊藤琴子（Kinko Ito）在分析日系主流漫畫書後，發現書中的女性通常被描述為長期默默支持與服從另一半的「附屬品（Accessories）」或「啦啦隊（Cheerleaders）」（Ito, 1994）。這些漫畫圖像展示了女性角色如何受男性角色所控制，而這也反映出日本傳統對女性的刻板印象。

部分漫畫迷或許不認同我對於女性角色在日系漫畫書中只是男性角色附屬品的觀點。事實上，一項對《海賊王（航海王）》和《火影忍者》兩系列日系漫畫的漫畫迷所進行的研究就發現，《海賊王（航海王）》中的女性角色通常擁有和男性角色同等般的超強戰鬥力，而這些女性角色遠比《火影忍者》中某些追求浪漫卻不具戰鬥力的女性角色更受歡迎（Yukari, 2013）。由於日系漫畫書的主題類型很多，因

此不難發現有女性戰士或母親形象的漫畫。然而，研究學者探討的重點不是「這些女性在漫畫中扮演什麼類型的角色」，而是「為什麼這些女性會以這樣的狀態出現在漫畫中」。臺灣研究生張約翰對科幻漫畫中女英雄角色的研究即指出，大部分女戰士的形象仍然反映父權制，包括對女性身體的控制，及她們可能產生的威脅（張約翰，2008）。然而，另一位研究生黃瑋斌對臺灣男性進行的研究卻得到不同的結論，他發現在經濟衰退的社會裡，部分臺灣男性已無法負擔婚姻與家庭，並且厭倦傳統社會施加給他們的壓力，因此反而傾向喜歡女性在漫畫中的母親形象（黃瑋斌，2009）。綜上所述，日系漫畫書顯然是由男性所主導。從批判的角度來看，不同風格的女性角色多是為了滿足不同男性幻想的需求而創造的。

另一個與性別意識形態有關的，是LGBT[12]議題。然而，西方和日系漫畫書中的LGBT問題卻具有著不同的含義。隨著性別意識抬頭，美系與日系漫畫書及圖畫小說開始出現一些「同性戀（Queer）」的角色。以著名的美系漫畫出版商戴爾公司Dell Comics（DC）為例，甚至在2002年創造了一個同性戀英雄。這樣角色的出現，迫使讀者重新思考主流恐同症和社會改革的可能性，帶來的正面討論也多於負面回饋（Mehta & Hay, 2005）。但值得注意的是，上述刻意刻畫少數族群人物的問題同樣也出現在這些LGBT的角色，當創作者藉由故事劇情與角色設計試圖拉攏LGBT的讀者並替他們發聲的同時，也經常將作者個人的觀點帶入其中。

---

12 在美國，這個縮寫詞用於女同性戀（Lesbian），男同性戀（Gay），雙性戀（Bisexuality）
  和跨性別（Transgender）議題。

　　日系漫畫與美系漫畫在同性戀議題上有著截然不同的狀況。一項有趣的研究發現，側重於描寫兩位男性間浪漫與性的Boy Love（BL）同性戀漫畫[13]亞型，其主要閱讀者卻是異性戀的女性族群（又名直女）。由於BL漫畫特別著重於描繪美少男間的理想性與愛，因此提供給女性讀者另一種有別於傳統異性戀的愛情與性幻想空間，同時模糊了傳統社會的性別認同。舉例來說，女性讀者在閱讀BL漫畫時可能會暫時忘記外界施加於她們的性別壓力，激起她們對同性戀愛情的偷窺想像；另一方面，她們也可能將自己幻想成被美少男所厭惡的目標而產生自虐的趣味（Wood, 2006；葉原榮，2010）。對於這樣的文化現象，性別與性研究的社會學者McLelland認為BL漫畫書的熱銷可能反映了日本妻子對於傳統男主外女主內及以丈夫為主的婚姻關係不滿。在BL漫畫中，對愛情充滿憧憬的俊美男性形象被女性化成美麗、苗條的中性角色，他們更像是已婚女性的理想目標而非同性戀。因為「只有愛男孩的男孩（或愛女孩的女孩）」能超越日本父權主義社會下的婚姻和家庭制度約束而自由地去愛（McLelland, 2010）。臺灣研究生趙珮涵對高中職女生的研究亦得到了類似的結論，表明即使是青少年女孩也知道BL漫畫中的美少男們與真正的同性戀者並不相同。事實上，BL漫畫所描繪的同性戀伴侶仍被約束在男女兩性的性別意識形態裡（趙珮涵，2011）。根據趙研究生的觀點，BL漫畫是為了撫慰現實社會裡受到阻礙的女性，而非闡釋真正同性戀的生活情況。

　　使用弗雷勒觀點來討論女性和BL相關議題的性別意識形態相當有趣。多數的主流日系漫畫中，皆有提到上述兩個問題：1）女性角色的

---

13 同性戀漫畫還有另一種關注於兩位女性間的浪漫與性（lesbian romance），名為Girl Love（GL）的亞型。然而，BL遠比GL在臺灣與日本的漫畫市場強大許多。

重要性明顯不足；2）女性讀者喜歡閱讀BL漫畫其原因可能是期待她們的異性伴侶能在現實生活中給予她們如同漫畫裡男性角色般的理想愛情體驗。在《受壓迫者教育學（Pedagogy of the Oppressed）》中，弗雷勒談到了一種稱為「對自由的恐懼（Fear of freedom）」的微妙心理狀態，即「受壓迫者將壓迫者的形象內化並採用其行動綱領，他們懼怕自由，因為自由會要求他們必須拒斥壓迫者的形象，而以自主與責任來取代[14]（Freire, 2012, 47）」。因此，受壓迫者不理解他們被壓迫的真正原因，而是被強烈地灌輸身為壓迫者所擁有的權力。當受壓迫者有機會去對待其他人或動物時，他們也會施加虐待和物化比他們更弱小者，並成為壓迫者。

　　再者，受壓迫者的心理狀態是矛盾的，如同弗雷勒指出，那些「已適應宰制結構的受壓迫者，早已順應了這樣的狀態」並且「認為自己無法冒險地追求自由而從事抗爭，因為這不只威脅到壓迫者也會威脅到自己同伴」，因此他們會更喜歡順應於不自由狀態下所產生的安全感。然而，諷刺的是，受壓迫者早晚都會無法再忍受不人道（Stifled humanity）的壓迫而開始反抗壓迫他們的人，惟有此時他們才願意為自己的自由抗爭[15]。相對地，壓迫者既然是壓迫情境的既得利益者，他們對擁有的特權與剝奪他人人權（Dehumanized）過於習以為常，不會察覺到任何人的痛苦，所進行的任何決定也不會有所改變。將這樣的概念套用在漫畫書上，大體來說，漫畫書就如同壓迫者，若BL漫畫迷與其他漫畫書迷（受壓迫者）持續接受書中物化不同種族、性別傾向人物的內容，將不會意識到性別意識形態與性別偏見。漫畫書分析可以

---

14 參考方永泉譯（2003）《受壓迫者教育學（卅週年版）》（原作者：P. Freire）第77頁）。
15 參考方永泉譯（2003）《受壓迫者教育學（卅週年版）》（原作者：P. Freire）第78頁）。

為學者和研究人員提供有趣的社會文化和人口統計訊息。然而,我們必須懷疑,目前臺灣年輕人所追尋的自我認同或社會正義是否受到存在於日系漫畫裡的日本霸權影響。

就像裝載著具傳染性階級主義、貪婪、性別不平等和種族偏見病菌的實驗室試管般,漫畫書本身既沒有擴散這些早已存在的議題,也沒有被弗雷勒稱為「對話」的意識激發而增長。真正的性別平等應該建立在相互尊重的基礎上。這意味著我們將以弗雷勒所謂的「編碼」來表明對漫畫書的認知,並且在課堂中由教育工作者帶領青少年學生們進行書中任何與種族、性別和性等相關議題的「對話」討論,另外,這些青少年對於社會情感的影響程度和深度,也可以進一步被用來做研究與分析。

三、階級意識形態

在文化研究中,階級不像種族或性別意識形態般受歡迎或經常被討論。這個主題鮮少被單獨討論,而常被視為是性別和種族偏見背景下的一個潛在因素。然而,如同弗雷勒所提醒:「人們不能在研究種族主義議題時,簡化成單純只討論經濟階級層面議題(Freire & Macedo, 1999)」。事實上,經濟弱勢通常與受壓迫者的種族和性別有關,因為他們在身心上受到富人與社會的控制,由富人控制並代表中上階層的美國媒體強調了他們的「界限處境(Limit situations)[16]」,將他們視

---

16 「為了使受壓迫者能從事解放的抗爭,他們必須了解壓迫的現實不是一個沒有出口的封閉世界,而是一個他們能夠改變的界線處境(Limit situations)……壓迫者單只是發現到他們與壓迫者間存在著辯證關係,沒有他們就沒有壓迫者存在的事實——並不足以構成解放(摘自方永泉譯(2003)《受壓迫者教育學(卅週年版)》(原作者:P. Freire)第

為犯罪分子和／或被剝奪公民權的「街頭流浪者（Street people）」，沒有受過教育、沒有證件和沒有資格勝任「資訊社會（Information society）」專任人員的專業工作。簡單來說，他們被認為是社會的毒蟲。即使他們在這樣的社會形態下，僅要求資方支付最低工資或請求居住權力與醫療保健，仍然被指責為破壞資本主義社會進步的代罪羔羊，或被認為是辛勤中產階級家庭需面對的風險因子（Bullock, Wyche & Williams, 2001；Kellner, 1995, 126）。

社會底層的角色幾乎未曾在漫畫書的世界出現。二次世界大戰後的20世紀50至80年代被譽為「繁榮時期（Boom years）」，美國軍事工業蓬勃發展並倡導著唯物主義，當時以娛樂業聞名（Belk, 1987）。這個時期的漫畫書、報章雜誌的連環漫畫與動畫史無前例的產出，不僅反映了美國的經濟價值，也反映了社會結構的改變。近年來，超資本主義的跨國公司控制了全球化市場，並擴張了世界經濟體的名單，包括亞洲四小龍（Asian Tigers）裡的日本、韓國與新興金融工業重鎮的中國大陸都名列其中。日系動畫電影《神隱少女（Spirited Away）》內容講述一個宛如夢境的世界，然而作者的實際用意卻是希望讀者藉由傳統神道教價值觀與貪婪的新自由主義價值觀進行比較，思考後現代主義中產階級的生活模式（韓淑芳，2005）[17]。

除此之外，法國著名社會學大師皮耶‧布迪厄（Pierre Bourdieu）

79-80頁）。」

17 我沒有找到任何過去有任何日系漫畫書在課堂上被討論。然而，最初以動畫片發行的《神隱少女（Spirited Away）》卻是一個很好的例子。在這個故事中，一個十歲的女孩千尋（Chihiro Ogino）意外去了一個充滿日式神靈的夢幻世界，她被要求在一位女巫的浴室裡工作，以換取自己和父母的生命。

主張「文化資本（Cultural capital）」與社會階層有一定的相關性。一個人擁有高度的文化品味，通常需要投入大量時間與資本來培養。這正解釋了漫畫書代表中上層階級生活方式的原因。Jeffrey Brown的研究也發現，漫畫書迷或其擁護者，通常都有足夠的金錢去購買漫畫和其周邊的產品、參加動漫展或其他特別的活動，因此他們是漫畫出版商真正關心的消費者（Brown, 2004）。再者，漫畫創作者和插畫家本身也是中產階級，所以他們能以書迷熟悉與喜愛的方式描繪主角的生活方式、故事情節與習俗。或許，這裡有一個問題該提出來思考，即這種有限的社會階級視野是否限制了讀者對其他階級的認識？這個部分我將在後面的第五章進行討論。

如同弗雷勒指出，新自由主義（Neo-liberalism）早已成為現今主流的世界觀，其道德觀與物質價值觀已融入我們生活的一部分（Freire, 2001, 114-115）。漫畫所存在的階級意識形態正反映了已開發國家社會的新自由主義。由於讀者對這樣的社會意識形態相當熟悉並視為理所當然，因此對年輕漫畫書迷來說，這樣的意識形態問題並不容易發現。然而，身為教育工作者，有必要讓他們接觸、了解到從未在漫畫中出現的社會價值觀，讓他們知道在動盪的世界經濟體裡，還有一群沉默的民眾受到波及，被邊緣化（Marginalized）、被褫奪了公民權利，並且工作機會也不斷受限。早在上個世紀中期，這群位在底層的勞工階級就已被看似仁慈的民主國家所拋棄。在這個著重專業的時代，他們沒有任何可以分享的專業和文化資本。他們花費了所有時間和精力在這龐大經濟與政治體制中進行鬥爭、在這跨國企業盛行的社會中度過難關，因此，他們沒有多餘的金錢和時間去購買那些由中產階級所出版及製作的故事與影片並享受其中的樂趣。

四、暴力意識形態

　　漫畫書經常被社會大眾批評其內容涉及太多的性與暴力。其實，歐美圖畫小說和日系漫畫書有著相似的情況。德裔美籍的精神病學家Fredric Wertham就曾強烈批評美系漫畫書內容有過多的犯罪描述，成為讀者仿效對象（Wertham, 1954）。基於道德因素考量，他強烈反對兒童閱讀漫畫書。然而，與美系漫畫書相比，日系漫畫書有更多圖像和對話呈現暴力場景或提倡戰鬥（Gravett, 2004, 100）。大部分主流的日系漫畫涉及激烈的打鬥，畫面因此經常出現大量的流血、受傷和死亡或斷手斷腳圖像。這樣的劇情讓青少年的父母和教育工作者感到震驚，並對日系漫畫產生很多負面意見。但日系漫畫至今仍然蓬勃的發展，並成為亞洲最主要的出口商品。

　　為什麼日系漫畫書要包含暴力意識形態內容呢？一個可能原因是，許多讀者在過去成長經歷挫折和對現實生活的不確定感，而藉由閱讀漫畫的打鬥畫面可解脫與減輕生活壓力。書中致命嚴重的衝突雖然代表了暴力，但卻被創作者合理化並視為角色的特質或一種對日常生活的談判方式（Giroux, 1996, 11）。事實上，娛樂媒體裡的暴力打鬥橋段，在某些年輕人看來是一種「速戰速決（Quick fix）」的解決事情方式。有些社會觀察家認為，日系漫畫的世界和隱藏在日本社會的潛在暴力行為都可能與父權主義的意識形態有著明確聯繫（Funabashi, 1995）。在現實生活中的暴力是父權社會的象徵，它不僅造成了男女之間的關係緊張，也造成了主體與客體之間的緊張關係。然而，漫畫角色間的不斷打鬥簡化了這個複雜的生活問題。對心懷不滿但順從的臺灣年輕人來說，以戰鬥的方式來解決問題，遠比以非暴力、耗費大量時間的協商更具有吸引力。

　　當然，若以漫畫出版商的角度來看，書中的暴力內容並不重要。對於漫畫書的創作者和製造商而言，將暴力意識形態導入漫畫書中並成為最常見的元素，只是為了吸引忠實追隨故事的青少年讀者（Weinkauff, 2013）。值得注意的是，漫畫讀者們並沒有試圖擺脫這種難以防守、約束的暴力內容，他們反而因為這樣的暴力意識形態可以麻痺自己對社會的不安全感，並為感官帶來刺激而處之泰然地欣賞這些橋段。因此，這與義大利共產主義思想家安東尼奧・葛蘭西（Antonio Gramsci）及弗雷勒等所提出的政治霸權下的革命性行動是截然不同。讀者們因為將漫畫書所描繪的暴力行為視為一種有趣的內容，而失去了對其該有的批判意識。然而，若以批判教育的角度來看，任何剝奪人們獨立思考的意識形態都是沒有益處的。從以上的論述可知，多數漫畫書讀者和他們的父母、教育工作者持著相反的觀點，因此有必要分別了解他們的想法，並找出產生這樣差異的原因為何。

第3節 以比較教育角度看日式文化的影響

Fatalism in the guise of docility is the fruit of an historical and sociological situation, not an essential characteristic of a people's behavior.

這種看似善良的認命其實是歷史與社會情境的產物，而非某個民族行為的基本特質，它總是與命運、宿命或運氣的力量連在一起[18]。

——《受壓迫者教育學（*Pedagogy of the Oppressed*）》

（*Freire, 2012, 61*）

由於臺灣曾經被日本統治，兩國的關係相當複雜。身為二戰期間軍政的殖民者與目前經貿競爭市場的優勢者，日式文化一直有形無形地影響臺灣。一項民意調查顯示，多數臺灣人認為日本的文化品味優於本土文化。因此在臺灣不論是被稱為「偶像」的演員或歌手、時尚潮牌、漫畫書及動畫電影等，任何與青少年相關的文化產品，皆充斥著日系色彩。（王保仁，2007；陳仲偉，2005）。事實上，臺灣是單方面、自願地在這樣的自由貿易市場下接受日系的文化商品。臺灣自願成為日系商品在國際市場的主要輸入國，卻也使自己在本土文化發展上面臨風險[19]。

以比較教育的角度來看，臺灣和日本間的不平等關係，證明了美國社會學家、歷史學家、經濟學家和政治學家伊曼紐·華勒斯坦（Immanuel Wallerstein）世界體系理論的正確性，即世界體系如同國家組織般，有

---

18 參考方永泉譯（2003）《受壓迫者教育學（卅週年版）》（原作者：P. Freire）第95頁。

19 日本不是唯一統治過臺灣的國家。在過去的四個世紀中，臺灣也經歷經荷蘭人、葡萄牙人和中國人的殖民。然而，就漫畫書與流行文化來看，日本的影響力遠超過中國與其他國家。

其邊界、成員與結構。身為體系核心的日本更有可能會影響周邊地區，而處於邊陲的國家難以提升自己的經濟地位，只能停留在較低層級（Wallerstein, 1976）。相似地，臺灣社會學家陳光興也提及，相較於早先帝國主義的表現形式，新殖民主義在一、二次世界大戰後的去殖民運動（特別是1970-80年代）有了巨大的變化。比方說，2001年9月11日的恐怖攻擊後，各國之間不再以領土掠奪、武裝鎮壓來控制他國政府，現今改以霸權的操作邏輯取代。跨國公司、全球資本主義結構與超級國家機械裝置已成為新帝國主義的表現形式（陳光興，2006，頁36）。

以後殖民帝國主義的角度來看，全球資本主義、國際政治和軍事力量確保了這種比過去更穩固的世界體系結構[20]，但它也創造了一個不平等的世界。雖然目前臺灣並不是全球的邊陲地區，但卻在全球化市場中表現出依賴與弱勢。即使是與青少年相關的娛樂媒體，臺灣也缺乏本土產業，而日系產業在這方面深得臺灣年青人的心[21]。

以漫畫市場的角度來看，臺灣的後殖民現象非常明顯。然而，這並非是日系漫畫輕鬆贏得臺灣市場的唯一原因。另一個因素則是與漫畫的文化元素具有國際吸引力有關。日系漫畫中，無論角色是否符合西方的審美標準，或者是否擁有可愛的樣貌或誇張的臉部表情，它們皆

---

20 陳光興博士是臺灣文化研究的主要領導人之一，他撰寫了一系列有關臺灣後殖民主義的研究報告。在《去帝國：亞洲作為方法（2006）》一書中，他認為臺灣處於模糊的地位擁有第三世界（Third world）和帝國的特徵，在於過去與其他國家的聯繫有關。

21 在陳光興博士的研究中，他指出臺灣在日本與東南亞之間處於類似「中間人（Middle player）」的角色（陳光興，1996；陳光興，2006）。實質上，臺灣一方面在過去受到日本殖民，另一方面又在經濟上殖民東南亞。

會因為與附近的亞洲國家有著相似的文化背景，而被臺灣人民所接受及欣賞（徐佳馨，2001）。因此，這樣的情形在過去出現了幾波有趣的景象。比方說，臺灣雖然在1970年代時迫於政令而使許多出版商開始非法盜版幾本知名的日系漫畫書，但令人意外的是，多數的臺灣讀者熱衷閱讀這些盜版的漫畫，而且這樣的情況迄今仍未改變。雖然臺灣有保護智慧財產權的政策與法律，但許多臺灣的讀者仍然習慣於在網路上閱讀盜版的漫畫書。日本在名義上成為了亞洲的文化霸主，而臺灣消費者在其文化殖民上與他們進行合作，並促進了日式文化對臺灣漫畫市場的接管（黃靖嵐，2007）。

另一個有趣的現象與被殖民國家重建殖民文化有關。日系漫畫在臺灣成名後，臺灣本土的出版商也開始模仿並發展自己的漫畫文化。根據研究發現，日系漫畫書及其相關產品在臺灣比在日本當地更受歡迎（尚琬娟，2006）。這樣的現象產生，不光只是一個國家承認自己的挫敗並被迫吸收另一個國家流行文化，其原因更為複雜且多面向。一個受壓迫的文化可能會接受與適應外國勢力的審美觀，並且因為比外人更了解自己國家的市場，從而改變了自己的市場（黃靖嵐，2007）。然而，這並不意味著這個被殖民的國家擁有塑造自己文化的自主權。事實上，改編後的文化產品所依循的思想與創造仍然來自於日本這個殖民國家，即使這些產品在臺灣的商業市場上能得到獲利。以弗雷勒的角度來看，這種情況顯示了臺灣的後殖民宿命論。在壓迫過程中，日本人充分展現了他們的文化優勢，而臺灣人將他們的霸權內化並認同了他們的統治方式。現今的臺灣人不願意設計屬於自己的產品，因為這意味著他們必須拋棄習以為常的日系漫畫模式，並且展現出自己的主導權及擔負起責任（見上文第68頁）。

即使受壓迫者重新奪回某些權利，他們也可能繼續模仿他們的壓迫者，缺乏自己能夠創造不同未來的基本信念。今天，這種宿命論不僅僅在文化上影響臺灣，也與臺灣和其他國家的利益關係有關。臺灣目前仍對日本霸權有著長久以來的心理包袱，並對本土文化潛力信心不足，這樣的想法若不改變，將會阻礙臺灣本身的文化和經濟發展。

一百年前，作為日本殖民地的臺灣，不得不接受日本的帝國統治的意識形態。而如今，臺灣仍繼續在文化和經濟上受到日式文化藝術的審美觀與經濟發展的實力所支配。臺灣在漫畫上的模仿不僅代表了這種影響力的延伸和持續性，還展現出在全球化和新自由主義下，如何讓被殖民國與其殖民國共同合作，創造出一種比任何時期都更有效、穩固控制被殖民國的方式。

資本主義與全球化的攜手並進，已使新自由主義的全球化成為本世紀的一種主要意識形態，它挑戰著人與人的生命價值（Freire, 2001, 114-115）。如同社會學家Torres寫道，全球化經濟極大地影響了傳統民族國家的概念，它讓世界每個經濟個體間建立起密切聯繫（Torres, 1998）。事實上，臺灣和日本之間的複雜關係也反映了新自由主義的全球化趨勢。新自由主義全球化間接在文化上使臺灣成為日本的主要輸入國（消費國），並且威脅到其本身的自主權與自力更生能力。由於強大的經濟實力，日本和美國等核心民族國家可以建立出迎合全球大多數消費者品味的文化產業（Torres, 2009, 119）。身為一個微小民族國家的臺灣，勢必無法避免與阻擋這樣的趨勢，即使不久之前，我們還被稱為亞洲四小龍，並是各國進出口貨品所仰賴的重要集散地。因此，臺灣人勢必該重新評估自己在世界政治經濟上的地位，並擬定策略來應對日系文化的影響力和其他快速發展的競爭者。根據弗雷勒

的說法，成功改變壓迫者與受壓迫者之間對立關係的第一步就是「讓他們歷經重生（Rebirth）的體驗，並意識到必須採取一種新的存在形式；他們不能再是從前的自己（Freire, 2012, 61）[22]。」惟有當國人意識到這樣的新趨勢所帶來的限制與不利因素時，他們才會開始進行反省及改變，從而制定出有助於本土文化發揚壯大的方式，而非造成自我壓迫。

第4節 以教育社會學的視角看漫畫書的影響

Critical consciousness represents things and facts as they exist empirically, in their causal and circumstantial correlations.

批判意識代表事物和事實，因為它們存在於經驗上，存在於因果關係和間接關係中。

——《為意識批判的教育（*Education for Critical Consciousness*）》
（*Freire, 2005*）

從教育社會學的角度來看，漫畫書是一個強大的文化媒介，它影響著青少年的思想和行為。許多教育社會學研究人員將漫畫書文化視為青少年最主要的次文化之一，並試圖從事研究以找出學生如何從漫畫書學習及學到什麼樣的內容。這些研究的主要焦點在於了解漫畫書對青少年人格發展的影響及其改變青少年行為和思想的潛在因素（譚光鼎，2000；張建成，2004）[23]。透過這樣的探討（即漫畫如何影響讀者），

---

22 參考方永泉譯（2003）《受壓迫者教育學（卅週年版）》（原作者：P. Freire）第94頁。
23 張建成（2004）的研究發現，所有中學生的行為和思想都有可能受到漫畫的影響。再者，中上層階級家庭的學生比下層階級家庭的學生更具批判性。因此這項研究也表明了漫畫

研究人員可以從各個角度讓教育工作者更深入的理解青少年次文化的
相關議題。

　　當然，漫畫書對個別讀者的影響又與他們的種族、性別和階級差異
有關。例如，臺灣研究生林政儀的研究發現，暴力的日系漫畫書對學
業成績較低的男性中學生（和同齡女性學生相比）有較大的吸引力（林
政儀，1999）。由於已有研究發現讀者會將漫畫人物作為榜樣，因此
這項結果相當重要。事實上，一項專注於漫畫書暴力的研究表示，即
使青少年讀者可以區分並描述出漫畫世界與現實生活的不同，但漫畫
戲劇性的以二分法對人類進行論述，卻讓他們以為在現實生活中也可
以很容易地區分一個人是好人還是壞人（尤沛涵，2012）。這樣過於
簡化的角色處理，可能會扭曲年輕讀者本身的判斷力及適應現實世界
的能力。

　　除上述提及的，過去也有許多其他研究關注於漫畫書對年輕讀者的
影響。臺灣研究生蔡州宙的研究發現，國小五、六年級學生對他們心
儀的漫畫人物認同度高於他們對父母與老師的認同度，後者在過去多
數傳統心理學理論中被認為是學生的榜樣（蔡州宙，1999）。另外，
教育學家Rob Simon和圖書館學家Robin Moeller皆認為，部分高中生的
自我形象和性別認同會受到美國漫威公司出版的漫畫作品影響，而他
們的老師應該要重視這樣的問題（Simon, 2012；Moeller, 2011）。換句
話說，如果能明智地閱讀漫畫，漫畫書也可能對年輕讀者產生積極正
面的影響。這樣的影響在臺灣研究生王昭文的一項研究即發現，與一
般學生相比，有閱讀漫畫書習慣的學生更有可能遵循團體規範、體驗

書研究適用文化資本理論。

自我實現、參與社會互助及參與環境保護的工作（王昭文，2012）。

　　漫畫書可以改變學生們的世界觀。但這類型的學習不同於正規教育，很大程度是在無意識中發生，並且難以評價這樣的改變所帶來的影響是正面還是反面。換言之，漫畫讀者可能在閱讀過程中，視覺和神智受到了影響並改變了原本的觀點，但他們卻沒有自覺自己正在學習某樣東西。弗雷勒在《受壓迫的教育學》裡，提到這種在無意識情況下接受影響的情形為壓迫者居於主導地位以霸權文化灌輸給受壓迫者。由此可知，日本霸權正如壓迫者般，不斷將他們的文化等相關資訊灌輸給逐漸成為受壓迫者的臺灣讀者。日本的文化意識形態宛如教育般成為一種存放（Depositing）的活動。日系漫畫不斷地發出一個個訊息「公告」，臺灣讀著們耐著性子接收、記憶和重複儲存這些資訊「存放物」。透過這樣囤積式的「學習過程（Learning process）」，隱藏在漫畫裡的文化意識形態逐漸影響臺灣的讀者（Freire, 2012, 72）[24]。一旦臺灣青少年習慣於日系漫畫的誘人情節和裡頭的奇幻世界，他們毫無疑問地也接受了書中隱含的文化意識形態，並將其應用在他們的生活與處世方式。

　　弗雷勒在《受壓迫的教育學》提到了兩種教育方法，分別是囤積式教育和提問式教育（Problem-posing education）。囤積式教育即教育工作者在不考慮學生學習動機、能力與需要的情況下，不斷灌輸知

---

24 在這裡我使用了弗雷勒對於「囤積式教育」的批評，因為我認為讀者若在沒有經過反思而全然接受書本的想法，那麼閱讀的過程與接受囤積式教育沒有不同。儘管如此，目前多數的學生還是多半以接收、記憶與重複翻閱的方式在閱讀漫畫書，從過去的研究和此次的研究都可以得到證實。（該段參考方永泉譯（2003）《受壓迫者教育學（卅週年版）》（原作者：P. Freire）第108頁）。

識給學生。這樣的教育方式讓教育工作者和學生在學習過程中缺乏了反思。那些聲稱反對囤積式教育，卻同意讓漫畫創作者將想傳達的意識形態傾注於年輕讀者的教育工作者，從這個角度看來不過是偽善者。相對而言，另一派教育工作者則認為老師應該將漫畫書所隱含的思想內容與學生進行課堂討論與批判性分析。比方說，臺灣研究生莊敏琪曾使用受歡迎的日系漫畫來鼓勵青少年女生對性別偏見的議題進行批判性的反思；另一位研究生陳喜蓮以漫畫中刻板印象的問題作為與小學五、六年級女生的討論素材；童玉娟研究生則是使用政治導向的漫畫來教導高中學生進行批判性的思考（莊敏琪，2003；陳喜蓮，2004；童玉娟，2010）。

臺灣多數老師認為漫畫書充其量只是補充教材，而非與學生生活經歷密切相關的重要素材，因此尚未合理地接受將日系漫畫作為反思的題材。以這種觀點進行的研究，如臺灣研究生賴丹穗使用體育相關漫畫書來研究對學生運動成績的影響；研究生鄭中鼎使用科學漫畫書作為學生認識牛頓運動定律的潛在教材，並研究其對學生的認知影響（賴丹穗，2008；鄭中鼎，2013）[25]。在《圖書小說與課堂中的漫畫（Graphic Novels and Comics in the Classroom）》這本書中，作者認為透過閱讀暢銷的漫畫小說或具有教育性質的漫畫書，可以提升讀者歷史、科學、藝術和語言等各方面的認知（Syma& Weiner, 2013）。

---

25 在學術研究中，有些研究人員曾為教育工作者和學生建立一份具有增廣知識潛力的漫畫清單。在Christensen（2007）的研究中，他就曾為高中老師提供了一份政治歷史圖畫小說清單，用來教授社會學研究。另外，Boerman-Cornell（2013）的研究甚至指出，若圖畫小說有足夠的知識背景，它將可以提升高中學生學習數學、社會學、科學和語言藝術的動機。

　　回顧上述兩種以漫畫書作為認知素材的用途：1）用於教學並思考潛藏在書中的意識形態與觀點，及2）藉由漫畫教授學生相關的學術知識。很明顯地，後者表面上看來比前者有更多的好處。再者，討論書中的觀點可能會涉及到性、種族、性別、階級和暴力等意識形態議題的批判，這些並非是正規學校教育所教授的科目，因此雖然有越來越多的老師了解學生對漫畫書的熱情，但卻不願意正視書中的意識形態，並作為課堂討論的題材。事實上，即使我們以多元化的觀點來進行討論漫畫書，多數的教育工作者仍不認同以漫畫閱讀進行批判性教育是重要的、有創意的學校教育課程。

　　值得注意的是，多數臺灣教育工作者及家長相當贊同兒童與青少年需具備批判性的思考與反思的技能，但他們對於教育實踐的方式卻仍假借解放意識的名義，而行講授、口訣及強迫默背等之實，這樣的囤積式教育方法正如同弗雷勒描述的「教師講述會使學生去機械地記憶講述的內容，更糟糕的是，它會使學生成為一種『容器』或是『接受器』，教師可在其中『塞滿』東西。」（Freire, 2012, 79）。囤積式地教學過程可以自然地隱藏在日常生活中，因此教育工作者即使意識到漫畫、動漫和日系圖畫小說可以給予學生們很多想像空間，他們也不承認漫畫書籍具有啟發批判性思維的潛在價值。事實上，教育工作者和父母若不願意了解他們的學生或孩子為什麼願意花費許多時間在這些文化產品，還譴責這些活躍的青少年文化，他們將會更不明白這些學生或孩子的想法。從弗雷勒的角度看來，教育工作者及父母是忽視了現實的狀況及青少年的潛能，他們主觀地、強硬地將自己看待事情的方式加在別人身上，並提出一系列非理性的假設和不堪一擊的論點，以過度簡化當前的問題（Freire, 2005, 14）。令人遺憾的是，目前臺灣

多數教育工作者及家長基於道德的理由，仍憤憤不平地堅持漫畫書文化對學生或孩子只有負面的影響，他們不肯了解學生或孩子從這些文化中獲得什麼，也不願意知道學生或孩子在接觸這些文化後對社會帶來什麼影響。

　　我經常聽到有教育工作者和家長說他們不了解學生或孩子的文化。但依照弗雷勒的說法，他們的故意無知是不正確的。因為所有的學習經歷是相互關聯的，因此就「學習素材（Learning materials）」而言，漫畫書可能如同教科書般富有價值。教育工作者或家長試著敞開心胸接受其可作為批判性思考的素材，並認同其具有提升認知潛能的價值將顯得極其重要，而這也是現階段教育領域的一項重要任務。理解青少年為何對這些漫畫書充滿熱情和忠誠度，將是我們全面認識這個充滿活力和深受青少年所喜愛的漫畫文化宇宙的第一步。

第5節 結語：建立一種弗雷勒的研究取向

The infant is still lively, still learning to question, still committed to building a pedagogy of questioning.

我們應如同新生兒般地充滿朝氣，持續學習存疑，並建立一個提問式的教學法。

——《爭取解放的教育學（*A Pedagogy for Liberation*）》
（*Freire &Faundez, 1989, 140*）

綜上所述，弗雷勒不論在政治體制或教育上皆提供了堅實的理論觀點，讓我們可以藉由他的理論回顧過去研究，並提供新的視角探索臺灣日系漫畫文化現象。他的教育概述建立在教育社會學、文化研究和比較教育領域的聯結上，並證明了它們的連接功效。從很多方面看來，現今教育和文化常與國際政治經濟有關，並受其影響。因此以多元的視角來探討這樣的議題應該比單一視角更為妥當。

當我回顧過去的研究時，發現一些弗雷勒概念的身影，如：意識覺醒、自由、意識形態和壓迫者／受壓迫者對話（辯證）等，而這些概念不斷重複地出現。事實上，多數國家的社會和文化都與政治有關，因此若壓迫者與受壓迫者之間出現了權力不平衡，將會連帶影響了漫畫書創作者在種族、性別、階級、暴力等議題的表現。年輕讀者在閱讀這樣的漫畫時，若未加以質疑其中隱含的道德觀念，將會無形之中把書中的觀念內化成自己的「常識（Common sense）[26]」，甚至某種程

---

26 我借用哲學家安東尼奧‧葛蘭西（Antonio Gramsci）的「常識（Common sense）」
　　這個詞。因為漫畫書文化裡有很多的詞彙和元素如同電視與娛樂媒體宣傳般，已被社會

度的將其應用在現實日常生活。

　　由於臺灣的漫畫創作者和出版業者只關注在書籍的市場銷售量，因此他們會任意地將主流的意識形態與錯誤的觀念相互結合。過去就常有漫畫書將角色大膽作為與暴力的圖像及性別扭曲的性行為相結合。這樣的內容對於過著平淡無奇日常生活的青少年來說，無非充滿禁忌與誘惑，因此成功吸引了許多青少年讀者。若教育工作者或家長理解這樣的情況，肯定會發現它遠比單純以老師、父母親的角度來評斷更為複雜。畢竟，除了表面上充滿暴力與性的圖像外，還有很多潛藏在內容裡涉及意識形態等更為複雜的問題。從更廣泛的角度來看，日系漫畫書所造成的影響力，可能不只是反映出一部分的臺日權力不平等關係，假若社會大眾持續忽視這樣的問題，未來還可能衍生出身分認同與文化獨立性等更嚴重的問題。

　　的確，臺灣是一個長期受壓迫的國家。因此很難形成一個既能在全球化世界發揮作用，又能保有本土價值觀的獨立文化環境。然而，從弗雷勒的角度來看，掀起改革浪潮並非是不可能的，臺灣急需從根本上改變其文化。如同弗雷勒說的，這種從根本上進行的文化革命仰賴人們意識的覺醒，即人們認清自己身為一個掌握權力的「主體」，並以「文化創制者」的身分認識與重建所在的世界[27]（Freire, 1971, 43, 51）。弗雷勒的方法將為過去長久以來參與不同政權鬥爭的臺灣，帶來一種新

　　大眾廣泛採用。

27 弗雷勒在《爭取自由的文化行動（Cultural Action for Freedom）》中提及，一個人「不只存在於世界中，更是與世界一同生存」。人類一方面注視這個世界，同時又是這個世界、自然、自身及歷史的一個改造者。（該段文字摘自甄曉蘭、張建成主譯（2017）《弗雷勒思想探源-社會正義與教育》（原作者：Carlos A. Torres）第43頁）。

的批判性視角。這樣的角度不但可以幫助我們審視當今的媒體與反思目前的教育，還可以替臺灣未來的教育改革浮現出藍圖。因此，以不受限於傳統功利主義的教育目的與教育實踐束縛，採用弗雷勒的觀點進行研究，將使我能夠根據教育工作者及學生的日常生活相關的經驗，以更寬廣的視角去檢驗臺灣當前的教育與文化現象。

如同弗雷勒所說，發現人們對文化真實（Cultural reality）所持的態度，是理解世界的重要步驟（Freire, 2012, 25）。當論及漫畫書閱讀時，一些教育研究人員、教育工作者、家長和學生皆表示他們可以理解不同身分下對於這個行為會有不同態度。然而，若不是透過對話、互動、參與及分析去了解各自的看法，他們可能很難判斷是否真的明白彼此想法。我身為一名教育與文化研究的學者，試圖發現這些受歡迎的日系漫畫在臺灣青少年文化的內、外在影響。透過揭示和分析不同身分的研究對象態度與意見，本研究將有機會揭露他們的一部分心理世界，並在這個基礎上，建構出未來批判性教學法的發展方向。

第三章 研究方法

我們的角色並不是在向民眾說明我們的世界觀,也不是嘗試將這些世界觀強加於他們身上,而是應該與民眾進行對話,討論他們與我們自己的觀點(Freire, 2012, 96)。

第1節 使用弗雷勒的教學方法論

　　弗雷勒的理論不僅為這部漫畫書研究提供了一個結合文化研究、比較教育和社會學教育理論的新視角去審視意識形態議題，也幫助我們在進行日常生活經驗的批判性反思時，提供了一個新角度。它為我們對文化的理解搭建了一座由不同理論與實踐聯繫起來的橋樑[28]。為了進一步應用弗雷勒的理論，我將該理論作為本篇研究的基礎概念，並發展出相關的研究方法來解釋我的資料收集結果。

　　在本篇研究中，我採用了問卷調查、文本分析和訪談的方式作為收集實證數據的資料方法。首先，為了了解臺灣中學生閱讀漫畫書的方式與原因，以及更加了解他們的閱讀習慣，我在臺北近郊的一所國中對幾個班級的學生進行了一項問卷調查，以了解他們平時喜歡閱讀的漫畫書類型。理解這些讀者的閱讀方式和他們喜歡閱讀怎樣的內容皆是相當重要的資訊，因此我對學生票選出的最喜愛日系漫畫書進行了文本分析。最後，根據問卷調查和文本分析的結果，我提出了一系列的訪談問題來詢問調查的學生及教育工作者。透過這樣的方式，我能發現年輕讀者對於日系漫畫書所隱含某些問題的看法，同時也更加了解教育工作者對於這樣的娛樂媒介有怎樣的看法。

　　本篇研究使用弗雷勒的概念作為方法論，秉持著尊重參與者的人性

---

28 在《受壓迫的教育學》中，「壓迫意識形態（Consciousness of oppression）」和「批判意識形態（Critical consciousness）」與馬克思（Karl Marx）所指的主體和客體間辯證關係有關。馬克思認為真正的壓迫會逐漸增長，當你有意識地體驗它。在弗雷勒的書中，改革性的領悟取決於人們實際的生活體驗，而非來自於對社會和歷史的過度解讀（本評論由 AdrianaPuiggrós 在未發表的論文提到，該篇由 Peter Lownds 博士翻譯。）。

基礎。換言之，研究人員應該將每個受訪者視為特殊獨立的個體，而不是單純的研究對象或基於研究目標而受研究人員引導的對象。依據弗雷勒的說法，適當的教育行動，不應該建立在教育工作者或研究人員本身的想法，而不顧受訪者本身的意見，因此他曾說：「我們的角色並不是在向民眾說明我們的世界觀，也不是嘗試將這些世界觀強加於他們身上，而是應該與民眾進行對話，討論他們與我們自己的觀點（Freire, 2012, 96）[29]。」基於弗雷勒的說法，參與研究者和研究人員之間的對話應該是水平、雙向的，這樣的作法將會與過去由政府主導、習慣於預測或支配研究結果的研究非常不同。由於目標導向的研究，研究人員較容易採用對自己有利的方式來操縱研究調查與訪談結果，以達到預測的結果，支持他們或其雇主的目的與假設。這樣的結果若符合特定的目的就會被認為「有效」；反之不符合（特定的目的）時，受訪者可能被要求應任何原因而更改答案，這樣的資料準確性其實備受質疑。從以上論述可知，被操縱出來的結果僅能調查到實際情況的一個面向，因此做出來的結論很容易產生錯誤的研究詮釋。其實，這樣的作法類似弗雷勒所說的「囤積式教育」。然而，這並不意味著作為一個以弗雷勒研究方法論學者，並進行一系列問卷調查與訪談的我，應該質疑或駁斥我觀察到的所有意識形態，尤其是當這項研究在很大程度上與潛藏在漫畫書人物對白的意識形態有關。我必須保持開放的態度面對所有的觀點和意見分歧，並尊重與謹慎的傾聽那些寶貴的回饋（Freire, 2001, 119）[30]。

---

29 參考方永泉譯（2003）《受壓迫者教育學（卅週年版）》（原作者：P. Freire）第137-138頁。

30 在《自由教育學：倫理、民主與勇氣（Pedagogy of Freedom: Ethics, Democracy and Courage）》中，弗雷勒（2001）質疑一個人是否會因為聽到充滿意識形態的話

　　在以弗雷勒的觀點進行文本分析時，研究人員和參與者總是處於辯證的關係，正如弗雷勒所說的，教育與教育的研究都必須是「同理心的（Sympathetic）」活動。也就是說，教育必須是教育工作者和研究者之間彼此基於實際經驗複雜性與多變性進行不斷溝通而形成（Freire, 2012, 108）[31]。依「溝通（Communication）」一詞的字面含意，研究人員所講的話不被人所理解時，代表他們所使用的語言不切合溝通對象的情境，因此他們所說的話呈現疏離的狀態，所使用的修辭也是疏離的。為了要能更有效地溝通，研究人員必須理解那些辯證地型塑受訪者思想及語言的結構性條件（Freire, 2012, 96）[32]。受訪者應該始終被視為具有表達自己意見和觀點的主體，而不是沒有意見（Neutral）或意見被操縱的資料提供者（即客體）。因此，研究人員不僅必須對他們所了解的議題有足夠的知識背景，還必須知道該如何正確運用這些知識。在準備的過程中，受訪者未曾與研究人員有過討論，雙方對於這樣的主題應該在研究時進行積極對話，而對話時的想法將決定研究人員後續準備的問題類型與步調。這樣的想法基礎對我的研究而言非常重要，在後續的內容（包括問卷設計、文本分析和訪談的方法）中我也將詳細論述相關的資料收集步驟。

　　我的研究基於弗雷勒的教育方法，並受到他的概念啟發。因此當我在探索受訪者的生活背景時，我認為使用「衍生課題（Generative themes）」的方式來產生批判性的討論是相當重要的（Freire, 2012,

---

語而改變自己的意識形態。由於不可能找到一個沒有意識形態的人，因此他指出，研究人員和教育工作者必須牢記：意識形態的話語是隨時存在於日常生活中的，假若只接受單一種「批判」的觀點，將會被自己的偏見所蒙蔽。

31 參考方永泉譯（2003）《受壓迫者教育學（卅週年版）》（原作者：P. Freire）第151頁。

32 參考方永泉譯（2003）《受壓迫者教育學（卅週年版）》（原作者：P. Freire）第138頁。

97），在本篇研究中，我將使用目前主流日系漫畫書裡的素材作為整個資料收集過程的衍生課題。我基於過去對漫畫書圖像、劇情和角色人物的認識，試圖激發出受訪者對於漫畫人物與潛藏信念的討論，也藉此了解他們對於漫畫裡相關的種族、性別、階級和暴力意識形態反應。雖然我的問題並非為了改變這群受訪者當下對於漫畫的看法，但在對話過程中，他們逐漸意識到這個與他們有著相同喜好的提問者願意和他們分享這些過去不被多數成年人認為有價值的主題，這可能會使他們改以全新的眼光來看待這個過去不被認同、總是得獨自秘密追求的興趣。

第2節 多元研究方法

Only men, as "open" beings, are able to achieve the complex operation of simultaneously transforming the world by their action and grasping and expressing the world's reality in their creative language.

　　身為人類，才能以開放的態度同時完成以行動改變世界和以語言創作表達世界真實性這樣複雜的行為。

——*Cultural Action and Containerization*（*Freire, 1970*）

　　依據弗雷勒的教育理念，教育工作者和研究人員應先理解和闡述參與教育過程的人們及其日常生活，為他們未來的轉變提供重要的認知基礎。在以此想法並應用於資料蒐集的前提下，我盡可能貼近觀察本研究所有參與者（包含中學生及其老師）的日常生活。在不同的研究步驟中，分別用到了質性與量化方法。由於問卷調查的目的在於幫助我了解受訪者的漫畫偏好，因此我將問卷調查的資料進行量化分析，

以揭露出後續用於文本分析的相關意識形態訊息。訪談的目的在於誠實地闡述學生和教育工作者的話語與想法，透過質性分析的方式將有助於表明未來臺灣教育的新興意識形態議題與文化認同感間有怎樣的關聯性。

一、問卷調查：最受歡迎的前五名系列日系漫畫書／動畫片

　　為了大致了解目前臺灣中學生閱讀漫畫書與觀看動畫片的偏好，我決定以問卷調查的方式作為資料收集的第一步[33]。這項問卷調查不僅要求學生列出他們最喜歡的前五名系列漫畫書／動畫片，還詢問他們平常閱讀漫畫和／或觀看動畫片的習慣。此外，問卷也包含了一些個人的基本背景資料，如：性別、閱讀漫畫和／或觀看動畫片的時間、在哪裡閱讀漫畫和／或觀看動畫片、花費多少錢在閱讀漫畫和／或觀看動畫片、他們如何評價所閱讀的漫畫和／或觀看動畫片，及他們喜歡的漫畫書／動畫片類型等問題（詳見附錄）。

　　受訪者的性別為何對於這樣的調查相當重要，因為它可能影響受訪者的漫畫書偏好。受訪者估計閱讀漫畫和／或觀看動畫片的時間可以讓我們了解這些青少年每天平均花費多少時間在從事這樣的娛樂[34]。至於年輕讀者如何獲得他們的漫畫書和／或動畫片，他們花了多少錢來

---

33 在我的原始設計中，我以開放式問題而非封閉式問題來進行我的問卷調查，因為我不希望我的問題限制了受訪者想法。然而，在進行第一輪數據收集後，我發現多數的學生似乎在被要求列出「最喜歡的漫畫書」時感到困惑。許多受訪者表示他們無法像問題般判斷出哪個是他們所喜歡漫畫的第一位。

34 日系漫畫書及其動畫片在我的受訪者心目中幾乎是同等重要且不可分割的。因此在我的問卷調查裡，我使用「漫畫書/動畫片」這樣的詞彙形式來描述在臺灣普遍被大眾所喜愛的漫畫書與動畫片媒介。

獲得它們，以及他們對於漫畫書和／或動畫片的評價則可以部分解釋為何R級漫畫被多數成年人指責為帶動性與暴力問題的罪魁禍首。在詢問受訪者的漫畫書和／或動畫片偏好時，我根據漫畫書經銷商和書店所使用的分類將其分成九個類別，而我的受訪者依照自己的喜好強烈程度分別填入1至5分。透過找出這群學生偏好的漫畫書類型，我可以了解他們如何定義自己所喜歡的漫畫領域，並將這樣的結果與票選出的前五名系列漫畫書／動畫片進行比較。

本項問卷調查中，首先最重要的部分在於詢問受訪者「最喜歡的日系漫畫書」。為了給學生提供一個具體的漫畫書清單，我設定了三個選擇上的標準。首先，該系列必須是在過去十年內出版的，並且在我進行調查後至少還有繼續出版兩三個月。其次，該系列的發行數量應超過 20 期，除非它獲得了足夠的知名度以被視為例外[35]。由於漫畫書的熱門度和其他流行文化般會隨時改變，採用以上前兩個標準的目的即是為了保證所列入的日系漫畫書在我研究的期間仍是持續流行的。另外，我相當關心票選出的日系漫畫書是否具有足夠的代表性、是否為目前暢銷的日系漫畫書，因此我的第三個標準將以該系列漫畫書是否有動畫版本來檢驗。在日本，只有最受歡迎的漫畫書會被製作成動畫片，故這個標準可以確保所選出的漫畫書／動畫片具有相當的市場知名度。由於我的文本分析和訪談取決於上述標準所票選出的漫畫書及其內容，若納入超過受訪者年齡所能閱讀的漫畫書時，將會出現道德上的問題，因此我另外訂了一個條件，即選入的所有日系漫畫書均

---

35 問卷調查裡，詢問受訪者最喜歡的前五名漫畫書有2個未超過20集的系列漫畫，即《死神BLEACH》和《進擊的巨人》。這兩系列漫畫已是國際知名的漫畫，因此不受到第2個標準的限制。

不該包含有R級漫畫。透過這樣的標準，我最終納入了24部暢銷的日系漫畫書／動畫片系列。我請受訪者依據自己的喜好分別在這24個選項中填入1至5分。透過計算每部系列漫畫書／動畫片的平均分數和總分後，我排出受訪者最喜歡的前五名系列漫畫書／動畫片。

　　為什麼只調查前五名系列漫畫書／動畫片呢？一個原因是因為我的研究時間相當有限；再者，進行文本分析和對話訪談都需要對使用的文化素材有深刻理解，如果同時使用太多不同系列的漫畫書／動畫片可能會讓我的受訪者感到困惑。因此，我只選出前五名系列漫畫書作為後續探討的樣本，而這些選出的漫畫也正是全球十大最受歡迎流行漫畫文化的中位數。

1. 簡介參與的學校「臺北市立石牌國民中學」及陳校長

　　本研究我在臺北市立石牌國民中學（下稱：石牌國中）進行，該校為一所位居臺北市、每年招生均額滿、全校班級（七年級到九年級）合計超過80個，每班人數也在30人上下的大型公立國中。學校的教育品質與學術表現也相當聞名[36]。

　　如同臺北市其他著名的學校，石牌國中雖然不在市中心，卻擁有相當優越的地理位置。該校緊鄰臺北市的重要商業區之一，因此附近有

---

36 這裡值得稍微對臺灣（中華民國）的首都臺北進行描述。臺北雖然是一個生活相當緊湊的都市，但卻也是臺灣的文化樞紐。這個地方是多數教育改革設計和實施的地方。其實，不論是1895~1945年的日本殖民統治時期還是現在，臺北一直是首都。走在臺北的街頭，人們常常可以在街道兩側看到一些過去殖民時期所留下來的建築物，比方説日式的餐館、服裝店和雜貨店。日本和美國是影響臺灣最大的外國力量，然而，近年來韓國也開始影響臺灣，並挑戰著他們的霸權。

夜市、捷運站和農貿市場。由於學校周圍屬於住商混合型的住宅，政府常常在這裡舉辦大型考試或特殊活動，該校的老師和學生也經常在週末參與及協助這類的活動。

我在研究進行前就多次造訪該校，而陳校長曾是我就讀市中心一所國中時的導師與化學老師，迄今我與她已認識十幾年。陳校長在學校的學生和員工眼裡一直是相當隨和的人，即使是和學校的各處室主管處理學校業務，她也對待他們如同家人。與其他學校相比，陳校長說：「本校雖然重視學術方面的發展，但在課外也提供學生許多活動，比方說參加運動或童軍社團。」事實上，我每次訪問石牌國中時，都可以看到很多學生在學校的花園和走廊上從事社團活動，並且在每周五有固定一段「社團活動時間」，讓學生至少可以在該時段和老師進行課外的活動課程。用陳校長的話來說：「自從本校提供學術與非學術課程以來，家長們都非常信任學校……畢竟多數本校學生的父母都非常關心孩子的學習狀況。由於學生們的父母親大多來自於中產階級，而不是商人或名人，因此和你國中時所待的市中心學校學生相比，他們更加單純。就如你所看到的，這裡的學生沒有人染髮，他們遵守著學校的服裝規定，不在廁所抽菸，也很少挑戰老師的權威。」

在與陳校長談到這項研究的可能性時，陳校長坦承進行「漫畫書相關的研究」可能會引起該校學生家長的嚴重關切。由於多數的學生家長都認為漫畫書會干擾他們孩子的學業，因此即使學校並沒有在這個方面有任何既定的官方立場，他們也不允許孩子閱讀。然而，同樣身為教育研究人員的陳校長意識到能找到一所願意配合這項創新研究的學校是相當困難，尤其是在學生身心尚未健全發展的國中階段。因此，她決定幫助我在學校的職員與學生中找尋適合的受訪對象。

我與石牌國民中學的老師的第一次會面相當成功。陳校長所推薦的
七年級四個班級的老師都欣然地接受了我的研究要求。經過與各個班
級的簡短對話後，我們決定在2014年11月開始進行研究。

2. 問卷調查的執行

實地進行考察的階段，我觀察到多數該校的學生每天在早上七時三
十分前就已抵達校內並打掃教室，而老師也會準時在早上七時三十分
走進教室並監督他們的早自修或進行測驗。每個學生都遵守著學校的
規定與老師和主任們的命令，並穿著規定的制服。在上課時間站在學
校大廳時，我只能聽到混合著各間教室所傳來的教學聲。這時的大廳
除了我並沒有別人，因為學生在每節45分鐘的課堂內都不會中途離開
教室。這讓我想到了弗雷勒所說的「囤積式教育[37]」，這樣的教育不論
是17年前我的國中階段還是現在，仍為臺灣的主流教育模式。

我逐一在學生早自修時間於四個班級進行了問卷調查。在我進行問
卷調查前的等待時間，觀察到三個受訪班級的老師們正在檢查他們學
生的教室清潔情形，而另一個班級的老師，則是在進行數學小考。輪
到我上臺開始施行調查時，老師們先向學生們介紹我，並讓我帶領他

---

37 在《受壓迫的教育學》中，弗雷勒（2012, 72）寫道：「教育就如同一種存放的活動，
學生變成了存放處，而教師便成了存放者。當教師所採取的方法不是溝通，而是藉著發
出公告製造一些學生必需耐著性子接受、記憶與重複的存放物，這就是『囤積式教育』
概念。事實上，他們確實有機會成為資訊的收集者與編輯者。在這樣的教育概念裡，學
生僅能接受、歸檔，與存放囤積的東西。而這些只知道歸檔的學生，在錯誤的教育體系
下，很可能缺乏創造與改造力及知識。知識只有在發明、再發明中才會出現，唯有透過
在這個世間的人們，與世界、他人一起進行無盡的、徹底的、不斷的、充滿希望的探究，
才會出現。」（參考方永泉譯（2003）《受壓迫者教育學（卅週年版）》（原作者：P.
Freire）第108頁）。

們的學生。走上臺後，我先簡短地介紹了自己及我的研究本質，這時
臺下的學生文風不動地坐著，但卻對我提議要進行的事感到相當好奇。

　　由於他們的老師仍然在場，因此當學生們在填寫我所發的問卷時一
直保持安靜。在填寫問卷的過程中，我發現有些學生在寫答案前會審
慎的思考，也有些學生寫得很快且馬上就完成了。然而，當我告訴他
們，如果問卷有不明白的地方，可以舉手問我任何問題時，其中有一
個班級的男同學立刻舉起手，問我：「什們是BL？」這時，許多該班
的同學立刻哈哈大笑，但老師卻不明白他們為什麼笑。「BL就是關於
男同性戀的漫畫啦！也就是男生喜歡男生這樣！」有一兩個學生聽到
男同學的提問大聲說道，部分學生則在此時互相交換了有趣的表情並
開聊幾句。我說：「是的。BL通常是指一系列的男同性戀漫畫。就像
你們所知道的，男人和男人之間的戀愛。」聽完我的解釋，這個男同
學似乎仍然感到困惑，但他繼續填寫他的問卷。同樣的情形，也發生
在我施測的另一個班級，只是這次我回答得更快，也沒有其他學生加
入解釋。當學生們完成問卷調查並遞交問卷給我後，我再次拜訪了陳
校長並感謝她的幫助。經過了一段時間的閒聊，我們預定好之後與這
群研究參與者進行訪談的時間。

3. 簡單論述問卷調查

　　我在這四個班級總共發出了118份問卷，填寫完全並繳回來的共有
114份。所有有效的問卷中，只有10名學生（4名男學生和6名女學生）
承認他們沒有閱讀過漫畫書，剩餘的52名男學生與52名女學生列出了
他們對於漫畫書的偏好。另外，有將近91%的學生願意和我分享他們
的漫畫閱讀經驗和看法。在計算24部納入的系列漫畫書／動畫片總分

後，學生票選出前五名最喜愛的漫畫書依序為（排名由前往後）：《海賊王（航海王）》、《名偵探柯南》、《進擊的巨人》、《火影忍者》與《死神BLEACH》。這五部系列漫畫書／動畫片都各自擁有相當數量的學生支持。在這裡必須強調，本研究的目的並非描述日系漫畫書／動畫片對於青少年的整體影響，因此所得到的這項調查結果是用於支持研究中文本分析和訪談等研究結果的背景素材。事實上，我打算將本研究的重點聚焦在日系漫畫書／動畫片對於臺灣中學生的意識形態影響，而不是簡單的提供一份統計數據，因為這是一篇探討日系漫畫書／動畫片在後殖民主義、心理層面的文化入侵下，對臺灣中學生心靈和思想的影響。

二、經專家效度檢驗的文本分析

日系漫畫書中的暴力圖像和令人咋舌的對話通常被包裝在令人著迷的劇情中，以至於當身心尚未發展健全、邏輯分析能力不如成年人的青少年接觸後，容易受到隱藏其間的外國意識形態影響而在思想和行為產生了改變。當面對文化與文本（包括提供有意義的意識形態內容的所有形式媒體）時，多數成年人能夠辨別和抵制他人用於理解和／或解釋世界的社會建構認識論等意識形態（Brennen, 2013, 193）。諸如其他人在過去多數的質性文化研究，文本分析常用於揭示和解釋意識形態的議題，我也將在本篇研究以弗雷勒的視角對石牌國中學生票選出的前五名日系漫畫書進行文本分析，以檢視這群學生對於種族、性別、階級與暴力等民粹主義意識形態的理解。

日系漫畫書通常擁有一系列的出版集數，根據我的調查結果，學生選出的前五名日系漫畫中，有四系列的漫畫都已出版超過五年以上，

因此擁有超過60集的集數（在2014年11月調查時，《海賊王／航海王
（One Piece）》共75集、《名偵探柯南（Case Closed）》共81集、《火
影忍者（Naruto）》共70集、《死神BLEACH》共64集）。這五系列裡，
只有《進擊的巨人（Attack on Titan）》是近幾年才開始出版的作品，
因此在我調查時只有14集。

　　由於這些系列的內容相當龐大，無法逐一分析每個系列各集的內
容。因此我分別在這五系列日系漫畫中挑選第一集、目前全部集數的
第四分之一集、目前全部集數的第二分之一集、目前全部集數的第四
分之三集與目前最後出版的一集，共五集進行文本分析。為了讓調查
有一個明確的結尾以利後續探討，因此我將這五系列日系漫畫最後出
版的一集訂於2014年11月底於石牌國中進行調查前的最新集數。

表3.1　我挑選的五系列日系漫畫書集數分別呈現如上

漫畫書書名	所選入集數	在臺灣發行的日期
《海賊王／航海王》	1, 19, 37, 55, 75	首本於2003在臺灣發行
《名偵探柯南》	1, 20, 40, 60, 81	首本於1995在臺灣發行
《進擊的巨人》	1, 4, 7, 10, 14	首本於2011在臺灣發行
《火影忍者》	1, 18, 35, 52, 70	首本於2000在臺灣發行，最末本（72集）於2015年發行。
《死神BLEACH》	1, 16, 32, 48, 64	首本於2002在臺灣發行

1. 票選出的前五名日系漫畫書內容

　　我的受訪者所選出的前五名日系漫畫書系列，在臺灣也是眾所周知
的主流漫畫。這五系列漫畫中《海賊王（航海王）》、《火影忍者》

和《死神BLEACH》最初刊登在日本最受歡迎的漫畫雜誌《週刊少年Jump》裡。《進擊的巨人》是由講談社出版的新系列漫畫，該出版社是一家知名的國際出版公司，專門出版青少年男女生喜歡的漫畫雜誌。《名偵探柯南》是由株式會社小學館出版社出版的一系列的偵探故事，該出版社以出版年輕成人書籍聞名[38]。該偵探故事也是這幾系列裡，唯一劇情內容與戰鬥無關的一部。事實上，這五系列漫畫書都受到臺灣不同年齡層的歡迎，不論是小學生、青少年或成年人。

本次調查票數最多的是《海賊王（航海王）》，這系列漫畫由作者尾田榮一郎（Eiichiro Oda）所編寫與繪製插圖。故事環繞在一群由青少年船長蒙其‧D‧魯夫（Monkey‧D‧Luffy）和他的船員朋友（包括了一名武士、一名魔法航海士、一名狙擊手、一名具有超強腿技的廚師、一名由馴鹿改造的船醫、一名具有神奇力量的考古學家、一名被機器改造的船匠、一名骷髏頭音樂家和一名行俠仗義的掌舵手）所組成的九人海盜團。主角魯夫在故事的開始，因誤食了罕見的「惡魔果實（Devil Fruit）」而得到了身體可以像橡膠一樣往任何方向伸展的超能力，另外，他的絕招「霸王色霸氣（Color of the Conquering King）」可以震攝敵方陣營和加強自己的氣勢並控制人們，使敵人轉變成朋友。這個九人海賊團，為了尋找神秘的寶藏，並成為最強的海盜，因此在冒險途中必須面對來自各種不同類型的超級帝國挑戰及和各式各樣擁有特殊力量的海盜與士兵戰鬥，此外，他們還要對抗被專制的「世界政府（World Government）」所控制的海軍攻勢。

---

38 「Shogaku」在日語的意思是小學。事實上，這家出版公司在一開始專為兒童及青少年出版書籍與雜誌。但目前，它也為成年觀眾出版了許多書籍。

　　位居第二名的系列漫畫是《名偵探柯南》，這是一系列由創作者青山剛昌（Gosho Aoyama）所撰寫與繪製而成的偵探故事。在故事一開始，主角高中生偵探工藤新一，因為一次的調查案件被「黑衣人組織（Black Organization）」所毒害，並變成小學生江戶川柯南。柯南為了調查及摧毀「黑衣人組織」而寄居在女友毛利蘭的父親毛利小五郎所經營的偵探事務所，並使用阿笠博士的高科技發明來協助調查。柯南的特殊偵查天賦，不僅讓他解決了數百個案件，還發現了連日本警方都還沒注意到的事實：原來「黑衣人」組織比他想像的還要強大，甚至連美國聯邦調查局FBI和中央情報局CIA也都在調查這個國際犯罪集團。

　　至於這次票選出的第三名是由諫山創（Hajime Isayama）所編寫和繪製而成的《進擊的巨人》。這個故事發生在遙遠的未來，那個世界由巨大的巨人所統治，倖存的人類只能躲在三道歐式同心圓城牆裡，以免遭受巨人吞噬。故事的主角艾連・葉卡（Eren Yeager）雖然是人類但卻擁有變成巨人的能力，因此成為人類兵長里維麾下調查總隊的秘密武器。然而，經過幾次與巨人的激烈戰鬥後，艾連和他的隊友卻發現這場與巨人的大戰背後，竟然有著一個政治陰謀。因此，他們不得不成為反叛軍隊來揭露事實的真相。

　　第四名的系列漫畫為《火影忍者》，它的作者岸本齊史（Masashi Kishimoto）將讀者帶進一個忍者的世界。在這個世界裡存在著不同的忍者群體，他們如同超級特工般在不同群體間激烈的戰鬥。故事主角漩渦鳴人是一名擁有古老九尾狐特殊力量的少年忍者，他和他的朋友們必須用自己的各種特殊超能力來對抗不同的忍者敵人以保護他們的家鄉－木葉忍者村。故事一開始，他有著一位如同手足般的朋友-宇智

波佐助，然而後來卻因為一系列復仇的陰謀變成了最沉痛的敵人。漩渦鳴人參與了無數場次的戰鬥並且越來越強大，最後甚至成為木葉忍者村的領導人（第七代火影）。

最後一個票選出來的是由久保帶人（Tite Kubo）編寫和繪製的《死神BLEACH》。這個故事劇情圍繞在死神和他們的世界——屍魂界。死神在這個故事裡被描述成穿著黑色武士服並配戴武士刀的武士，他們有著特殊力量保護與引導人類靈魂回到來世。主角黑崎一護原本只是一位平凡的高中生，但卻因意外撞見死神露琪亞正與一個巨大惡靈幻象「虛」的戰鬥，死神露琪亞在戰鬥中受了傷而情急下將能力傳給了黑崎一護，而使他成為一位死神。主角黑崎一護在朋友的幫助下逐漸成為一位相當厲害的死神，但他和他的朋友必須不斷面對叛逃的死神團隊攻擊，還要保護屍魂界免於受到以吸食人類靈魂維生的魂狩（Bounts）、擁有死神力量的巨大惡靈幻象-破面（Arrancar）及能夠破壞人類魂魄的滅卻師（Quincy）迫近。

值得一提的是，上述的這五系列漫畫在一開始都只有漫畫書的形式，但隨著漫畫書熱賣，出版商也開始出版動畫片或改編成動畫電影、電動、輕小說，甚至桌遊[39]。各式各樣的娛樂媒體不斷產出，這些漫畫人物更加深植人心，而印有角色圖像的文具、吊飾與公仔等周邊產品也紛紛發行。根據2014年日本Oricon公司的統計資料顯示，這五系列漫畫書皆屬於2014年暢銷書排行榜的前25名。其中，擁有11,885,957卷的《海賊王（航海王）》和擁有11,728,368卷的《進擊的巨人》分別

---

39 「輕小說」是漫畫書的精裝版本。裡頭的文字通常相當口語化，並且包含了許多漫畫風格的插畫。由於它們的角色源自於原始漫畫書，因此風格和格式比起傳統小說反而更接近漫畫書。

位居排行榜的第一名及第二名。另外，這次被票選出擁有5,505,179卷的《火影忍者》在該排名中列為第6名、而2,986,968卷的《死神BLEACH》被列為第18名，2,380,774卷的《名偵探柯南》則是第25名。對照暢銷書排名和本次的調查結果後，可以很肯定地說，這群學生的調查結果符合「主流漫畫書」的標準[40]。

2. 意識形態類別的分析

為了清楚地關注潛藏在漫畫書中的各種意識形態議題，我在研究裡將這四類意識形態所分別涵蓋的內容以次分類來表示，並用表格的方式呈現於附錄（詳見附錄2）。首先，與「種族意識形態」議題有關的次分類包含了1）註明地標／地點；2）神話傳說；3）文化產物（如衣物，飾品）；4）傳統技藝（如武術、茶道）和5）傳統精神（如武士道、騎士精神）。與「性及性別意識形態」有關的次分類包括了1）主導劇情發展；2）幫助另一角色；3）表現自己的脆弱；4）表現自己的強悍；5）言語調戲／性暗示言語；6）身體裸露和7）性行為暗示。與「階級意識形態」有關的次分類，分別是1）主導故事；2）正向描述；3）負向描述和4）階級相關描述。另外，為了區分「暴力」和「犯罪」的不同描述，我的研究以1）流血；2）肢體傷害；3）暴力致死和4）非暴力的犯罪行為作為次分類。我相信透過次分類，可以將隱藏在漫畫書圖像、情節及對話裡的特定意識形態信息揭示出來。

---

40 由於漫畫書的市場銷售統計數據並未將臺灣列入，因此我並未使用臺灣的統計數據。然而，排名在日本前25名的漫畫書與我在石牌國中調查的結果排名相當相似（在這裡稍為補充的是，由於日本前25名的漫畫書並沒有對年齡進行任何限制，因此這樣的結果也可能代表著日本成年人的偏好）。

3. 專家效度檢驗的成員

由於我本身就是漫畫迷，不希望自己的品味影響意識形態上的研究分析，因此我將上一段所提到的意識形態次分類表給專家小組進行判讀，以提高效度及避免研究過度詮釋我的觀點。這個專家小組的成員分別是兩位資深的圖書館員及兩位教育工作者（非石牌國中的老師）。

圖書館員的部分，我找的是**黃先生**與**何先生**。黃先生今年32歲，我至少認識他十年了，他從小學就開始喜歡閱讀漫畫，尤其是搞笑和浪漫漫畫，還曾向我展示數百件他的漫畫書與輕小說電子收藏品。由於他對漫畫書評論有著相當豐富的知識，過去七年又分別在臺北市八家不同的公立圖書館及其分館工作，接觸相當多的教育工作者、青少年及其家長，因此我將他選入本研究的專家小組。另一位小組成員何先生，是黃先生目前工作的市立圖書館分館主管，他目前29歲，在圖書館分別擔任過館員及主管共計三年，目前的工作是為青少年及其父母規劃多項公眾活動。他也是一個不折不扣的漫畫迷，過去不但閱讀過大部分的主流漫畫書，還觀看過這些主流漫畫相關的動畫片與輕小說。

小組成員裡教育工作者的挑選，我是以「滾雪球取樣」的方式分別找到兩位對我的研究感興趣的老師：**葉女士**與**顏先生**。葉女士今年30歲，是我認識八年的朋友。過去在讀大學的時候，我們經常互相分享動漫消息並一起去看漫畫展。此外，她每週至少會去漫畫出租店一次，因此她閱讀的漫畫書種類比我還要更多。她不僅理解並認同我對於動作和搞笑漫畫的偏好，還熟悉BL漫畫與恐怖漫畫。過去三年，她分別在新竹市和臺北市的高中教授國文。不同於傳統師生的關係，她待學

生熱情隨和並經常將她的社會經驗帶入課堂中，也和學生們建立了密切的關係。在這群學生眼裡，她不像是個充滿威嚴的老師，反而更像是個大姊姊。另一位老師是顏先生，他今年29歲，在桃園市的國中教授國文已有四年。雖然我們同樣就讀師大教育系，且對社會學和哲學有著相似的興趣，但我和他相識不到一年。他喜歡搞笑和動作類型的漫畫，也常常在網路上獲取關於這類型漫畫的知識，而他的臥室和書房裡還收藏了數十本的日系漫畫書。雖然和葉小姐一樣是一位國文老師，但他卻很少和學生討論或分享這類的知識。當我們談到他與班上學生的關係時，他說：「事實上，我的學生有點怕我，因為我是一位要求很高的老師。」然而，還是有些同學喜歡跟他開玩笑，因為這些同學知道，在他嚴謹的外表下，有顆願意奉獻所學只為求學生們有所進步的心。

我的專家小組中，每位專家都有著至少十年以上的漫畫書閱讀經驗，並且對於石牌國中票選出的這五系列文本相當熟悉。在後續文本分析和訪談中，我將他們填寫的結果與我的結果進行比對並深入探討後，發現每個人對於漫畫書的偏好與閱讀經驗皆不相同，而這也影響並形成他們獨一無二的觀點。至此，我更加確信這幾位專家可以明確地協助我找出所有潛藏在漫畫書中的意識形態議題，以防止我在找尋這些議題時有所漏失。事實上，透過不同職業環境的專家進行檢驗的目的，就是要藉由他們不同的學術背景和訓練來更廣泛的探討這樣的議題。雖然所有專家小組成員都修習過社會學，但老師的社會科學培訓比圖書館員更加徹底，也更注重於學生們的學習知識技能與成就。

在這項研究中，考量學生們對各種意識形態的敏感度不同、時間的限制與這樣的主題可能會使學生家長或其他班級的老師有疑慮，因此

我在問卷調查與訪談的部分採用的是結構性問句。然而，在進行文本分析時，我希望整個分析完整簡潔，不僅探討過去已提及的議題，還能找出其他隱藏在漫畫書裡的意識形態，並且在討論與分類各項議題時維持一定的靈活度和警覺性，因此將不再受到這些結構性問句的限制。再者，考量到其他的娛樂媒體類型也可能潛藏著意識形態議題，所以我納入的媒體類型還包括了網路漫畫、動畫片和動漫畫及電玩的廣告等。我期盼透過文本分析建立活躍的對話，對目前在臺灣流行的日系漫畫進行廣泛深入的研究。

三、訪談：教育工作者與學生對於漫畫書的觀點

我以弗雷勒理論作為我的研究方法，因此透過訪談與教育工作者和學生進行對話，以了解不同角度下，他們對潛藏在漫畫書／動畫片中的種族、性別、階級和暴力等意識形態的看法，並觀察他們對這些隱藏在書／動畫裡的訊息反應。另外，透過談話的過程，我也可以知道當他們在閱讀漫畫時，是否有意識到蘊藏在書／動畫裡的權力議題。

大部分的訪談我都是在石牌國中進行，得益於陳校長的協助，我可以從問卷調查的四個七年級班級中，邀請其中兩個班級的學生進行長時間的訪談（以下我將這兩個班級以班級A和班級B表示）。顧及該校老師和學生的地理位置便利性，所有與他們的訪談都在學校內一間上鎖的會議室裡利用非上課時間進行。我總共花了兩個月的時間才完成兩個班級學生的訪談。另外，考慮到受訪者個人資料的保密性，所有學生的中文姓名都被我改以簡單的英文名代替。

在不影響學生在學校作息的前提下，每次訪談的時間長度均以一堂

課45分鐘為限。雖然因為現實的因素需將原先設計的開放式訪談轉變成結構式的訪談,但值得一提的是,這樣的轉變並沒有影響我的研究成果。事實上,多數的受訪學生都願意甚至渴望分享他們過去閱讀漫畫書/觀看動畫片的經驗,所以這次的訪談不論對研究人員或受訪者而言都是非常正向的體驗。訪談過程中,部分同學表示他們深刻理解社會平等與社會正義,並將我的問題延伸到更深入的議題,這樣的表現也讓我更加尊敬這群年輕學子的智慧。在師長的大力支持下,我最終收集到比預期更多的資料。為了忠實地闡述我的研究發現,我將在以下內容中介紹我的受訪者。

1. 參與訪談的受訪者

這項研究裡,我共與16名師生進行訪談,其中有12名為該校兩個不同班級的學生,另外4名為老師(分別是兩個不同班級的導師和2位專家小組的老師)。12名學生的性別男女各半,而他們的老師戴先生與戴女士和專家小組的葉女士與顏先生相比,對漫畫這個主題的了解相當有限。

A班的導師是**戴先生**,他是一位51歲的數學老師,也是石牌國中的訓導主任。截至目前,他總共有20年的教學經驗,其中有18年都是在石牌國中。他是一位資深的教育工作者,因此非常擅長處理學生的問題及培養學生良好的讀書習慣。在他眼裡,我是一名年輕的學者/從業者,因此他非常大方地與我分享過去的豐富教學經驗。歷經多次大刀闊斧的教育改革後,他對教育有著一套自己的看法,即使與年輕教育工作者相比可能較為保守,但卻仍適用於目前的學生教育。

有感於我的研究重要性,戴先生慷慨地幫助我邀請適合的學生並安

排好時間，讓學生在繁忙的學校課業裡，還能擠出一段空餘時間供我與他們面對面談話。至於票選出的前五名日系漫畫書，他坦言只閱讀過《名偵探柯南》，但卻承認自己是著名軍事漫畫《沉默的艦隊（The Silent Service）》粉絲[41]，訪談後，他也強烈建議我去閱讀那系列的漫畫。

在戴先生的協助下，我從A班挑選了3個男學生和3個女學生參與訪談。他們幾乎都看過票選出的這五系列漫畫書，因此他們相當清楚這些系列的情節與角色。以下簡述這六名A班學生在與我訪談時的大致表現：

(1) 學生一是「Vincent 文森特」，他是一名語氣柔和且害羞的男生，在整個訪談過程中，他似乎有些緊張，以致於表達意見時總是筆直地坐著且不敢直視我。有時，他的回答有點神秘，我必須要猜測他的意思並再次向他確認。

(2) 學生二是「Jessica 潔西卡」，她是一個乖巧且善於表達的女生。在表達自己的想法時，她相當有自信，因此與她的訪談相當自在也充滿了許多歡笑。

(3) 學生三是「Sheryl 雪莉」，她是一個非常害羞的女生，訪談過程中，她總是小聲地回答我的提問，因此我不得不靠向她傾聽她的聲音。有時，她甚至只是點頭或搖頭以表示自己看法。

(4) 學生四是「Aida 阿依達」，她是一個具有相當自我表達能力

---

41 《沉默的艦隊》是一個關於國際海軍的故事。它的劇情在某種程度上涉及核武問題和美日在第二次世界大戰失敗後的複雜關係。

且個性開朗的女生。訪談過程她不會避免與我目光接觸，並且還能用成語或例子來解釋她的回答。我和她的對話裡，會互相使用漫畫梗來開玩笑。

(5) 學生五是「Olin 奧林」，他對於我的提問總是一副堅定嚴肅的表情，給予我非常明確的答案。他告訴我由於父母的允許，他對這個領域有相當多的了解，其中還包含很多網路漫畫迷的想法。

(6) 學生六是「York 約克」，他對於我的問題總是簡短明確地回答。雖然他說每周只能花三個小時閱讀漫畫書，但卻了解很多主流和非主流的漫畫書，甚至還包括R-15級漫畫（15禁漫畫）《一騎當千（Battle Vixens）》的格鬥系列漫畫。

B班的導師戴女士是一位數學老師。在她12年的教學經驗中，石牌國中占了3年的時間。她是一位和善的老師，與我交談時更像一位大姊姊，自在地向我分享她的想法與過去的經驗。她也與戴先生同樣地協助我挑選適合且對我的研究感興趣的學生。她告訴我，班上幾乎所有同學都對我的研究很有興趣，也很想參與我的研究。然而，部分家長卻對於我的「漫畫書研究」保有疑慮，他們擔心我的研究會進一步鼓勵學生們閱讀漫畫，並將這樣的行為合理化。因此原先有3位同意參與研究的學生因其父母反對而被另外3名學生所取代[42]。

---

42 儘管學生的家長們知道此研究不是一項長期的研究，甚至也不一定會發表，但他們仍然有許多的擔憂。我認為這是漫畫書在臺灣學術研究上仍為「禁忌」話題的一個證據。而這也證明了臺灣的家長會為了保護他們孩子在學業上的表現而杜絕任何可能會對其產生負面影響的事物。

　　起初，我很擔心學生在訪談時的回應可能受到父母親態度的影響，而其回答的確效性也因此產生疑慮。但實際上，我在戴女士班上的訪談和另一個班級一樣地順利。學生及其老師對前五名漫畫書系列內容的了解似乎遠遠超過他們的父母。然而，戴女士很老實地告訴我，雖然她知道這些漫畫，但她很難理解這些漫畫中的角色編排與故事架構，因此並沒有很大的興趣。她唯一讀過的漫畫系列是一部超過三十年專門給兒童與青少年閱讀的國際知名漫畫《哆啦A夢（Doraemon）》[43]。戴女士也提到，她很多關於漫畫的知識都來自於身為漫畫迷的丈夫。

　　在戴女士的協助下，我也從B班挑選了3個男學生和3個女學生參與訪談，以下簡述這六名B班學生在與我訪談時的大致表現：

(1) 學生一是「Fay 費怡」，她是一個有著柔和聲音的害羞女生。在我們的談話中，她很多次突然停頓下來。另外，她習慣以「很怪」來表示她認為是負面的東西。

(2) 學生二是「Rod 羅德」，他是一個講話頻率很快的男生。他喜歡戰鬥類型的漫畫，特別是《火影忍者》。

(3) 學生三是「Ruby 露比」，她是一個個性開朗且善於表達的女生。在我和她的談話中有許多的歡笑，另外，她也是這12位訪談學生中唯一承認自己喜歡閱讀BL漫畫。

(4) 學生四是「Julian 朱利安」，他是一個有禮貌且善於表達自己的男生。他告訴我他會和父親一起閱讀最新的漫畫書及觀賞相

---

43 《哆啦A夢（Doraemon）》是一個來自22世紀的藍色機器貓。這個系列漫畫是亞洲最
　受歡迎的漫畫之一。

關的動畫片,因此他有很多關於漫畫及其相關媒體的新知識。

(5) 學生五是「Helen 海倫」,她在訪談的一開始表現地相當害羞,但當訪談進行了十多分鐘後,她開始以較長的句子來表示她的想法與她對漫畫書的熱情。與「羅德」相似的是,她也喜歡有戰鬥和流血場景的漫畫。

(6) 學生六是「Dana 戴納」,他是一個矮小害羞的男生。他對於我的假設性問題及從他的回答所延伸出的更深入問題都以「不知道」來回答。但他也是唯一一位拿起我放在桌面上的漫畫書並閱讀的學生(他在訪談中共閱讀了半卷的《海賊王(航海王)》。他的老師戴女士告訴我「Dana 戴納」是一位隔代教養的學生,因此他在社交技巧上相對較差,這可能就是為什麼他很少與人有眼神上的接觸。

在這裡我還要補充的是,本研究所有受訪學生都來自中產階級的家庭且為臺灣島國上最主要的種族-漢族(Han)[44]。在和他們一對一的訪談裡,我發現了幾個起初沒有想到的有趣觀點,我將在第四章與第五章中做更多的說明。

2. 建立結構性的問題

雖然以結構性的訪談可能會影響我的研究發現本質與範圍,但我仍試圖以任何方式保留弗雷勒的對話精神。因此我在提出的問題中盡可

---

44 除了漢人,還有「原住民(Indigenous Taiwanese)」和「新臺灣人(New Taiwanese)」居住在臺灣這個島嶼裡。「新臺灣人」指的是來自東南亞和中國大陸的第一代和第二代移民。

能使用青少年術語，並且將較為學術專業的語句改成他們能理解且貼近他們日常的詞彙，以降低參與者因為認知差異、缺乏對話經驗或不擅長表達自己意見所造成的影響。我的問題總共分成以下幾個部分，陳述如下：

(1) 基本問題：

    A. 過去看過哪些漫畫？看過這五系列漫畫書的哪個系列？一週大概花幾小時在動漫上（包含閱讀漫畫與欣賞動畫片）？你是透過什麼方式接觸到這些動漫的？

    B. 這五系列漫畫書中你最喜歡的哪個角色？可以談談他的特色嗎？如果要給他一個國籍，你覺得他是哪國人？你覺得他們家算有錢嗎？你覺得如果他的性別顛倒過來，行為不變、個性不變，你還是會喜歡這個角色嗎？

    C. 漫畫人物常做出不同於我們的事，像有超能力、會在對決中喊出招式、除了原本的外表還有另一個不同的外表（比方說《進擊的巨人》的艾連變成巨人、《火影忍者》的鳴人變成九尾狐或《死神BLEACH》的一護變成死神）。你會希望自己也有這些特點嗎？你最想要得到哪一個特點？

(2) 種族議題：

    A. 這五系列漫畫都用了許多日本或西方文化設定，好比《火影忍者》的六道輪迴、《進擊的巨人》的巨人堡壘，你覺得看完以後會想知道更多相關的知識嗎？

    B. 很多漫畫中會出現日本地點，像是東京、大阪，還有一些日本的東西，像是武士刀、茶道，你看完漫畫後有對日本更了解一點嗎？你會想親眼看看那些嗎？

C. 漫畫裡充滿著日式的人名和狀聲詞，另外，我們在漫畫裡常常可以看到以日文驚嘆詞來表達角色情緒與反應的情形。如果改為中文名字、中文狀聲字詞，你覺得好還是不好？

(3) 性別和情色議題：

A. 《海賊王（航海王）》第二部的女角娜美和《火影忍者》裡的女角綱手，穿著都比較大膽，或者說穿著地非常『辣』，和一般我們在路上看到的穿著不一樣，你覺得這算色情嗎？會不會太過性感？

B. 不管是哪部故事裡，主角都是男生，如果主角是女生呢？如果把這些主角都改成女性時，你會覺得如何？

C. 在故事裡，會出現一些玩笑，像是《海賊王（航海王）》的配角香吉士看到女生眼睛就會發亮、《名偵探柯南》的毛利小五郎會偷盯女生屁股之類，這和現實生活有什麼不同？你覺得這給你怎樣的感覺？

D. 如果《海賊王（航海王）》或《死神BLEACH》中女生入浴的鏡頭換成男生，你覺得會有什麼不同？

E. 《海賊王（航海王）》裡出現過人妖這樣的角色，你如何看待這個角色？你覺得現實生活中，人妖是什麼樣的人？

F. 這五系列漫畫都是男生喜歡女生，很少有男生和男生或女生和女生在一起。如果未來在內容中出現同性戀的情節，你可以接受嗎？如果在真實人生中有同性戀的情節，你可以接受嗎？

(4) 階級議題：

A. 你認為這幾系列的漫畫主角有那些比你富有？又哪些角色感覺比你窮？那些可能和你的經濟狀況差不多？平常在看漫畫時會注意到這些嗎？

B. 這幾系列的主角很多都有個很強的爺爺或父親，所以他們也很強，你覺得如果主角沒有這些特質（比方說《海賊王（航海王）》的魯夫爸爸變成普通漁夫、《火影忍者》的鳴人爸爸只是一般人或《死神BLEACH》的一護爸爸變成農夫，你還會像現在一樣喜歡這些主角嗎？

C. 在《海賊王（航海王）》和《進擊的巨人》中，對有權有勢的人或有錢人有很多批評，看完以後你覺得認同嗎？

D. 《名偵探柯南》的劇情裡，有很多人因為貧窮而做出傷天害理的事，你認為偵探應該要同情他們的處境還是該將他們繩之以法呢？

(5) 暴力議題：

A. 有些人覺得漫畫書內容太過暴力，你認同嗎？你覺得漫畫書中的暴力場景會影響你的行為舉止嗎？

B. 漫畫裡的角色常打架流血，你是否認為這樣的血腥戰鬥場景太過暴力？

C. 有時候，漫畫裡會出現角色被砍成兩半或斷手斷腳的場景。當你看到這樣的圖像畫面時，有什麼樣的感覺？

(6) 民族主義與社會省思的議題：

A. 你有看過臺灣本土的漫畫嗎？你覺得它們和日系漫畫比起來如何？好在哪？

B. 有些人認為我們可以從漫畫書中學到很多東西，你認為呢？

C. 你認為學校可以禁止學生閱讀漫畫書嗎？你覺得學校禁止學生讀漫畫，原因是什麼？

D. 為什麼學校允許學生閱讀小說，卻禁止他們閱讀漫畫書？你認為漫畫和小說的差別是什麼？

E. 在漫畫書的世界裡，主角總是正義方，在最終會獲得勝利與眾人支持。你覺得真實人生也是這樣嗎？

值得提及的是，當學生對於我所談到的漫畫書較不熟悉時，我會使用其他他們熟知的漫畫角色及內容來詢問。此外，我所設計的基本問題用意在於掌握學生對於這些漫畫的熟稔度與觀點。當學生進行到後面的議題時，我能夠根據基本問題的回答延伸與挑戰他們的回應並提出更多的問題。有趣的是，部分學生在我進一步提出問題時，會更改他們原先的回答，而也有許多學生仍堅持他們的觀點。為了讓接受訪談的學生們覺得他們所參與的是一個有趣的「腦力激盪（Brain storming）」遊戲，而不是一個制式化的測驗，訪談前我告訴所有參與的學生，這些問題並沒有「正確」的答案。另外，在向他們說明訪談的隱匿性等安全性問題後，我開始以奇怪的語氣和誇張的手勢拿起我擺在桌上的漫畫書問他們一些關於這些漫畫的問題，以降低他們的防備心及提高他們的興趣。

至於和老師們的訪談，我則沒有採用這種誇張的開場白，也沒有特別設計問題，而是以開放式的對話模式談論著漫畫書。四位參與研究的老師中，戴先生和戴女士在漫畫書的閱讀經驗上較為不足；相對而言，顏先生和葉女士對於漫畫書有深刻的認識與了解。我和這些老師們的訪談先是以面對面的方式進行了約一個小時的談話，之後再透過通訊軟體Skype、Facebook和電子郵件等方式進行更深入的討論。

　　雖然本研究的參與者人數並不多，但我依然在訪談中發現許多被教育工作者長期忽略的有趣事實與存在問題。本研究透過學生與老師的想法成功地發現一些存在於目前社會的文化衝突與充滿意識形態的「常識」。這項研究的結果，將有助於我對臺灣未來的批判教育進行實際面反思。

第四章 臺灣學生與教育工作者的回饋

事實上，閱讀文學作品的行為與閱讀者本身過去經驗及其所處的社會世界有關，因此它被視為廣義上人類發展和成長過程的一部分（Freire, 1983）。

　　本研究我使用了問卷調查、文本分析和訪談三種方法蒐集資料，此章節我將依續呈現上述方法所得到的研究結果。學生問卷調查的結果我以符合邏輯順序的方式呈現，作為中學生漫畫書閱讀經驗的指標，也是後續文本分析和訪談的依據。文本分析部分，我著重於學生問卷調查所票選出的前五名主流日系漫畫（即《海賊王（航海王）》、《名偵探柯南》、《進擊的巨人》、《火影忍者》及《死神BLEACH》）中，種族、性別、暴力與階級意識形態的識別。和中學生及教育工作者的訪談，可以讓我了解他們對於日系漫畫影響力的看法。

　　採用弗雷勒的批判性教育視角進行這樣的主題，不僅讓我發現存在於臺灣漫畫書文化裡的部分文化現象，還找到一些經常在教育領域被忽略的議題。因此我將在下一章做更進一步的分析與擬定未來教育的策略。本研究將盡可能全面地呈現「閱讀漫畫書對臺灣青少年的教育價值」這個長期存在的問題。

第1節 問卷調查結果

臺灣青少年的日系動漫偏好與票選出的前五名日系漫畫書／動畫片

　　了解青少年閱讀漫畫書習慣，及課餘時間怎樣閱讀這樣的課外讀物相當重要。在比較四個班級的問卷調查結果後，我得到了一些明確結果。所有受訪並有漫畫閱讀經驗的104位學生在閱讀方式上有明顯的相似性。多數的學生每周閱讀漫畫書和／或觀看動畫片的時間不超過3小時。其中53位學生（占全部回答該題人數的53.5%）甚至表示每週他們花在閱讀漫畫書和／或觀看動畫片的時間不超過1小時；31位學生（占

全部回答該題人數的31.3%）表示他們每週大概花2-3小時閱讀漫畫書和／或觀看動畫片。另外，有11位學生（占全部回答該題人數的11.1%）表示他們每週花3-5小時閱讀漫畫書和／或觀看動畫片；只有4位學生（占全部回答該題人數的4%）表示他們每週花超過5小時以上在閱讀漫畫書和／或觀看動畫片。事實上，不論是閱讀漫畫書或觀看動畫片，皆被視為一種課餘時間的「休閒娛樂」，所以，學生很難像課堂學習般規律地進行。全部學生中，有2位學生表示「假如有足夠的時間，我會選擇一次大量地閱讀漫畫書和／或觀看動畫片」即「我寧可選擇花一次大量時間閱讀和／或觀看整系列或整季的漫畫書／動畫片，而非每周追蹤它們的最新版本」，而這一題有3位學生未表示意見。

表4.1　臺灣青少年每週閱讀漫畫書和觀看動畫片的時間分布

小時 量化數值	少於1小時	2-3小時	3-5小時	超過5小時
學生數	53	31	11	4
所占百分比	53.5%	31.3%	11.1%	4.0

　　關於臺灣中學生閱讀漫畫書和／或觀看動畫片的方式，我以複選題的方式進行，而從學生的回答結果中，我發現各種選項所提及的方式均未達到50%以上，因此可以解釋為他們在閱讀方式上沒有太大的一致性。結果顯示，53位學生（占全部回答該題人數的34.4%）表示他們使用網路或線上資源來閱讀漫畫書和／或觀看動畫片；41位學生（占全部回答該題人數的26.6%）表示是靠親朋好友分享來閱讀漫畫書和／或觀看動畫片；只有35位學生（占全部回答該題人數的22.7%）表示他

們用自己的零用錢購買漫畫書或動畫片；另外，有25位學生（占全部回答該題人數的16.2%）表示他們會去出租店租漫畫書或動畫片來看。全部學生中，只有2位學生表示他們會觀看電視播放的動畫片但不會閱讀它所依據的原創日系漫畫書系列。

表4.2　臺灣青少年採何種方式閱讀漫畫書和／或觀看動畫片

閱讀方式 量化數值	用零用錢 購買	親戚朋友 分享	租借	網路／線上
學生數	35	41	25	53
所占百分比	22.7%	26.6%	16.2%	34.4%

　　就我而言，當詢問中學生：「在閱讀前，您是否會注意到該書的分級？」這題時，他們的回答是最令我感興趣的。這題是非常敏感的問題，因為據我所知，所有接受調查的學生都還沒有達到足夠的年齡資格去閱讀「R級」漫畫書。然而，本題的回應相當熱烈，全部學生裡只有1位學生沒有回答這題。有60位學生（占全部回答該題人數的58.3%）表示他們「會」在閱讀該漫畫書前注意到它的年齡分級，這即意味他們不會閱讀R級漫畫書；相對地，有14位學生（占全部回答該題人數的13.6%）表示他們「不會」在閱讀該漫畫書前注意到它的年齡分級，這個回答也暗示這些學生可能覺得漫畫書的內容比起它的年齡分級更為重要。另外，29位學生（占全部回答該題人數的28.2%）給了含糊籠統的答案，他們表示「有時候」才會在閱讀該漫畫書前注意到它的年齡分級。

表4.3　臺灣青少年在閱讀該漫畫書前是否注意到其年齡分級

是否注意該漫畫為 R級漫畫　量化數值	是	否	偶爾
學生數	60	14	29
所占百分比	58.3%	13.6%	28.2%

　　最後兩題的量表是在了解臺灣青少年讀者喜歡閱讀怎樣的漫畫書和／或觀看怎樣的動畫片及他們心目中的前五名漫畫書為何（此兩題請受訪學生依照自己喜好強烈程度分別填入1至5分）。從中學生的回答可以發現，他們最喜歡閱讀和／或觀看的是「魔法奇幻」的類型，它的總得分（共241分）和整體平均分數（3.3分）均為最高。第二高為「科學幻想」類型，它的總得分（共224分）和整體平均分數（3.29分）僅略低於「魔法奇幻」類型[45]。其他四個總得分超過100分的類型分別為「偵探」（共189分）、「恐怖驚聳（靈異、獵奇）」（共178分）、「校園生活／校園喜劇」（共176分）和「運動」（共162分）類型。值得一提的是，雖然這四個類型的總得分相當接近，但他們在整體平均分數上卻有著不一致的結果。我發現「恐怖驚聳（靈異、獵奇）」和「運動」類型的整體平均分數均有達到3分以上（分別為3.02分和3.18分），但「偵探」和「校園生活／校園喜劇」類型卻沒有（分別為2.95分和2.79分），這意味著雖然很多學生他們喜歡閱讀「偵探」和「校園生活／校園喜劇」的故事，但這兩類型的漫畫卻並非他們的最愛，他們可能更喜歡「魔法奇幻」、「科學幻想」或其他類型的漫畫書。另外，

---

45 由於大多數的漫畫裡都有戰鬥、打鬥的劇情，不論是以魔法、超能力或者是武器攻擊等，因此我在調查喜歡的漫畫書/動畫片類型時，並未將「戰鬥類型」設為一類。

要特別提到的是「同性戀（不論是男性／女性為背景的BL／GL漫畫
書）」類型的漫畫書，我發現在這項調查裡，它的總得分和整體平均
分數有著相反的結果。這個類型的漫畫在總得分上只有38分，但它的
整體平均分數卻為2.92分，僅些許落後相當有人氣「偵探」類型，這樣
的結果顯示，雖然很少學生喜歡閱讀這個類型，但喜歡閱讀此類型的
同學給予它很高的分數。除了前面提及的這些漫畫書類型外，其他我
列舉出的類型還有「男女愛情」（總得分92分；整體平均2.79分）和「特
殊技藝（下棋、廚藝、品酒等等）」（總得分56分；整體平均2.33分）
類型。最後，還有一點值得提及，即所有學生並非都將5分（即最喜歡
的類型）填寫於上述所提及的各種漫畫書類別。有幾位學生將他們最
喜歡的漫畫書歸類為「其他」類型，並在後面註明為「歷史戰爭」、「家
庭劇」及「動作」類型。

表4.4　臺灣青少年最喜歡閱讀和／或觀看的漫畫書／動畫片類型

類型 分數	魔法奇幻	科學幻想	運動	校園生活／校園喜劇	男女愛情	同性戀BL／GL	偵探	特殊技藝	恐怖驚聳
總得分	241	224	162	176	92	38	189	56	178
整體平均分數	3.30	3.29	3.18	2.79	2.79	2.92	2.95	2.33	3.02

　　量表的最後一部分是在了解臺灣青少年心目中的前五名日系漫畫書
為何。正如第三章提到的，這些中學生票選出的前五名日系漫畫書／動
畫片有著高度一致性的結果。這五名日系漫畫書／動畫片分別是《海賊

王（航海王）》（總得分239分，整體平均3.41分）、《名偵探柯南》（總得分198分，整體平均3.41分）、《進擊的巨人》（總得分186分，整體平均3.15分）、《火影忍者》（總得分155分，整體平均2.87分）及《死神BLEACH》（總得分92分，整體平均2.49分）。從上述的得分很容易地發現前四名日系漫畫書的得分明顯高於第五名。事實上，第五名的《死神BLEACH》和第六名的《獵人HUNTER×HUNTER》（總得分79分，整體平均2.93分）的分數相當接近。有33位學生表示相較於《死神BLEACH》他們更喜歡閱讀《獵人HUNTER×HUNTER》[46]。

這一項調查結果顯示，雖然所得到的前五名日系漫畫書為目前中學生的主流漫畫書，但每位學生對於這些漫畫書的喜好程度卻存在著相當大的差異性。這樣的結果值得特別注意，以防止在後續的論述中，誇大解釋了年輕讀者群對這些漫畫書系列的態度和這些漫畫書系列對年輕讀者群造成的影響。

以批判性的教育角度來看，我所得到的問卷數據揭示了許多和學生有關的議題，如受訪學生的價值觀念、消費觀念、身分認同與閱讀喜好。後續，我採用文本分析和訪談以檢驗和解釋上述的議題線索，而文本分析和訪談的結果也於下節陸續呈現。

---

46 《HUNTER×HUNTER》是由日本最有才華的漫畫家之一——冨樫義博所編繪的冒險型漫畫。該系列雖然曾經暫停出刊過多次，但截至目前已發布了十多年，也有很多漫畫迷支持這系列。

第2節 文本分析的結果

前五名日系漫畫書系列所隱藏的意識形態

　　依據弗雷勒的觀點，我的文本分析將集中於探討種族、性別、階級和暴力這四種意識形態議題。在與專家小組討論後，我發現到原本文本分析存在著缺失，也發現不同理論培訓和社會背景的人在意識形態的議題上，會根據自己邏輯持有不同的意見。為了清楚識別潛藏在日系漫畫書中人物、對白和劇情的意識形態表徵，我納入了專家小組建議，並修正了原本的文本分析。其結果呈現如下：

一、日系漫畫書的格式

　　與美系漫畫書相比，日系漫畫書通常有著一定的外觀尺寸。即它們的大小通常較為袖珍，平均頁數約為200頁上下。封面常是以銅版紙包覆，而內頁則是黑白印刷的輕型紙。對於很多學生來說，這樣的格式是相當重要的，因為當學校禁止他們帶漫畫書時，這樣的大小、重量與厚度讓他們很容易地可以將其放在背包、口袋、藏於儲物櫃或正在研讀的教科書中。再者，日系漫畫書的出版商考量到主要消費日系漫畫書的族群為學生讀者，因此在售價上也相對低廉（通常一本約100元新臺幣；3.5美元），而他們為了壓低成本以平衡定價，所採用的印刷方式也不同於美系的漫威或戴爾漫畫出版商出版的彩色格式漫畫，改以黑白的方式印製。由於黑白的漫畫書無法以多種的顏色來增強他們的戲劇張力，因此日系漫畫書衍生出一種以多樣化速度線條、網狀紋理或擬聲驚嘆句等來加強特殊情境的場景效果與對比效果模式。

　　值得一提的是，雖然日系漫畫書在臺灣大量發行，但很多內容裡的擬聲驚嘆句卻維持原本創作時的語言（日語）以保持其特殊的文化含義，而不在乎臺灣學生是否看懂。相對而言，在美國發行的這些日系作品，卻會刻意將裡頭的原創文字符號（日語）翻譯成英文。在這次票選出的前五名系列漫畫皆可以找到這樣的情形，而這無疑是一個帝國文化主義的明顯案例。

　　日系漫畫書在經營方式上也與美系漫畫書不同。通常，主流的日系漫畫書傾向以長期出版的形式經營，為了吸引讀者不斷地閱讀、消費，除了書中的漫畫人物是「超級英雄」外，漫畫書的作者本人也必須是超級明星。因此，日系漫畫書通常會將作者的姓名印在封面顯眼的位置，並省略標註輔助作者繪畫的團隊。再者，這些日系漫畫創作者也常以聞所未聞的方式在亞洲的漫畫市場裡展現鮮明的個人特色。比方說，有些作品的讀者可以在漫畫書的不同章節和故事結尾間看到一個創作者為了和粉絲互動而特別製作的頁面，這個頁面有著額外的娛樂效果並可以拉近作者和粉絲們的距離。在《海賊王（航海王）》系列漫畫中，作者尾田榮一郎使用「SBS專欄情報」來回應讀者在不同漫畫章節所提出的評論與疑問；《進擊的巨人》中，作者諫山創製作了「番外篇」來取笑他所創造的主要角色；而《名偵探柯南》的作者青山剛昌，總是在每卷的作者介紹頁上，繪製他本人的各種假死狀態圖像。雖然日系漫畫書的單卷價格相較於美系漫畫低，但長集數、定期不斷地刊載（有的固定每月更新），長遠看來，獲利仍相當可觀。

　　還有一個美系和日系漫畫的差異是劇情編排。比方說著名的美系漫畫如《陰屍路（The Walking Dead）》和《睡魔（The Sandman）》，會因為劇情有較多嗜血場景，所以不論在製作過程和故事走向都需經

過製作團隊嚴密的討論後才決定；然而，日系漫畫書在這方面相比之下較為隨意，劇情不但未經過製作團隊嚴密的討論，繪製這樣場景的作者也只在個人頁面上提醒讀者不要在現實世界模仿漫畫角色的嗜血衝突。

二、日系漫畫書的主角是重要推銷員

　　如同多數各國出版的漫畫，日系漫畫書同樣以主角的角度來詮釋整個故事。書中的主要角色不僅是整個系列漫畫的靈魂人物，更是漫畫的主要推銷員，因此讀者對他們的支持度往往關係到該系列作品是否可以為出版商帶來利潤。青少年經常透過具有說服力的主角視野建構出一個充滿希望的夢想世界，因此創造出一個具有積極性格、特殊才能和平易近人的萬人迷主角對漫畫書而言相當重要。這樣的形象不僅可以輕鬆地讓讀者將自己投射在主角英雄般的冒險故事裡，還可以讓讀者在主角完成任務或取得榮耀時產生共鳴、認同。

　　由於許多的日系漫畫迷是青少年，因此漫畫創作者常常將青少年的特質反映在漫畫故事的主角中。舉例來說，這次票選出的前五名系列漫畫書的主角都是富有正義感、反抗威權、具有冒險和勇氣的青少年男子，他們皆有著獨一無二的個人特質和超強的能力以應付超能力敵人所帶來的各種情況和挑戰。《海賊王（航海王）》的主角蒙其・D・魯夫，被他的創作者詮釋成一位擁有樂觀、天真且充滿活力態度以應付各種困難情況的九人海盜團團長，他具有把自己身體像彈性橡膠般延展的特殊技能和能制服、控制他人的「霸王色霸氣（Color of the Conquering King）」超級力量。雖然他缺乏常識與性慾，但臉上總是掛著能鼓舞所有年齡層讀者的自信笑容。魯夫的父親，是一位反叛軍

隊的領導人，而他的祖父，則是一名海軍上將，他們都相信魯夫可以很快地成為海賊王並發現藏在大海裡的神秘寶藏。

《火影忍者》有著類似的角色設定，這個故事的主角漩渦鳴人打破過去大眾對日本忍者的刻板印象，是一個搞笑、樂觀、頑皮且喜歡用他的忍者力量「查克拉（Chakra）」來欺負朋友的忍者。與《海賊王（航海王）》的主角魯夫相似，鳴人也擁有傳說的超強力量——九尾狐狸脈輪（Nine-tailed fox），並且同樣夢想著能追隨他的父親成為超級忍者領袖-火影。隨著故事的推展，鳴人在冒險中逐漸知道該如何利用他的強大力量，而這股力量除了他原本的最好朋友宇智波佐助（後來變成他最大的敵人）外，無人能敵。

《名偵探柯南》的故事圍繞在主角江戶川柯南的個人魅力。柯南原本是一位如同神探夏洛克·福爾摩斯般聰明、英俊瀟灑且擅長踢足球的東京著名高中生偵探-工藤新一。然而，在一次的辦案中，新一不小心被神秘黑衣組織的黑衣人強灌毒藥而變成了6歲的小男生-江戶川柯南。雖然他變成了6歲小孩，但仍在每次辦案中表現出非凡的智慧，並且常常比日本警察廳和美國FBI聯邦調查局更早破獲案情。值得提及的是，《名偵探柯南》這個系列漫畫與上述漫畫相比，加入了較多的國際色彩與西方元素。比方說，創作者將工藤新一的父親-工藤優作描述為一名國際著名的偵探小說家，還曾在夏威夷歐胡島教導新一各種鷹級童軍的技能。

不同於其他系列主角，《進擊的巨人》主角艾連·葉卡是一位悶悶不樂且充滿仇恨的青年。童年時的他曾經目睹母親被巨人吞噬，因此他長大後立志要找機會報仇。艾連繼承了父親可以變身成巨人的特殊

的能力，由於他是唯一一位可以變成巨人的人類，也因而成為人類的秘密武器。

　　正如前述所提，漫畫書主角風格通常貫徹整系列的主要精神，並且是它的最佳代言人。因此他們通常有著鮮明的特徵、固定服裝或代表性的道具或武器，讓他們明顯區別於其它配角。比方說，《海賊王（航海王）》裡主角魯夫的草帽、《死神BLEACH》裡主角黑崎一護的劍，這樣獨樹一格的身分識別，對於將他們視為英雄與模仿對象的讀者而言相當重要。再者，創作者為了增加漫畫主要客群的認同感，經常會將主角描述成與他們相似的面貌。如《海賊王（航海王）》、《名偵探柯南》或《進擊的巨人》的主角均被描述為具亞洲面孔的黑髮青年，儘管其中有兩位角色的名字並非為亞洲人名。當然，也有漫畫書創作者會將主角描繪成西方人的樣貌，但卻仍然保留了部分日式的色彩。比方說《死神BLEACH》的主角黑崎一護有著一頭橘色頭髮和一雙棕色眼睛，但他卻具有日本血統，並且總是穿著一身黑色日本武士服。《火影忍者》的主角漩渦鳴人有著類似白種人的金色頭髮和藍色眼睛，但他卻總是穿著一身日本忍者的服飾。

　　另一個值得強調的地方，是故事主角與配角間情同手足的特殊友誼關係，這樣的情誼題材貫串於整個故事，對於故事的鋪陳進展相當重要。比方說《海賊王（航海王）》和《進擊的巨人》重複強調主、配角所組成團隊間的彼此合作和信任是取得最終勝利的關鍵。而《死神BLEACH》和《火影忍者》的故事雖然較專注於個人的戰鬥與價值，但仍在故事裡不斷重申崇高的兄弟情誼。當然，這樣的關係也有例外情況，如《名偵探柯南》中，配角僅是一位與主角一起長大的青梅竹馬女性，對於主線故事的發展較無直接關係。雖然這項研究無法分析

到這五系列漫畫裡的所有角色，但每個漫畫中的角色其實都包含了各種文化色彩且在某種程度上代表著後現代日本社會的世界觀，這個部分我將在第五章再次討論。

三、種族意識形態

　　日系漫畫不論是角色設計、角色設定或場景元素等，皆充斥著許多日式文化的色彩。通常，人物角色會有一個充滿濃厚日式色彩的名字和亞洲臉孔，並且在場景圖像上展現相關的文化元素。如《死神BLEACH》的武士道和《火影忍者》的忍者圖像。另外，也有一些漫畫故事的背景並不是設定在日本，但卻仍以日式文化的精隨為主軸。比方說，描述在不同海域戰鬥的《海賊王（航海王）》，其主要配角羅羅亞‧索隆雖然有著西方人名和樣貌，但卻是一個貫徹自己武士道且立志成為最強劍士的角色；而《進擊的巨人》的場景雖然設定在西方，但女主角米卡莎‧阿卡曼卻有著幾乎絕滅的純種東洋日出國（即現實世界的日本）血統。綜合以上提到的例子可以發現，儘管漫畫裡大部分的角色人物都不是日本人，但擁有鮮明日式色彩的角色卻總是被描述成優秀的戰士，或是扮演主角重要「好友」的角色。

　　除了角色設定和場景安排外，多數的日系漫畫在劇情裡也添加了許多日式的文化元素（如日本的古老傳說、傳統技藝、文化產品及精神）。比方說《火影忍者》和《死神BLEACH》運用了日式佛教信仰中的輪迴概念來解釋該幻想世界。在這樣的世界裡，人類將接受最終審判並在六種不同的生命形式（即六道輪迴）中重生並延續先前關係，而《火影忍者》中主角漩渦鳴人和他最好的朋友佐助之間便是存在著這樣的關係。另外，傳統的日本武術技巧也經常在漫畫中被描繪，舉

例來說《名偵探柯南》第一卷中就提到了空手道，而《火影忍者》和《死神BLEACH》分別提及了武士道與忍道。其他常見象徵日式文化的物品，還有和服、澡堂、傳統面具和武士刀（日本劍）等。另外，也有漫畫將真實存在的場景（如《名偵探柯南》第20卷中的東京的國家奧林匹克體育場）或具有特色的日式建築地標（如《死神BLEACH》第17卷中的日本傳統豪宅）安排在故事當中。事實上，有些漫畫甚至會透過闡述主角和其朋友的學校、住宅和家庭習慣，讓讀者從中了解日本人的日常生活。

專家小組和我一致認為相當容易地在多數日系漫畫中找到傳達日式道義的內容，比方說《死神BLEACH》和《海賊王（航海王）》的武士道[47]及《火影忍者》第35卷描述的忠誠度皆是。然而，在《進擊的巨人》卻較難發現與日本道義相關的線索。該書雖然有描述到對皇帝的忠誠-在我和黃先生看來同樣是源自日式文化的傳統，但其他的小組成員卻認為忠誠度在其他亞洲和西方的文化裡也經常出現。另外，在探討角色設計、穿著和場景的議題時，我的專家小組發現《海賊王（航海王）》和《進擊的巨人》裡多數提到的文化和種族都來自於西方，如歐洲的海盜船和城堡。而且，這兩個故事大部分的角色人物也都穿著西式的服裝，並有著西方名字。

事實上，許多《海賊王（航海王）》的粉絲認為作者是為了讓這系列的漫畫更加國際化，才刻意使用了許多著名的海盜名字和形象做為漫畫人物。比方說安妮‧邦妮是18世紀時活躍於加勒比海地區的著名

---

47 武士道（Bushido）是日本武士的道德規範及哲學，其中還融合了佛教的忠誠、榮譽、無畏和禪修（Littlewood，1996,170 192）。「Samurei」即「武士」或「侍」，指追隨武士道精神的勇士，他除了必須要隨時保持思緒冷靜和勇敢，還必須有完美的技能。

女海盜，在書中則被詮釋為珠寶‧波妮；又如其中一位蓄長黑鬍子的世界惡名昭彰海盜愛德華‧蒂奇，在書中被詮釋成魯夫的敵人，即黑鬍子馬歇爾‧D‧蒂奇[48]（Magic cancellation, 2013）。其實《海賊王（航海王）》和《進擊的巨人》的作者在創作該作品時均受到美式文化的啟發是眾所皆知的事實。在《海賊王（航海王）》第68卷中，作者尾田榮一郎就曾坦承其中一個重要配角賓什莫克‧香吉士的靈感來自於美國著名的犯罪電影《霸道橫行（Reservoir Dogs）》；《進擊的巨人》作者諫山創也同樣地曾經承認書中角色利威爾‧阿克曼的原型來自於美國經典漫畫小說《守護者（Watchman）》中的變臉羅夏一角（Oda, 2012; mangahakuran, 2014）。

　　日系漫畫有時候也會開歐美國家文化的玩笑（如《火影忍者》將美國拉什莫爾山國家紀念公園的四總統頭像換成了木葉忍者村的四個領袖頭像）或透過角色的形象和特徵表現出超現實感與強烈偏見（如《海賊王（航海王）》中的主要配角騙人布有著亞洲的皮膚、非洲人的嘴唇、鼻子和頭部形狀；又如《死神BLEACH》第1卷中，有一位頂著爆炸頭的運動裝備跑者；《死神BLEACH》第64卷反派星十字騎士團（Stern Ritter）的成員個個穿著白色、納粹式樣的制服）。值得注意的是，雖然多數的日系漫畫並未像美系漫畫般清楚地表現出種族認同，但在角色設計上卻仍然受到西方審美標準的影響，並認為圓眼睛、尖下巴及美式的身型才是漂亮英俊的象徵。再者，這些漫畫也在描繪種

---

48 雖然《海賊王（航海王）》創作者對他的角色出處保持神秘，但許多漫畫迷認為角色的創作概念還包含了電影《蒙面俠蘇洛（The Mask of Zorro）》裡的主角蘇洛、美國的流行音樂歌手麥可‧約瑟夫‧傑克森（Michael Joseph Jackson）和美國男演員詹姆斯‧尤金‧凱瑞（James Eugene Carrey）等電影明星與流行偶像。

族或文化特色上，經常只著重於日本人和白種人，這些傳統被認為較其他種族更優勢的人種。比方說《進擊的巨人》裡描繪地球上僅存的人類居住在三道城牆裡，而這些住在「最後城牆裡的人類」卻只有白種人和具有白種人特徵的亞洲人，而沒有拉丁美洲、非洲或其他膚色人種。另外值得提及的是，本研究票選出的前五名系列漫畫書，皆未提及除日本外的其他亞洲國家。

種族意識形態在漫畫世界裡日漸重要，它不僅以有形的圖像、文字出現，也可能存在於看不到的漫畫內容裡。為了清楚地識別這些與種族相關的文化議題，我將以這些故事的漫畫書版本作為研究的主要核心。畢竟，漫畫書的世界觀不僅僅代表著作者本身的視野，也代表了日本主流社會的角度。

四、性別意識形態

票選出的前五名日系漫畫創作者一致地以青少年男性讀者的角度來闡述劇情，而這樣的精神同樣反映在角色設計上。舉例來說《海賊王（航海王）》中的娜美、羅賓與《火影忍者》中的綱手等重要女角的穿著，都為了凸顯傲人上圍與苗條細緻身材而在服裝設計上多加巧思。至於多數的男性角色，雖然不像漫威或戴爾等美系漫畫的超級英雄般有著壯碩的身材和肌肉線條，卻擁有明顯的性別特徵以讓讀者可以快速的掌握角色特質。

然而，漫畫創作者有時也會顛覆傳統印象地設計各種男女角，並讓非主角的重要角色同樣擁有超高人氣。比方說《名偵探柯南》裡的灰原哀原本是一位成熟的女性，卻塑造成一個可愛的小女孩；《火影忍者》

裡的白，明明是一個男性角色，卻塑造成一個美麗苗條的女性；《進擊的巨人》裡的利威爾‧阿克曼，雖然是一個男性角色，但卻身材矮小，並擁有白膚色及娃娃臉的女性特徵。

性別與性意識形態除了上述提及的，可能呈現在漫畫人物的圖像設計外，還可能透過劇情顯露出來。這次選出的前五名系列漫畫，都很明顯地站在男性的立場，並以男性角色作為劇情發展的主軸。男性角色在書中總是擁有決定所有事情的決策權，而女性角色通常沒有決策的發言權或僅成為被評論的對象。再者，專家小組群在審查漫畫劇情人物的互動時，還發現這些故事在男女角色互動上，一致地將女性角色刻畫成弱勢、需要保護的樣子，而男性角色則總是扮演著挺身戰鬥並擁有決定性的地位。比方說，《火影忍者》第70卷的女角春野櫻雖然嘗試攻擊敵人，卻總是徒勞無功而需要被較優勢的男性角色拯救；《死神BLEACH》第16卷中，具有與主角相當戰鬥力的女死神朽木露琪亞被監禁，卻只能等待男主角黑崎一護營救。

專家顏先生表示：「在漫畫世界裡，女性角色的實力通常只有在單獨面對敵人時才會顯現出來，若是遇到大場面的團體戰鬥，她們會轉而依附在強大的男性角色下。」與同樣在大場面的戰鬥的男性角色相比，女性角色總是對團隊沒有太大的貢獻，抑或者說，即使有也不會影響劇情的發展。不過，專家葉女士卻提出了一個允許女性展現自己力量的例外案例，即《進擊的巨人》中的女主角米卡莎‧阿卡曼參與了一場激烈的戰鬥，而她驚人的表現也讓人很難忽視其對故事發展的貢獻。然而，多數的情況下，男性角色仍然居於主導劇情的地位，正如《名偵探柯南》第一卷裡，主角工藤新一中毒而變成柯南後說出：「身為一個男人，被女人拯救是相當尷尬的事」這樣的話。

除了上述提到的性意識形態議題，漫畫書也經常被大眾指責內含許多不恰當的性互動。但有趣的是，當我和專家小組針對這個主題審查五系列漫畫後，卻發現存在有性暗示、親密關係與身體暴露的對話或行為例子其實相當稀少。專家顏先生甚至覺得這個問題在漫畫世界裡其實是相當罕見的，因為「很多情況下，書中的性暗示更僅僅只是開玩笑……我想這些漫畫裡的男性角色只是在口頭上佔女性角色便宜罷了，而非真的做什麼親密的動作。」另一位專家何先生也同意漫畫顯少有性愛的描述或者會勾起讀者性慾這樣的說法，他認為：「即使漫畫裡有暴露身體的橋段，也不會引起讀者的性慾。」然而，所有專家卻都同意漫畫裡女性角色身體暴露的程度明顯大於男性。例如《火影忍者》第一卷中，主角漩渦鳴人為了誘惑他的老師而使用忍術將自己變成一個赤裸裸的女孩，但即使有這樣的橋段，創作者在繪圖上還是巧妙地將與性有關的部位（如：女孩的乳房）以煙霧遮住。當我和專家更深入尋找與這個議題相關的例子後，專家葉女士、黃先生和我終於找到一些相關的男、女性角色零星對話和行為。在《名偵探柯南》第一卷中，偵探毛利小五郎刻意地對他的女性客戶示好，還巧妙地將他的手放在女性客戶的肩上，讓女性客戶感到不自在。《海賊王（航海王）》裡的重要男性配角賓什莫克·香吉士與女性角色波雅·漢考克相遇時也有類似的情形。賓什莫克·香吉士如同毛利小五郎般，每當遇到漂亮女性時就會表現地特別有興趣，並積極恭維她們。然而女角波雅·漢考克在面對這樣的特殊待遇，卻展現出顛覆多數男女角色互動的反應，這位女性不但未表現出難為情，還刻意地展現她的魅力以誘惑男主角蒙其·D·魯夫，因此她被賦予了「蛇姬（Snake）」的外號。

　　還有一個與性別意識形態議題相關的是男或女同性戀、雙性戀或跨性別（即LGBT）議題。事實上，這次票選出來的前五名系列漫畫裡，並沒有涉及到這樣的議題，也都假設每位主角為異性戀者，即使有同性曖昧的情節，也都被作者詮釋成尷尬的橋段。比方說《火影忍者》第一卷中，男主角漩渦鳴人不小心親吻到男角宇智波佐助時，他們紛紛露出嫌惡的表情。由此可知，這些青少年喜歡的五系列漫畫並未將LGBT視為它們主要的客群。然而，這些作品裡，還是有部分涉及到這樣的議題或被LGBT者所討論。比方說，上述提到《火影忍者》的兩位男角，雖然一開始因不小心親吻而互表尷尬，但隨著劇情發展，兩人從摯友變成宿敵，反而吸引了部分喜愛BL漫畫的讀者。另一個例子是《海賊王（航海王）》第55卷中出現的一位穿著緊身褲和網襪的矮身男性艾波利歐‧伊娃柯夫，在故事裡他是一位協助主角魯夫脫逃監獄的跨性別人物，外號為「人妖王（Shemales）」。但作為串場的丑角，作者並未深入描述這位跨性別角色的故事與成長背景。

五、階級意識形態

　　在眾多迎合和鼓舞青少年的漫畫作品中，階級意識形態一直不是情節刻畫的重點。然而，漫畫主角的社會經濟地位通常會影響故事的發展及代表整個故事的階級意識形態。因此針對這樣的議題，我和專家小組合力在五系列的主角及其周遭夥伴穿著裝扮、家庭狀況與居住環境等找出相關線索以進行後續探討。在《名偵探柯南》中，主角工藤新一被描述為一位住在歐式豪宅裡的高中生偵探，因此所有的專家們一致認為他是上層階級的代表。當以相同標準來審查《死神BLEACH》的主角黑崎一護時，審查小組裡的五位專家中，有四位認為他屬於中

產階級。至於《火影忍者》主角漩渦鳴人及《進擊的巨人》主角艾連・葉卡，故事開端他們被設定為生活困窘但努力存活的孤兒，因此有三位專家認為這兩系列的主角屬於下層的階級。這五系列裡，最難判斷階級的是《海賊王（航海王）》主角蒙其・D・魯夫。原先，他是一位來自偏遠漁村的貧窮少年，但隨著冒險旅程進展，逐漸變得越來越富裕。兩位專家認為，我們應該依照蒙其・D・魯夫在書中的生活方式進行判讀，因此將其歸類為中產階級；然而，另一位專家認為，我們應該依照他的童年生活，將其歸類為下層階級；還有兩位專家則認為，故事中他擁有很多富有的親戚，因此應該歸類為上層階級。

在傳統亞洲社會制度下，親屬彼此之間的聲譽和階級地位被認為是代代相傳，主角是否有重要的親屬，將關係著其本身的階級地位。基於這樣的觀點，專家顏先生認為，這五系列的漫畫主角其實都應該歸類為上層階級，因為他們都擁有一位富有聲望的父親。舉例來說《海賊王（航海王）》的蒙其・D・魯夫、《火影忍者》的漩窩鳴人及《死神BLEACH》的黑崎一護，他們的爸爸都曾經是重要的領袖；《名偵探柯南》的江戶川柯南（原為工藤新一），他的爸爸是國際名人；而《進擊的巨人》的艾連・葉卡，他的爸爸則是一名醫生。顏先生還表示：「這些主角在劇情中是否富有或許並不重要，重要的是他們都來自於很有影響力的家庭。由於特殊出生背景，因此他們根本不需要擔心日常生活瑣事與職責。」若以這樣的觀點看來，或許應該將社會階級與經濟階級分開探討較為合適，畢竟，書中的主角大多有明確的政治權力，但卻不一定生活在富裕的環境下。然而，專家葉女士不同意這樣的論點，她認為我們應該單純就主角的經濟狀況和生活方式來判斷他們的階級，「因為蒙其・D・魯夫、漩窩鳴人和黑崎一護，在故事一開始並

不知道他們的父親是什麼人。因此，這些主角不該歸類為上層階級，他們父親的身分，不過是配合劇情設定而安排的橋段罷了！」

上述顏先生和葉女士的觀點對於討論階級意識形態議題是相當有價值的，尤其就社會階層來看。事實上，多數漫畫世界裡，社會階級如同是一個將漫畫人物影響力或權力進行排序的系統。不同的漫畫裡，有不同型式的排序，以證明主角在這個故事的重要程度。比方說《海賊王（航海王）》使用懸賞金排行、《進擊的巨人》裡有不同的士兵等級、《火影忍者》中忍者有不同的等級，而《死神BLEACH》則是依據死神的實力強弱而有不同的等級。多數漫畫的主角，都是從較低的社會階級逐漸往上層階級移動，並且當他們達到最高階層時，通常還會得到重要人物的認可，並擁有相當程度的影響力與聲望。

還有一點值得提及，雖然專家小組成員對這五系列漫畫的主角階級有著不同看法，但他們一致認為這五位主角的生活方式屬於中產階級。雖然，上述提到有部分專家依據《火影忍者》和《進擊的巨人》中主角們童年生活在貧困、缺乏食物的環境，而認為他們屬於下層階級，但若撇開缺乏食物這點，他們的穿著、居住的環境與家裡的擺設，其實並不符合下層階級的特徵。另一方面，《名偵探柯南》主角工藤新一雖然原本住在豪宅裡，但當他因意外變身成江戶川柯南後，卻都寄居於中產階級家庭的女友家中，因此故事的生活方式與居住環境等也都以中產階級為主。

除了針對故事主角的階級進行階級意識形態議題探討外，我的專家小組成員還討論到漫畫創作者是否有透過故事劇情來正、負面的反映某些現實社會的經濟階級問題。《海賊王（航海王）》中，由主角所

組成的9人海賊團不斷地在不同國家幫助當地的窮人，因此我的專家們一致認為作者在這部漫畫裡，以一定的力道強調濟弱扶貧的觀念及批判特權階級。《名偵探柯南》裡，作者以中產階級的角度描繪出對上層階級生活型態的羨慕，因此該故事同時融合了中產階級與上層階級的意識形態。然而，該作品為偵探故事，作者也常由嫌犯的犯罪動機，對生活紊亂的上層階級與因生活困窘而產生仇恨並進而犯罪的下層階級兩個極端作出評判。由於另外三個系列專注於刻畫主角群們的戰鬥，專家們和我都很難判斷作者是否有刻意描述出社會階級問題。不過，我認為這些系列的人物都表現出欽佩菁英與強大的家族勢力，因此作者的角度應較傾向於上層階級。然而，我的專家們卻認為這些漫畫的作者同樣批判著特權，他們認為，這些作品的反派角色皆是因為困苦和對過去菁英產生仇恨而犯下滔天大罪。

　　階級意識形態在以漫畫書為主題所進行的討論時最容易被忽略，然而，這並不意味著這個議題相較其他意識形態不重要。事實上，透過揭露這些漫畫所隱藏的階級意識形態，專家們一致認為亞洲社會制度下的社會階級排序是一個相當重要且特殊的元素，尤其是在日本，而這樣的情形可能與美系漫畫所描繪的西方階級意識形態有所不同。

六、暴力意識形態

　　專家小組的成員一致認為有必要探討漫畫書裡的暴力意識形態。當我們審查前五名系列漫畫後，發現這些漫畫存在著很多流血、身體傷害的粗暴死亡場景，劇情中也經常出現與暴力相關或不相關的犯罪行為。比方說，《海賊王（航海王）》第1卷和《名偵探柯南》第20卷出現恐嚇的橋段；《海賊王（航海王）》第1卷、《進擊的巨人》第1卷

和《火影忍者》第1卷分別出現了偷竊的行為；《名偵探柯南》第1卷和《進擊的巨人》第14卷出現了綁架的場景；《進擊的巨人》第14卷有嚴刑烤打的劇情；《死神BLEACH》第1卷和第16卷分別有越獄與校園霸凌的場景。事實上，社會大眾普遍認為日系漫畫書可以藉由頻繁暴力打鬥與死亡場景激起讀者閱讀時的興奮和刺激快感。

當然，這些犯罪行為與暴力場景必須與漫畫劇情環環相扣。在《名偵探柯南》裡，每個偵探故事都包含了各式各樣的暴力與非暴力犯罪；至於其他四個以戰鬥為故事導向的系列漫畫，則包含了許多流血場景與身體傷害。這五系列漫畫中，暴力奮戰的場景與壞人犯罪行為會讓主角的身體與心靈產生巨大的挑戰，而主角藉由克服這些障礙以展現出他們的超凡能力。當主角遭遇的傷害越強大或越致命，就代表著他所面臨的挑戰越大，因此當他戰勝對手時，也更加展現出他的超強實力並顯現出其奮戰的價值。然而，值得提及的是，這些漫畫中的暴力與犯罪場景，其實如同闔家觀賞的迪士尼電影獅子王般受到一定的約束，所以，在探討暴力意識形態這個議題前，深入研究漫畫書的劇情安排與作者是如何呈現這些場景將顯得相當重要。

專家們一致認為《進擊的巨人》是這五系列漫畫裡最為暴力的系列。由於該作品的前3卷大篇幅地描繪巨人入侵所造成的巨大破壞，因此作者以大規模的圖像呈現出許多人類被巨人吃掉、撕碎等的殘酷死亡、肢體摧毀的場景，而流血的場景在這個系列更是司空見慣。專家黃先生說：「坦白來講，我認為十五歲以下的孩童都不該閱讀這個系列。」事實上，其他四個系列漫畫裡也有嚴重的身體傷害與流血場景，比方說《火影忍者》第35卷裡有棍子穿過身體的場景、《死神BLEACH》第48卷中有刀刃穿過角色胸部的圖像及《海賊王（航海王）》第55卷中有

角色全身被酸液燒傷的景像。然而，這四系列漫畫以藝術的方式呈現流血場面，受到劇烈創傷的角色也未發出尖叫、顯現痛苦神情或身體因極度傷害而出現痙攣、捲曲的反應，甚至，這些角色在遭受劇烈攻擊後還能表現出沒有痛苦或毫無大礙般地繼續戰鬥與談話。這樣的情形同樣出現在《名偵探柯南》裡，雖然每個案件均有著的不同謀殺場景，但作者在描繪死者時，幾乎都只是表現驚恐地睜大眼睛，並很少有流血或可怕傷口的畫面（如第20卷裡的雪地死者）。

與其他四個系列相比，《進擊的巨人》似乎比它們更加明顯地將暴力場景圖像化，然而，將它與R級漫畫《烙印勇士》相比，R級漫畫顯然存在了更多的性暴力和身體與內臟損害描述[49]。事實上，多數青少年漫畫的作者為了讓青少年可以閱讀，刻意地美化角色死亡的場景，讓這些存在於漫畫中的暴力似乎只是幻想情節的一部分。再者，它們被要求不得將強姦、性虐待或虐童及性暴力等行為與橋段出現在內容當中。所以，雖然它們還是包含了許多流血、身體傷害和死亡的場景，但並非意味著這些漫畫書不適合青少年閱讀，像《進擊的巨人》第1卷在2013年還被美國圖書館協會評選為適合推薦給12-18歲讀者閱讀的圖像小說之一（ALA, 2015）。

雖然，我的專家小組中，我、黃先生和顏先生都認為有些漫畫裡的暴力場面並不適合年輕讀者閱讀，但葉女士和何先生卻不認為這五系列漫畫的內容有涉及到嚴重的暴力意識形態議題。因此，了解青少年讀者在閱讀這些暴力、流血場景時的反應將是探討這個議題的重要依據。

---

49 《烙印勇士（Berserk）》是一部以中世紀歐洲為藍本的日系奇幻漫畫。如同多數戰鬥類型的漫畫般，該故事裡充滿了殘酷的戰鬥，另外它還有性犯罪、精神病等成人主題。

第3節 訪談：學生和教育工作者的觀點

本節不同於第2節以成人社會學觀點進行文本分析，而是基於學生們對漫畫書與動畫片熱情、初對文化參與的各種意見與感想進行陳述。藉由將與學生們的訪談內容分別分入種族、性別與性、階級、暴力意識形態與社會省思等議題後，我們可以更清楚地揭露出青少年讀者對於日系漫畫與動畫片的想法與看法，而這也是本篇研究的主要重點之一。

一、種族意識形態與後殖民主義議題

學生們對種族與後殖民主義的相關議題在這裡將著重於以下三面向探討，分別是1）他們對日本的看法；2）他們對世界各國的看法及3）他們對臺灣的看法。

針對這三個子項，我設計了幾個相關的問題，以了解訪談的青少年們如何從漫畫中識別種族議題。首先，我詢問他們的問題是：「在這五系列漫畫書中你最喜歡的哪個角色？」和「如果要給他／她一個國籍，你覺得他／她是哪國人？」透過他們的回答與解釋，我能更加地理解他們是如何看待這些漫畫中的人物。

雖然社會大眾多會以人的眼睛、皮膚和頭髮顏色來作為人種判別的重要線索，但令人訝異的是，本次參與訪談的學生中，只有1位學生（Julian朱利安同學）因為《火影忍者》主角漩渦鳴人的頭髮是金黃色，而將其判別為歐美國家人種。其他學生對於這個問題，分別採用各不相同的判別標準，有的是基於他們對其他國家人種的刻板印象。舉例來說，學生（Vincent文森特）認為：「《火影忍者》的主角漩渦鳴人

應該來自非洲國家，因為他吃飯的速度和非洲難民一樣快」；學生
（Sheryl雪莉）則認為：「《海賊王（航海王）》中的重要配角羅羅亞・
索隆是日本人，因為只有日本人知道該如何使用武士刀（一種武士使
用的長片刀）」；至於學生（Helen海倫）對於角色的判別相當有趣，
因此我擷取了與她的訪談內容如下：

> **Helen 海倫** ▸ 我認為《海賊王（航海王）》中的主角蒙其・D・魯
> 夫是日本人，因為它的創作者是日本人。

> **我** ▸ 那假如改以他的穿著或他的生活方式來判斷他是哪
> 一國人呢？

> **Helen 海倫** ▸ 那我認為他應該是美國人，因為他愛吃很多肉。

> **我** ▸ 為什麼是美國人？美國人喜歡吃肉嗎？

> **Helen 海倫** ▸ 對阿，美國人的主食就是肉！

　　還有4名學生是基於角色名字，判定他們最喜歡的漫畫角色為日本
人。另外，也有學生以故事的場景來判定。學生（Olin奧林）認為《進
擊的巨人》主角艾連・葉卡是德國人，「因為這個故事發生在……不
管怎樣，絕對不會出現在亞洲任何地方。」值得注意的是，全部學生
裡有兩位學生（Jessica潔西卡和Rod羅德）認為他們最喜歡的角色是臺
灣人，抑或者他們希望這些角色是臺灣人。與他們的訪談內容呈現如
下：

> **Jessica 潔西卡** ▸ 我們臺灣不像《海賊王（航海王）》的故事一樣有
> 海盜，所以如果有的話會很酷。

Rod 羅德 ▶ 如果臺灣有人像《火影忍者》中的宇智波佐助一樣，
我們就不用擔心能否贏得奧運比賽了。

我 ▶ 這聽起來像是願望。如果單就他們的外表或做事態
度來判斷呢？

Rod 羅德 ▶ 那他（《火影忍者》中的宇智波佐助）應該是日本人。

　　接著，考量到漫畫書經常會使用許多文化相關的素材，因此我詢問
他們下一個問題為：「這五系列漫畫都用了許多日本或西方文化設定，
好比《火影忍者》的六道輪迴、《進擊的巨人》的巨人堡壘，你覺得
看完以後會想知道更多相關的知識嗎？」這題中，只有4個女學生和1
個男學生說他們不會想要知道（更多關於漫畫所提的文化知識），其
餘多數學生都表示他們會想要知道更多關於所喜歡漫畫的各種知識。
事實上，在我詢問他們以前，已經有2位學生去查找更多關於漫畫的知
識了。以下擷取他們對話的內容：

Olin 奧林 ▶ 我查過《進擊的巨人》裡所描繪被巨人攻擊的三座
城牆，它們確實存在於歐洲。

Helen 海倫 ▶ 我在維基百科上，有查到和《海賊王（航海王）》
角色描述相似的現實人物，但漫畫書將這些現實人
物的背景簡化了。不過我想如果這些人物的背景太
複雜，可能也沒有人會讀它。

　　除了上網查找相關資料以探究漫畫中文化素材的知識外，這些學生
們還會以其他方式來表達他們對喜愛漫畫書的支持。有的（學生）會

購買漫畫週邊產品，學生（Vincent文森特）購買了《進擊的巨人》出版的相關手冊（如角色人物名鑑手冊、卡漫公式資料手冊。內容更深入介紹該系列人物設定、巨人群設定、服裝、兵團主要裝備等）。另外，也有受訪者會選擇參加動漫活動，學生（Rod羅德）參加了《哆啦A夢》展覽。

　　專家小組的每位老師，都注意到學生們對心儀漫畫人物的熱情。顏先生表示：「對學生而言，這些漫畫人物如同韓國流行明星，學生們會像收集明星簽名海報般努力地收藏這些漫畫人物的周邊商品」；身為資深漫畫迷的葉女士也表示：「我偶爾會帶目前教授的高中學生去參加同人展，並分享同人相關的資訊。不過，相較於高中生，國中生會受到更多的限制，因此很少會去參加同人展，他們通常只是在網路上下載漫畫相關的圖片和文章。但……這些圖片和文章其實也包含了許多同人作品。畢竟，許多原作（如《進擊的巨人》）的結局，並不如漫畫迷所期待地美好。」

　　日系漫畫書的影響力無遠弗屆，即使是傳授正規教育的學校也可以發現它的蹤跡。事實上，學校可以說是學生們和自己同好分享喜愛漫畫的理想場所。顏先生就說：「學生們喜歡在社交軟體（如臉書Facebook）或校園的各項比賽活動中張貼心儀的漫畫人物。比方說，我們教室裡現在就有一張他們製作的巨大《海賊王（航海王）》海報。學生們或許是因為覺得很有趣而這麼做，我認為這樣的行為是合理的，因為這些角色圖像相當精美、可愛與富有張力。」戴女士和葉女士也提到她們有注意到學生喜歡在學校的各項活動中使用漫畫人物圖像或是模仿某些漫畫的繪圖風格。戴女士就想起一個具體案例：「去年我們班上畢業的學生就曾經將角色扮演（Cosplay）使用的藍色假髮帶到

表演課程裡。」角色扮演是漫畫迷透過裝扮與服裝設計將自己塑造成漫畫的人物，但目前在中學生教室裡很少有人這麼做。

　　從上面的論述可以發現，日系漫畫文化的影響力顯而易見，但如果單就討論其中的日式文化影響力呢？為了清楚地針對這個議題探討，我提出這樣的問題：「很多漫畫中會會出現日本地點，像是東京、大阪，還有一些日本的東西，像是武士刀、茶道，你看完漫畫後有對日本更了解一點嗎？你會想親眼看看那些嗎？」針對第一個問題，有9位學生表示，他們的確因為閱讀這些日系漫畫而對日本當地生活或風俗習慣有了更深入地了解；至於第二題，幾乎所有學生（共11名學生）皆表示，他們在閱讀這些書籍後，會希望未來能實際走訪日本。正如學生（Jessica潔西卡）所說，她在閱讀《名偵探柯南》後知道了很多日式文化，因為「裡頭所有的場景設定都是在日本，還在劇情中向我們展現了當地的校園生活」；然而，3名學生（Aida阿依達、Fay費怡和Julian朱利安）並不認同學生（Jessica潔西卡）的觀點，她們不認為透過漫畫書可以了解到更多與日本相關的資訊，因為他們平常從親戚朋友的對話、旅行經驗及其他資源中已經得到很多這方面的資訊了。與她們的訪談內容擷取如下：

Aida 阿依達 ▶ 我們當然可以從漫畫裡知道日本武士刀和其他有關的日式習俗和物品，因為這在漫畫裡經常出現。但如果你指可以了解到真正的日本當地生活和風俗習慣，那我覺得沒辦法。

　　針對學生們給我的回饋，我提出了一個問題詢問專家小組，即：「漫畫世界的日本是否與現實世界的日本雷同？」4位曾經去過日本的

老師憑著過去的旅行經驗，一致地反駁這個說法。戴先生表示：「漫畫書只向你展示了好的部分。當你實際探訪當地時，會感到有些失落，甚至當你實際接觸日本人時，會有更糟糕的感覺。像你在看《名偵探柯南》時，好像劇情裡的所有事物都精確的表達了某些含義，但事實並非如此。」顏先生也同意漫畫書有時會誤導讀者的觀點，尤其是當這些讀者沒有太多實際的生活經驗。他提及：「我記得我小時候很喜歡《足球小將》系列漫畫，並認為日本的足球隊是世界上最好的球隊[50]。然而，當我長大以後，才意識到事實並非如此。」由於多數學生沒有機會實際去日本旅行，因此他們無法將漫畫世界的日本與現實生活的日本進行比較。然而，除了學生（Sheryl雪莉）外的其他學生都表示，希望未來能夠造訪日本並參訪或接觸那些曾經在漫畫中提及的地方或相關事物，尤其是漫畫人物戰鬥時所使用的各種武器。

　　學生們似乎對於日式文化充滿興趣，但他們如何看待自己的本土臺灣文化呢？另外，學生們在閱讀漫畫時是否有感受到兩者的文化差異呢？針對這樣的議題，我提出的問題為：「漫畫裡充滿著日式的人名和狀聲詞，另外，我們在漫畫裡常常可以看到以日文驚嘆詞來表達角色情緒與反應的情形。如果改為中文名字、中文狀聲字詞，你覺得好還是不好？」針對我提出的問題，只有4名學生表示不會介意將日語或日本名字改成國語和中文名字。多數的學生還是希望這些名字和狀聲字詞能保持原本的形式（即日語和日本名字）。相關的訪談內容擷取如下：

---

50 《足球小將翼（Captain Tsubasa）》又名《足球小將》、《足球小子》，是20世紀90年代的著名足球漫畫。該故事描繪主角參加無數場激烈的比賽並和各種不同對手競爭而成為一名職業足球運動員。

Sheryl 雪莉 ▸ 我覺得將漫畫人物的名字全部改成中文名字會變得
相當奇怪。

Jessica 潔西卡 ▸ 我覺得這些狀聲詞和名字應該保持原本的日文，畢
竟它屬於漫畫的一部分。如果試圖改變這些字彙和
名字，我覺得那些與劇情相關的日式風格也會跟著
改變，這樣就扭曲了作者的原意。

　　尊重漫畫創作者的意圖對這些中學生而言似乎相當重要。因此，儘
管他們無法理解這些字彙的意義，多數的學生仍認為應保留原本的日
文形式。不過，還是有學生（Aida阿依達）不這麼認為，她表示：「我
認為故事情節才是最重要的。因為，日本名字只不過是這些角色的代
名詞罷了。」

　　上述的訪談內容讓我們發現，多數學生覺得即使他們不了解這些日
文的意思，也不會妨礙他們閱讀漫畫。那麼，臺灣漫畫書使用自己的
語言和文化是否會更具吸引力呢？對於這個問題，所有學生一面倒地
給了我否定的答案。因此，我又接著詢問他們：「你有看過臺灣本土
的漫畫嗎？你覺得它們和日系漫畫比起來如何？」所有受訪者裡，只
有學生（Dana戴納）表示：「有些日系漫畫書很不錯，但臺灣有些本
土漫畫也很不錯。」其他11位學生一致認為日系漫畫書優於臺灣的本
土漫畫書。事實上，全部學生裡只有4位學生可以想起曾經閱讀過的臺
灣本土漫畫書名。多數的學生提到，臺灣漫畫的風格似乎不會讓人有
深刻印象，並且很容易被遺忘。部分學生認為，這個結果是因為臺灣
漫畫的作家並沒有像日系漫畫作家有很多的創作經驗所致。以下是相
關訪談內容：

Vincent 文森特 ▶ 日系漫畫書有著悠久的歷史，所以日系漫畫的創作者懂得如何去編撰。然而，臺灣的漫畫是近幾年才開始出現，所以沒有太多這方面的經驗。

Aida 阿依達 ▶ 嗯！或許異國的月亮更圓更大吧[51]！總是覺得日系的漫畫書更好。事實上，我知道很多漫畫書的作者要不是中國人就是日本人，畢竟我讀了很多他們創作的書籍。但，他們的作品就是和臺灣的本土作品截然不同。

我 ▶ 差別在哪裡呢？

Aida 阿依達 ▶ 國外漫畫創作者有更嫻熟的技術。他們比臺灣作家更能真實的描繪想表達的事物。比方說，同樣描繪一場創造出來的戰鬥時，國外的作家更能逼真的描繪。

其他的學生 ▶ 我們同意Aida阿依達的說法。

Helen 海倫 ▶ 日系漫畫作家有著更好的繪畫功力。他們設計出來的角色讓人不會覺得怪怪的。

York 約克 ▶ 日系漫畫的主題與臺灣的作品相比更多元。

Julian 朱利安 ▶ 我看過的臺灣漫畫是《山豬・飛鼠・撒可努》[52]。我

---

51 當臺灣人這麼說時，代表同樣的東西他覺得來自國外的比本地生產的要好。

52 《山豬・飛鼠・撒可努（Wild Boar-Flying squirrel-Sakinu）》最初是一本由臺灣原住民作家撒可努（Sakinu）撰寫的小說，書中描繪了許多他和其他部落青年山中打獵的故事。

喜歡這個作品，但臺灣的動漫作品與日本相比仍然較式微。當我接觸日系漫畫後，我現在更喜歡日系的動漫作品。

| 我 | 你為什麼覺得日系的動漫作品更好呢？

| Julian 朱利安 | 多數的臺灣動漫作品太過本土化了！或許在臺灣，這些本土化的事物是相當有趣的，但我如果把它們出版到其他國家，別的國家人民可能不這麼認為。

| 我 | 其實日系漫畫有時也會有你說的問題，比方說，日系漫畫裡就有很多需要以日語發音的同音異義笑話。

| Julian 朱利安 | 是的。但日系漫畫不會像我們的漫畫有那麼多這樣的情形。許多臺灣的漫畫會使用很多只有同樣是臺灣人的我們才能理解的本地方言。此外，臺灣動漫總是含有教育意義，要告訴我們什麼是對的，什麼是錯的。但其實多數國外讀者閱讀漫畫的目的只是為了欣賞一個精彩的故事罷了。

　　資深漫畫讀者顏先生與葉女士也贊同日系漫畫比起臺灣漫畫有更好的品質。葉女士提到：「有些臺灣作家過於模仿日系漫畫；也有些臺灣作家使用太多本土的素材而讓漫畫不夠吸引人。我認為臺灣的線上漫畫和同人作品（那些非專業藝術家所出版的作品）比國內出版社出版的作品更好。」

　　從訪談可以發現，多數的臺灣學生比較喜歡日系漫畫書。然而，這樣的偏好是否會影響他們的文化認同感？多數老師的答案是肯定的，

他們認為學生對漫畫的喜愛與消費行為會影響其對生活周遭事物的熱情。然而，戴女士對於這個問題，卻給了籠統的答案。她表示：「我不認為學生會有這種感覺……畢竟我們國家的人民和日本相比，並沒有很強烈的種族意識。因此學生們不會因為閱讀幾本漫畫而認同日式文化，它們只不過是欣賞其他國家的文化物品而已。」然而，戴先生並不認同戴女士的說法，他認為日系漫畫書會顯著地影響學生們的文化認同感，「這就是為什麼在臺灣大家覺得日式風格代表時尚潮流。日式文化的影響實在是太大了，你甚至可以稱之為文化入侵！」相關對話內容如下：

葉女士 ▶ 有些學生會將日系漫畫書中的術語帶入日常生活中，比方說「問題發言（Problematic announcement）」即指該角色或身分不該有的言論。另外，學生們亦會使用線上的日系漫畫人物名稱作為同學們暱稱，如「神樂（Kagura）」是日系漫畫《銀魂（Gin Tama）》的女主角名字，她通常在漫畫裡以淡定神情說出刻薄無比的吐槽。因此當有這樣的同學出現在班上，他們會以「神樂」作為同學的小名；還有一個例子是「神無月（Kamnazuki）」，原本只有日本人會這樣稱呼每年10月，但現在被學生學起來用在日常生活，代稱每年10月。

　　從上述的訪談可以發現，不同身分（學生和老師）、年齡（青少年和成年人）的臺灣人對於種族意識形態、國家形象和文化認同感上皆有著截然不同的想法。訪談中所有的觀點將與其相關調查結果進行比較，並在第五章中闡明其所代表的意義。

二、性別意識形態議題

與種族意識形態的議題相比，性別意識形態的議題更能引起學生們熱烈的討論。在我和他們的談話中，部分學生會多次改變他們的回答，並舉例出一些與他們過去經驗有關的複雜想法。回顧前述提及的，我的第一個問題為詢問學生：「在這五系列漫畫書中你最喜歡哪個角色？」令人驚訝的是，除了學生（Ruby露比）挑選了《進擊的巨人》女主角米卡莎・阿卡曼外，其他學生所選出的角色皆為男性。針對這樣的結果，我決定以另一個問題來挑戰他們的想法。以下是擷取的訪談內容：

> **我** ▸ 如果你最喜歡的漫畫角色發生性別轉換，使「他」變成「她」或「她」成為「他」。你還是一樣喜歡這個角色嗎？

> **Fay 費怡** ▸ 如果是這樣，我可能就不會喜歡他（《火影忍者》的漩渦鳴人）了，因為他的能力太弱了。

> **我** ▸ 假如變成女性後，能力維持一樣呢？

> **Fay 費怡** ▸ 不！我還是不能接受，因為覺得怪怪的。

當我詢問漫畫角色性別轉換的問題時，只有一位學生（Fay費怡）表示不能接受。其他學生都表示：即使所喜歡的角色性別互換，他們還是會支持這個角色。以下是擷取的學生意見：

> **Julian 朱利安** ▸ 如果《火影忍者》的漩渦鳴人成了女性，我仍然會支持她。因為，我喜歡的是他的行為態度，而不是他的性別。

> **Jessica 潔西卡** ▶ 如果《海賊王（航海王）》的蒙其・D・魯夫是女性，
> 我認為會更加成為一個亮點！因為這恰好證明女生
> 同樣可以讓人敬畏，性別並不會因此造成任何差別。

　　從上述的對話看來，多數學生似乎對於性別意識形態的議題保持著開放態度。然而，值得注意的是，當我詢問他們：「不管是哪部故事裡，主角都是男生，如果主角是女生呢？」和「如果把這些主角都改成女性時，你會覺得如何？」這兩個問題時，他們的答案卻與上述明顯不同。

　　所有12名學生一致認為，如果漫畫劇情改由女性主角來主導，會感覺非常詭異。但這樣的回答，在我提出下一個更深入的問題後，有些人改變了他們的回答，也有些人維持他們的答案。事實上，多數學生們給我的第一個答案正顯示了他們對於性別議題的刻板印象，以下是我們的對話：

> **Jessica 潔西卡** ▶ 我認為……（停頓），以男性作為主角的漫畫會吸
> 引更多讀者閱讀，因為普遍大家都認為男生比較擅
> 長打架，女生相對而言太溫柔了！所以，我覺得大
> 部分的人都會認為漫畫的主角是男性。

> **我** ▶ 那你同意漫畫這樣的安排嗎？
> 妳也認同主角因為要戰鬥而應該要是男性嗎？

> **Jessica 潔西卡** ▶ 不，我不認同。事實上我覺得女性也一樣可以很強
> 大。

　　學生（Olin奧林）覺得有些漫畫的主角是可以改成女性的，但有些並不適合。比方說《名偵探柯南》的主角就無法改成女性，「因為這系列的漫畫設定為男主角在現實生活裡碰到的事物，如果角色性別改變，整個劇情將全部受到影響。」學生（Aida阿依達）也認為部分的主角可以改成女性。她認為在某些情況下，以男性化的女性角色作為主角，會增添整個漫畫的看頭。學生（Julian朱利安）也提出類似觀點的回應，他的回答反映出存在於男女性之間的個體差異性。以下是對話內容：

> **Julian 朱利安** ▸ 我有看過一些以女性為主角的漫畫。但我覺得男性為主角的漫畫書情節表達會比較直接。如果是女性為主角，劇情裡會多很多不必要的描述。

> **我** ▸ 真的嗎？像怎樣的不必要描述呢？

> **Julian 朱利安** ▸ 就是很多多餘的陳述，像女孩們心中想法。畢竟，多數漫畫作者也都是男性。

　　很明顯地，學生們認為人的性格和能力會受到他的性別所影響。那老師對於這樣的觀點有什麼想法呢？戴先生同意學生們的觀點，他說：「亞洲國家的文化大部分都是父權體制，我想很難在我們這一代或下一代扭轉這樣（以男性為主導）的思考模式。我認為尊重女性是相當重要，但實際上性格和能力確實有可能會受到性別影響。特別是當學生上八年級開始接觸物理和化學後，總是發現男孩們的理解思考能力比女孩好。」其他老師並未針對上述的性別差異議題提出想法，但葉女士對於漫畫書多以男性為主角的情況提出了自己的看法，她說：「其實，女性角色在漫畫裡不見得只是等待被救援的公主。有時候也可能

是男主角的助手或夥伴，但你也知道的，主角還是男性。」

　　接續前面的性別議題，我還想了解學生們如何看待漫畫中不同性別的身體形象，所以我用了兩個不同漫畫的熱門角色作為例子。我的問題為：「《海賊王（航海王）》第二部的女角娜美和《火影忍者》裡的女角綱手，穿著都比較大膽，或者說穿著地非常『辣』，和一般我們在路上看到的穿著不一樣，你覺得這算色情嗎？會不會太過性感？」所有學生中，沒有一位學生覺得她們這樣穿太過性感。其中4位學生更認為這樣的穿衣風格是她們個人的特色之一。以下為擷取的訪談內容：

> **York 約克** ▸ 《海賊王（航海王）》的娜美是海盜，而且書中的天氣總是和夏天一樣炎熱，當然她就穿得很少。

> **我** ▸ 那《火影忍者》中綱手呢？

> **York 約克** ▸ 恩，忍者要夠輕盈應該不能穿太多衣服。無論如何，漫畫的情節比起她們的穿著更重要！

　　學生（Ruby露比）說：「這樣的穿著其實很常見，人們在沙灘上都會這樣穿。」然而，學生（Fay費怡、Jessica潔西卡和Dana戴納）持相反的意見，他們認為普通女性應該不會穿著如此。相關對話內容如下：

> **Fay 費怡** ▸ 在漫畫書裡，這樣的穿著很正常，但若是在現實生活這樣穿，有點不正常。

> **Aida 阿依達** ▸ 這樣的穿著很正常呀！畢竟他們都是日本人創造出來的角色。

| 我 | 為什麼妳認為他們是日本創造出來的角色，這樣穿著就很正常呢？ |

| Aida 阿依達 | （大笑），因為人們總是說日本是「XX帝國」[53]，所以……。 |

| 我 | 你是指日本的特殊色情行業（如AV女優）嗎？但漫畫裡所有女孩的角色設定都不是那樣啊！ |

| Aida 阿依達 | 嗯！我的意思是說，這樣的穿著在現代社會裡很常見。在過去，如果有女孩這樣穿，人們一定會覺得她很無恥，但現在如果有女孩這樣穿，你會覺得還可以，因為很多人這麼做。當這樣的穿衣風格變得可以接受，如果有人這樣穿時，你也不會覺得格格不入。 |

由於我想知道老師們對於這個議題的觀點，因此我向老師們展示了《火影忍者》第1卷裡主角漩渦鳴人把自己轉變成一個裸體女孩的頁面。當老師們看到這一頁時，不同性別的老師回答也截然不同。2位男老師，都認為這樣的畫面尺度還可以接受，他們的說法如下：

| 顏先生 | 拜託！人們平常在電視和網路上看到的暴露畫面遠不止這些。與電視和網路相比，我倒覺得漫畫以較純真的方式處理牽涉到性的內容。 |

---

53 「XX」是一個臺灣的流行文化術語，它的含意類似於美國媒體所使用的「嘟嘟聲（Beep sound）」。每當人們在暗示性禁忌或者較聳動的話題時，都會使用這個字眼。在網路上，人們總是開玩笑說日本是「XX帝國（XX Empire）」。

然而，兩位女老師反對他們（男老師）的觀點。

葉女士 ▶ 事實上，《火影忍者》安排這樣的性別轉換橋段就是為了要吸引男性讀者。不然，哪有正常女人想穿這樣的衣服呢？

戴女士 ▶ 我的學生中，有些女孩對於漫畫裡這樣的畫面感到不自在。當她們看到男生在閱讀有這樣畫面的書籍時，甚至會跑來告訴我：「男孩們正在閱讀色情漫畫！」

同樣是關於身體圖像的問題，我詢問學生：「如果《海賊王（航海王）》或《死神BLEACH》中女生入浴的鏡頭換成男生，你覺得會有什麼不同？」全部學生中，有5位學生認為改成男性洗澡，會有不同的感覺。其中2位男學生（Vincent文森特和Dana戴納）不想解釋是什麼樣的不同感覺。學生（Olin奧林）表示：「如果改成男性洗澡，應該會吸引更多女性讀者。」學生（York約克）則表示：「感覺會很不同……呃，畢竟人們會比較有興趣看到漫畫裡出現的是裸體女孩，如果是男孩的話……很可能會被認為是同性戀。」相對的，其他7位學生認為改成男性洗澡的畫面並不會有什麼不同感覺。以下是擷取的對話：

Jessica 潔西卡 ▶ 我其實不在乎哪個角色在洗澡，因為我常跳過這樣的劇情畫面。

Fay 費怡 ▶ 在真實世界下，我會覺得改成男性洗澡不太好。但假如是在漫畫世界為了配合後面會發生的重要事情劇情需要，雖然還是很怪，不過就沒關係了。

7位學生中，也有幾位（如：Rod羅德）表示在某些條件下，他才可以接受將女性洗澡的場景改成男性，以下是擷取的對話：

> **我** ▸ 如果《海賊王（航海王）》或《死神BLEACH》中女生入浴的鏡頭換成男生，你覺得會有什麼不同？

> **Rod 羅德** ▸ 絕對不行！你是指男性角色出現「那個」的畫面嗎？

> **我** ▸ 不，當然不是。那個性器官的部分會被煙霧覆蓋，就像作者對女性角色的身體所做的處理那樣。

> **Rod 羅德** ▸ 如果是這樣的話，我認為就沒有不同。

除了身體圖像外，我還想知道角色的性行為或性暗示，是否引起學生們的注意並產生回饋。因此，我再問道：「在故事裡，會出現一些玩笑，像是《海賊王（航海王）》的配角香吉士看到女生眼睛就會發亮、《名偵探柯南》的毛利小五郎會偷盯女生屁股之類，這和現實生活有什麼不同？你覺得這給你怎樣的感覺？」全部學生中有4名學生覺得他們的反應太過誇大了，然而，他們有這樣的行為可能只是作者為了讓故事更加有趣才設計的橋段。擷取對話陳述如下：

> **Helen 海倫** ▸ 在現實生活裡，這樣表現是不適當的。但在漫畫世界裡，這樣表現反而讓角色看起來更加生動有趣。

> **York 約克** ▸ 他們看到美女的反應其實和普通人並沒有不同，但他們的談話方式的確很不尋常。

> **Olin 奧林** ▸ 在學校教室裡，我也常常看到這樣的行為表現啊！

> **Aida 阿依達** ▶ 在學校教室裡，很多男孩都會有這樣的舉動。但如果是在外面的街道上，倒是很少看到有男人會這樣向美女搭訕。

當然，漫畫裡的性別意識形態的議題不僅只針對男、女性，還包括了其他與性別有關的表徵，比方說《海賊王（航海王）》中就出現變性人角色。因此，我問學生：「《海賊王（航海王）》裡出現過人妖這樣的角色，你如何看待這個角色？你覺得現實生活中，人妖是什麼樣的人？」然而，並不是所有學生都知道這個角色，我只詢問到A班3位學生的回答。訪談內容如下：

> **Olin 奧林** ▶ 我認為人妖就是一個想改變自己原本性別成另一種性別的人……他們很搞笑。

> **Aida 阿依達** ▶ 我覺得人妖的心理性格可能和生理上的身體形態不同……。例如，他可能在生理上是男性，但卻心地溫柔，如同社會對女性的刻板印象[54]。他們雖然也是人類且和我們在外表上沒什麼不同，但他們很特別，不符合我們對於該性別一般的想法。

> **Jessica 潔西卡** ▶ 人妖他們有自己的特點，但如果現實生活中出現太多這樣的人，恐怕會讓世界失去平衡。

---

54 由於社會刻板印象（Social stereotype）並不是中學生常用的字彙，因此當學生提到這個名詞時，我問她是否能針對刻板印象做更多的描述。她也以自己的經驗回答了我的問題。她說：「如果我坐姿太難看，媽媽會說你不能坐得像個女孩嗎？還有，當我的弟弟故意學女生優雅地坐著時，媽媽又會拍打他的屁股大聲斥責他。」

| 我 | ▶ 哦，對了！《海賊王（航海王）》中的人妖王曾說過「想要改變每個人」。你認同有些男人可能很想擁有女性的特徵嗎？ |

| Jessica 潔西卡 | ▶ 不，我認為他們是不尊重自己的身體。我覺得他們的父母給了他們完美的身體形式，為什麼他們要改變呢？假如每個人都從男性轉變成女性，或女性轉變成男性，那麼我還能辨別出站在我面前的人是否是真的女孩嗎？一定是不能辨別的！ |

為了更深入了解學生們對於LGBT（女同性戀者、男同性戀者、雙性戀者與跨性別者）的理解，我又問了一個與BL（男同性戀）／GL（女同性戀）情節有關的假設性問題，題目為：「這五系列漫畫都是男生喜歡女生，很少有男生和男生或女生和女生在一起。如果未來在內容中出現同性戀的情節，你可以接受嗎？如果在真實人生中有同性戀的情節，你可以接受嗎？」有趣的是，全部學生中只有2名學生表示他們不能接受漫畫情節和／或現實生活中出現BL（男同性戀）／GL（女同性戀）；其他學生皆表示在某些條件下，他們可以接受漫畫情節和／或現實生活中出現BL（男同性戀）／GL（女同性戀）。相關訪談內容如下：

| Vincent 文森特 | ▶ 假如這樣的情節安排是為了讓我們擺脫性別偏見並且學會尊重他人的話，我會接受……。但如果只是單純為了增加漫畫的羅曼蒂克劇情，我就不接受了。 |

| Ruby 露比 | ▶ 我認為沒關係。因為他們只是和其他人約會罷了！ |

在我的學校裡，其實也有很多男同學為了好玩而互稱另一個男生為「丈夫」或「妻子」。他們甚至會把對方「公主抱」[55]。所以，我覺得這樣的情節沒有什麼大不了的。

學生（Sheryl 雪莉和Fay費怡）表示她們可以接受某些漫畫裡有BL／GL情節，但卻無法接受現實生活有這樣的情況。

Fay 費怡 ▶ 我不能接受劇情中有女同性戀，但我覺得男同性戀還好。

我 ▷ 為什麼呢？

Fay 費怡 ▶ 我覺得女生和女生相愛感覺很詭異，但男生和男生相愛感覺還好。

我 ▷ 那妳對現實生活的同性戀有什麼感覺呢？

Fay 費怡 ▶ 我覺得他們會讓我感到難堪。我不會反對他們在一起，但他們假如嘗試做某些事情前，最好先三思而後行。

同樣的問題，學生（Rod羅德）卻出現激烈的反應。

Rod 羅德 ▶ （皺著眉頭）我不能接受。這聽起來像是同性戀。

我 ▷ 嗯，這不是聽起來像是同性戀，這就是同性戀。

---

55 「公主抱（Princess carry）」是一個臺灣的流行文化術語，意思指的是男生用雙手橫抱起女生的動作。

| Rod 羅德 | ▶ 哦⋯⋯這太奇怪了！我以前從來沒有讀過這樣的東西。 |

| 我 | ▶ 但現實生活中也有同性戀者啊！ |

| Rod 羅德 | ▶ 但我還沒見過。 |

| 我 | ▶ 那如果你見到了呢？ |

| Rod 羅德 | ▶ 我會閃得遠遠的。 |

　　專家中，葉女士也讀過BL漫畫書。當我問她：「你認為學生們會根據自己的性別選擇閱讀BL或GL漫畫嗎？」時，她回答：「我認為目前很多女孩閱讀這些漫畫只因為他們的同儕也閱讀這樣的漫畫。如同是作為一種身分表徵，某些人會閱讀這樣的漫畫可能是為了預測自己性向。畢竟，有些女孩對自己的身體並不滿意，他們會把自己投射到男生的身體上。」另一位專家顏先生則認為，學生們在選擇閱讀BL或GL漫畫時，存在著性別上的差異。他說：「我發現很多女孩喜歡閱讀BL漫畫，而男孩偶爾會閱讀GL漫畫。也許是基於互相嘲笑的立場，才會出現這種情況。不過，假如我注意到有男孩正在閱讀這樣的漫畫時，我會把他們叫到我的辦公室（停頓，然後大笑）⋯⋯等等！這樣聽起來我好像有些性別歧視⋯⋯我這樣太糟糕了！無論如何，我知道女孩們喜歡看自己所喜歡的男性角色們出現親密的舉動。雖然我不明白為什麼，但我尊重這樣的情形。」

　　與種族意識形態議題相比，性別意識形態議題似乎更能激發學生們的熱烈討論。然而，他們的回答在這個段落並不像答覆其他文化主題

般肯定，甚至有時會在談話中改變他們的立場，或對於類似的意識形態有著相反的看法。這就是為什麼我想找到解釋這種令人困惑但有趣的回答。

三、階級意識形態議題

　　前五名系列漫畫的社會與經濟階級意識形態應該是最難辨識的部分。事實上，專家小組成員和學生們對於漫畫所呈現的階級意識形態也有著不同的看法。為了避免我的受訪者在判斷社會或經濟階級意識形態的議題上出現混淆，我同樣由最初的問題：「在這五系列漫畫書中你最喜歡哪個角色？」引導至下一個關於經濟階級的問題：「你覺得這些角色（學生們所選出的最喜歡角色）有那些比你富有？又漫畫裡哪些角色感覺比你窮？那些可能和你的經濟狀況差不多？平常在看漫畫時會注意到這些嗎？」學生們選擇出的角色大致類似，因此我一一詢問他們對於這些角色的經濟階級判斷。值得注意的是，不同學生的答案截然不同。學生們在回答《名偵探柯南》主角工藤新一的經濟階級最為一致，所有12名學生裡，有7名學生認為他是富有的，而5名則將他評為中產階級。一位最喜歡該角色的學生（Aida阿依達）說道：「他應該是超級富豪。因為他的父親是著名小說家，母親又是位名演員。他們每次出場都穿著相當昂貴的衣服」；但學生（Helen海倫）卻認為他是中產階級，她說：「雖然他可以藉由聰明的腦袋抓到壞人而獲得獎金，但他只是個學生，應該跟我一樣，沒有工作」。《海賊王（航海王）》主角蒙其·D·魯夫的經濟階級與《名偵探柯南》的主角在學生們的眼裡大致相似，同樣有7名學生認為他是超級富豪，5名學生將其歸類為中產階級，他們的想法我擷取如下：

| York 約克 | ▶ 他（蒙其・D・魯夫）擁有很多珠寶。 |

| Fay 費怡 | ▶ 當他和船員們失去一艘船時，他們很快地又再建造了一艘。而且，船員娜美擁有好多的衣服。 |

| Helen 海倫 | ▶ 他（蒙其・D・魯夫）應該不富有，因為他每一餐都要吃很多，還一直穿著同樣的衣服。 |

訪談中，學生（Dana 戴納）在判斷蒙其・D・魯夫的經濟階級一直搖擺不定，起初他覺得魯夫來自於貧窮家庭，後來又覺得他來自中產階級。還有一位學生（Jessica 潔西卡）也在訪談中更改了答案，她原本覺得魯夫來自中產階級，後來卻又認為他來自富裕家庭，她說：「我想他應該相當富有，否則他和船員怎麼能在沒有挨餓的情況下航行這麼多年？況且，他們還每天都吃大餐耶！」

至於《火影忍者》的主角漩渦鳴人，學生們的意見不盡相同，其中有4名學生認為他屬於中產階級，而4名學生則認為他很貧窮。將漩渦鳴人視為最喜歡角色的學生（Fay 費怡）說道：「我認為他不有錢，因為他太笨了」；另一位學生（Sheryl 雪莉）則認為鳴人的經濟階級應該與她相同，因為「他在故事裡經常吃湯麵，和我一樣。」當談論到《進擊的巨人》的主角艾連・葉卡時，有3名學生認為他來自中產階級，1名學生認為他來自富裕的家庭，而有5名學生認為他來自貧窮的家庭。認為艾連・葉卡來自貧窮家庭的學生（Fay 費怡）說道：「他們每天都在打鬥和殺戮，城市都被完全摧毀而無法恢復了。」學生（Rod 羅德）也說：「他每天都必須採摘木柴，居住房子又這麼小，肯定很窮。」所有訪談學生中，只有學生（Olin 奧林）覺得他很有錢，他說：「因為

他的父親是一名醫生。」由於《死神BLEACH》這系列漫畫讀過的學生較少，因此本題只有5名學生針對主角黑崎一護的經濟階級進行判斷。5位學生中，有3名學生認為他來自於中產階級，1名學生認為他很富有，而有1名學生則無法做出任何判斷。認為他很富有的學生（Rod羅德）說道：「黑崎一護在漫畫裡住的房子很大，所以應該很富有。」學生（Olin奧林）把他與《火影忍者》主角漩渦鳴人相比，認為：「他應該比漩渦鳴人有錢，因為他的生活習慣相對較有條理，從他的房間擺設就知道。」

問完上述的問題後，我又詢問了他們另一個問題：「在我訪談前，你是否曾經將自己的家庭經濟狀況與這些漫畫人物進行比較？」所有學生一致地給了我否定的答案，他們表示從不關心主角的經濟狀況。學生（Julian朱利安）說道：「我寧可相信所有角色的經濟狀況都與我一樣。我想漫畫情節沒有特別描述，應該是與大部分的人（經濟狀況）一樣」。其他學生同意他的說法，並聲稱不在意主角是富有還是貧困。學生（Ruby露比）也說：「我讀這些漫畫書是為了要放鬆，平常讀書已經夠累了，根本沒有時間考慮到這些事情。」

亞洲的家庭相當重視血緣與親屬關係，因此除了詢問上述關於經濟階級的問題外，我還想知道這些學生如何看待角色的社會階級。所以我提出了一個關於社會階級的問題：「這幾系列的主角很多都有個很強的爺爺或父親，所以他們也很強，你覺得如果主角沒有這些特質（比方說《海賊王（航海王）》的魯夫爸爸變成普通漁夫、《火影忍者》的鳴人爸爸只是一般人或《死神BLEACH》的一護爸爸變成農夫，你還會像現在一樣喜歡這些主角嗎？」全部的12位學生中，11位學生表示這樣的變化不會影響他們對主角的喜愛，但有一名學生（York約克）

卻認為這樣的改變會影響他對於主角的喜愛，他說：「這樣的改變將使得主角不再那麼引人注目。」至於主角的父親變成普通人是否會影響劇情的發展？有些學生認為不會，但也有些學生認為會影響。學生（Jessica潔西卡）表示：「如果他們的父親只是普通人，而他們這麼特別，就表示他們有積極的態度並努力想提升自己的能力。雖然他們可能會變成普通人，但他們的努力將更獨特。」學生（Ruby露比、Dana戴納和Sheryl雪莉）同意學生（Jessica潔西卡）她的說法也認為主角們的成就仍然會一樣。學生（Sheryl雪莉）說：「他們的成功與家庭背景沒有任何關係。」然而，有4名學生認為，主角的家庭背景可能會影響情節。學生（Julian朱利安和Aida阿依達）覺得主角的性格或生活習慣可能會因此而不同。學生（Julian朱利安）以《海賊王（航海王）》的主角蒙其‧D‧魯夫為例說道：「假如魯夫的父親只是普通的漁民，他可能會很喜歡捕魚。因此他的習慣、生活方式和價值觀也可能會改變。」學生（Rod羅德）相信家庭背景甚至可能會影響到主角的心理層面。相關對話內容如下：

| Rod 羅德 | ▶ 我覺得會影響。以《火影忍者》的漩渦鳴人為例，他繼承了父親的戰鬥意志。 |

| 我 | ▶ 但是任何的忍者也可能有戰鬥意願啊！ |

| Rod 羅德 | ▶ 是的，但是不會像他那樣的強烈。我覺得如果他的父親只是一個普通的忍者，他不會立志成為火影。 |

　　為了理解老師們對於漫畫的社會經濟階級意識形態看法，並知道他們是否了解學生們的思考模式。因此我問專家小組是否贊同：「青少年發展會受到傳統階級意識形態的影響，即青少年是否會認為他們的

個人成功與父母的社會地位有關？」這個說法。這一題，除了顏先生外，其他專家都持否定的立場。

> **戴先生** ▶ 我認為學生的成就不會受到父母的社會經濟階級影響。

> **我** ▶ 那麼學生是否會因為自己的社會經濟階級認知而影響其個人的成就呢？

> **戴先生** ▶ 這很難定義。不過，目前臺灣的社會總是告訴你「如果認真工作，未來將有機會成功。」或許，這是臺灣目前社會充滿希望的一部分，即不管你出身為何，只要努力都有可能改變自己的命運。事實上，這所學校裡也有很多靠著努力而成功的例子[56]。

戴女士和葉女士認為，漫畫主角的特殊身分並不會影響學生思維，因為那只是這系列漫畫其中一個吸引讀者的技巧罷了。葉女士說道：「這就如同喜歡『哈利波特（Harry Potter）』的讀者，不會相信有魔法世界的存在一樣，因為他們知道那只是一個幻想。所有漫畫主角一開始都為了讓讀者產生共鳴而設定成一個普通人。但是你知道的，人們總是希望自己也能與眾不同，或許這就是為什麼平凡的角色會在後來逐漸擁有特殊能力與非凡背景。這樣的設定，其實也讓學生們注意到自己有某些特別的地方，或一些尚未被注意的地方。」

我還想知道學生們是否會將他們對階級的看法與現實生活串聯以

---

56 值得提及的一點是，石牌國中的多數老師年齡都超過30歲，因此他們的成長背景可能與學生有所不同，甚至可能來自於不同的社會階層。

及他們如何串聯，因此我又詢問了他們兩個相互關聯的問題，分別是「在《海賊王（航海王）》和《進擊的巨人》中，對有權有勢的人或有錢人有很多批評，看完以後你覺得認同嗎？」；另一個問題則是：「《名偵探柯南》的劇情裡，有很多人因為貧窮而做出傷天害理的事，你認為偵探應該要同情他們的處境還是該將他們繩之以法呢？」全部12名學生中，有8名學生認為《海賊王（航海王）》的蒙其・D・魯夫和他的同伴給霸權者的懲罰是合理的，但有4名學生認為不合理。表示贊同的學生（Vincent文森特）說道：「國王應該要保護他的子民，而非傷害他們。」學生（Ruby露比）也笑著說：「我希望自己也能在現實世界裡做出和魯夫同樣的事情。」當我詢問同樣贊同這個觀點的學生們（Olin奧林、York約克和Julian朱利安）：「你們是否願意將這樣的觀點回饋在臺灣的現實生活？」時，他們也都給了我正面的回應。然而，不贊同魯夫作法的學生，同樣說出了自己的想法，他們的意見如下：

Aida 阿依達 ▶ 如果你去某個地方旅行，有人告訴你那個富有的人是壞人時，你應該去詢問更多人再認定他的好壞。

Rod 羅德 ▶ 我不同意他們可以指責這麼多人，畢竟，很多人甚至還沒有太多的表現機會，就被認定是壞人了。

Jessica 潔西卡 ▶ 我覺得是否同意魯夫和他夥伴的作法應該要視情況而定。事實上，有些有錢人或有勢力的人不見得是壞人。

我 ▶ 那你可以在《海賊王（航海王）》裡找到這樣的角色嗎？

Jessica 潔西卡 ▶ （猶豫）好吧！……好像沒有這樣的例子。

再者，學生們對貧困與犯罪之間的關係有怎樣的看法呢？值得注意的是，我所訪的12名學生一致的認為，犯罪的人即使貧困也一樣不值得被同情的。

Jessica 潔西卡 ▶ 我認為貧困的人應該要更努力改變自己，而不是傷害別人。

Helen 海倫 ▶ 如果你在某個方面有了發展，應該努力朝那個方向繼續努力，而不是靠打倒他人。

我 ▶ 所以你覺得成功的要素僅與自己的行為本身有關，而與你的經濟狀況無關囉？

Helen 海倫 ▶ 是的。因為每個人的個性大不相同，所以每個人都以不同的方式在做事情。

很多的學生給了我與上述觀點類似的答案，認為自己對事物的責任感與後續的成就有著密切的關係。然而，多數的學生也堅持窮人如果犯罪應依法判刑，而非考量他的背景而給予同情或減輕量刑。

Aida 阿依達 ▶ 假如你好手好腳，應該好好找一份工作。即使自己沒有特殊的技能，也可以找一份靠苦力的工作。或許沒辦法很有錢，但至少足夠謀生。

我 ▶ 所以你認為違法的窮人應該依法受到制裁嗎？

Aida 阿依達	▶ 我認為應該。但如果他們已經悔改了，主角還繼續
	嚴厲的指責，我就認為太過頭了。

我	▶ 所以你覺得是取決於罪犯的態度而非其背景。

　　綜上可知，判斷漫畫裡的經濟社會階級意識形態是最困難的，許多學生在判定時也可能受到自己過去的生活方式與經歷影響而難以判別。我們將在第五章進行後續討論。

四、暴力意識形態議題

　　漫畫書普遍被社會大眾認為充滿暴力意識形態而飽受批評，因此知道學生們如何看待這樣的新興文化商品（即漫畫書）及其所造成的影響力相當重要。為了理解學生們對存在漫畫裡的暴力行為看法，我問這些學生幾個問題，第一個問題為：「有些人覺得漫畫書內容太過暴力，你認同嗎？你覺得漫畫書中的暴力場景會影響你的行為舉止嗎？」多數我的受訪者同意漫畫書有些內容太過暴力，但學生們多半不認為接觸漫畫會像大眾輿論的那樣，讓他們的行為變得很暴力，甚至犯下罪刑。以下是我擷取對話內容：

Aida 阿依達	▶ 我不認為所有漫畫都該被標記為傳播暴力或性的媒
	介。事實上，那必須看裡面的內容才能決定。

Sheryl 雪莉	▶ 我讀得漫畫書沒有很多的暴力圖像，而且我讀完很
	快就忘記裡面的內容了。

　　然而，也有學生表示他們會記得曾經看過存在漫畫裡的暴力場景，並認同有人可能會因此而受到影響。

| Rod 羅德 | ▶ | 《進擊的巨人》裡，總是有人被巨人吞噬並噴出很多血。 |

| Helen 海倫 | ▶ | 我只選擇一般漫畫書閱讀。我不喜歡那些充滿暴力與性的漫畫書。 |

| 我 | ▶ | 那麼，假如有人說漫畫書內容很暴力，你會告訴他們「你可以選擇不要讀那些太過暴力的漫畫嗎？」 |

| Helen 海倫 | ▶ | 不，我不會這樣跟他們說。因為有些人喜歡暴力的漫畫書。 |

| 我 | ▶ | 那你覺得暴力的漫畫書會影響人們的思考嗎？ |

| Helen 海倫 | ▶ | 我是不讀那些漫畫書，但我覺得會讀那些漫畫書的人可能同樣有著奇怪性格，讓他們沉溺於書中的怪誕情節裡。 |

臺灣的首都臺北在西元2014年的捷運上發生了一起恐怖隨機的殺人事件，該案件的兇手隨意地對素不相識的年輕人任意揮刀砍傷。這起案件在後續調查兇手動機時，普遍認為就是受到暴力漫畫書的影響，因此，我也向這些學生詢問一些對此案件的看法[57]。然而，他們並不同意大眾傳播媒體的指控，相關對話擷取如下：

---

57 西元2014年5月的臺北捷運上發生了一起駭人的殺人事件，一位21歲的大學生鄭捷（Chieh Cheng）隨機殺害了四名無辜的乘客（維基百科，2015）。由於鄭捷長期沉迷於暴力的漫畫書和電玩遊戲，因此社會大眾一致地譴責這些娛樂媒體所造成的殘酷行為。甚至在這起事件發生後，臺灣政府將漫畫書和電玩遊戲視為潛在的危險因素要求警方深入「調查」。事實上，鄭捷最喜歡的漫畫之一還包括了《名偵探柯南》這個系列。

| York 約克 | 有些不看漫畫書的人也會謀殺其他人啊！鄭捷（案件兇手）是因為本身有精神方面的問題。 |

| Olin 奧林 | 媒體有時只是想製造一些熱門話題。這就如同有的政客會藉由批評漫畫來贏得父母們的選票一樣，因為他們知道多數的父母並不允許他的孩子閱讀漫畫書。 |

| 我 | 你認為假如父母們改變立場，支持孩子們閱讀漫畫書，他們（政客們）會不會改變想法？ |

| Olin 奧林 | 是的，他們會改變。由於許多父母並不了解漫畫內容，因此當他們注意到孩子正在閱讀漫畫時，就會指責孩子。 |

| 我 | 你要如何向父母或長輩描述你對於漫畫書的熱愛呢？ |

| Olin 奧林 | 我會拿一本我喜歡的漫畫書給他們，並要求他們閱讀。事實上，我的父母在這方面來說還滿酷的，因為我的媽媽本身就是一個比我還熱衷的火影忍者迷。 |

為了更具體地了解學生們對不同暴力程度的漫畫感受，我又詢問他們：「漫畫裡的角色常打架流血，你是否認為這樣的血腥戰鬥場景太過暴力？」值得注意的是，全部12名學生中有11名表示：「儘管那樣的場景充滿暴力圖像，但並不會太過暴力。」學生（Rod羅德）認為：「劃傷的痕跡應該不算數。」另外，許多人認為，戰鬥的場景是劇情一部分，而非暴力的代表。相關對話內容如下：

Aida 阿依達 ▶ 有時候這些戰鬥和流血的場景是為了配合劇情需要，那並不算暴力。

我 ▶ 你說的「劇情需要」是指什麼呢？

Aida 阿依達 ▶ 指的就像角色們常常肆無忌憚地戰鬥，但卻通常沒有流血那樣，這跟現實不是很不一樣嗎？

　　學生（Olin奧林和Julian朱利安）同樣提到了現實生活與漫畫世界的差別。

Julian 朱利安 ▶ 當我們跌倒時，我們會流血，還可能去看醫生。沒有人會因為這樣的情形感到興奮。因此我認為流血與暴力行為毫無關係，流血的場景並不會太過暴力。

Ruby 露比 ▶ 我想漫畫的血腥場景看久了就會習慣。但有些流血場景還是太逼真了，比方說《進擊的巨人》第1卷裡，主角艾連・葉卡的母親被巨人吃掉時，噴出血的場景就超嚇人的！

　　接續上述訪談，我再問這些學生：「有時候，漫畫裡會出現角色被砍成兩半或斷手斷腳的場景。當你看到這樣的圖像畫面時，有什麼樣的感覺？」所有12名學生裡，10名學生認為這樣的畫面非常暴力但可以接受。另外，有2名學生（York 約克和 Fay 費怡）表示了不同的看法。相關對話內容如下：

York 約克 ▶ 我認為這樣的畫面沒什麼大不了，畢竟它只是為了增加漫畫的戲劇性才出現。

`Fay 費怡` ▸ 我覺得這種畫面並不像真正的暴力事件般令人厭惡。

由於這些學生的現實生活中並沒有類似的事件可以比較，因此對他們來說，這些漫畫的暴力場景看久了就變得司空見慣。

`Olin 奧林` ▸ 我覺得這樣的畫面還好。當你習慣看它（漫畫暴力畫面）後，就覺得還好。也許一開始看，會覺得有點太暴力。

`Aida 阿依達` ▸ 我認為作者只要不要刻意強調畫面細節，比方說血管怎麼爆裂或血液怎樣噴出的話……就還好。但我的家人還是傾向於愛與和平。

`我` ▸ 你說你的家人傾向於愛與和平，是指什麼意思？

`Aida 阿依達` ▸ 當我的媽媽發現我在看這些有暴力圖像的漫畫書時，她會大喊：「你在看什麼東西！」然後把它扔掉。

許多學生聽到學生（Aida阿依達）的對話後，也談論到他們與家人之間的情況。

`我` ▸ 如果漫畫中有角色的身體被砍成兩半或斷手斷腳，這樣算暴力嗎？

`Rod 羅德` ▸ 我覺得算是暴力。

`我` ▸ 看到這樣的畫面會讓你有什麼感覺？

`Rod 羅德` ▸ （笑）我認為這樣的角色很酷，我甚至希望能像他們一樣戰鬥。

> **我** ▶ 你會羨慕這樣的角色嗎？

> **Rod 羅德** ▶ 嗯，一點點。

得知學生們的看法後，我也想知道專家們對於存在漫畫裡暴力意識形態及其所造成影響的看法。因此我詢問他們是否認為漫畫的暴力圖像會影響學生。戴女士又給了我一個籠統的答案，而戴先生和葉女士則表示影響應該微乎其微，並覺得「如果情節有需要，漫畫裡出現部分暴力的行為是可以接受。」至於顏先生，他給了我肯定的答案，認為這些暴力圖像會影響學生的行為，甚至認為會助長社會上暴力行為的風氣，並對當前的社會帶來負面影響。以下是專家們的說法：

> **葉女士** ▶ 反對 ▶ 我不覺得漫畫中暴力的行為會造成負面的影響。因為，當前很多娛樂媒體像小說、電影和連續劇，也包含了一定數量的性與暴力。甚至在美國脫口秀節目裡也經常會講幾個黃色笑話，不是嗎？
> 我想，假如所有娛樂媒體都像講道般只談論愛與和平的話，沒有人會看。因為人類總希望看一些獨特、不是每個人都經歷過的東西，比方說極端的性與暴力。因此，當他們閱讀或欣賞這樣的東西時，情緒可能會因此而被激起並感到興奮。

> **顏先生** ▶ 贊同 ▶ 我認為學生閱讀暴力的漫畫並不好，因為這會讓他們相信所有問題都可以用暴力解決。即使這些學生使用暴力的動機是對的，但他們很容易認同：「我必須幫助我的朋友，所以我需要使用暴力」這樣的想法。事實上，漫畫書並沒有告訴這些學生，你遇

到困難時可以找長輩談談或尋求協助。書中總是貫徹「如果我認為是對的，我可以打敗他人」這樣的價值觀，我認為並不好。

比較學生們和專家的觀點後，我發現學生（Vincent文森特）的論點和顏先生相當接近。他在訪談中提及：「我認為兩個人的戰鬥就可視為暴力，因為他們實際上可以透過溝通來解決問題。但我相信，假如漫畫只有人與人之間的不斷對話，將會一點也不吸引人。」事實上，多數的漫畫迷都明白這些暴力圖像象徵著自己對日常生活責任和行為的逃避，因此他們會以漫畫世界的邏輯來看這些內容。然而，假如把這樣的議題搬到社會與情感層面來考量時，暴力意識形態將變得相當複雜。

五、日系漫畫書的綜述

最後一部分的訪談，我想了解的是學生們對日系漫畫的整體看法，因此我向他們提出了幾個問題，並詢問他們是否認為漫畫書可以是一種教學資源。首先，我想知道學生們是否可以從漫畫中學到知識，因此我問道：「有些人認為我們可以從漫畫書中學到很多東西，你認為呢？」針對這個問題，多數學生以《海賊王（航海王）》和《名偵探柯南》為例，告訴我他們可以從這些漫畫中得到新的知識技能或道德觀念。比方說有6名學生表示他們從漫畫裡學到諸如團隊合作、友誼的重要、探察事物的技巧、堅持不懈的精神及正義遲早降臨，犯罪和懲罰是不可逃避的等觀念。學生（Aida阿依達）表示：「漫畫書充滿了許多的圖像繪畫，我可以從中學習如何畫圖。」學生（Vincent文森特）則表示自己從《名偵探柯南》中學到很多與探案有關的知識，但「已

經記不起來裡面的內容了。」然而，學生（Sheryl雪莉）卻持反對的立場，認為自己並沒有從漫畫中學到任何東西，因為「這些劇情總是一樣，不是打敗壞人就是逮捕壞人。」

由於將近一半的學生在上題中提到自己藉由漫畫學到許多道德觀念，這是否意味著他們可以將這些從漫畫學習到的觀念應用到日常生活中呢？因此，我詢問他們下一個問題：「在漫畫書的世界裡，主角總是正義方，在最終會獲得勝利與眾人支持。你覺得真實人生也是這樣嗎？」這個問題，有八成的學生給了我否定的答案，認為現實世界並非總是如此。學生（Olin奧林）說：「現實生活裡，不可能永遠都是贏家，除非你是一個富翁的兒子而且不必為了討生活而工作。」接續上個問題，我又問道：「你認為現實生活裡中，人們會如同漫畫所描述的情節般幫助他們的朋友嗎？」關於這個問題，我擷取了幾個學生的說法：

| Aida 阿依達 | ▶ 現實生活並不是這樣。因為即使有人想要幫助他的朋友，他還是會擔心自己的安危。所以，現實生活比漫畫世界更複雜多了！ |

| Julian 朱利安 | ▶ 我不認為漫畫書的法則適用於現實生活。甚至現實生活裡有人說：「鍥而不捨的努力，反而更容易失去工作；做得少的人，更可能獲得晉升。」 |

| 我 | ▶ 所以現實生活和漫畫世界有很大的不同囉？ |

| Julian 朱利安 | ▶ 是啊！現實生活必須由你自己決定如何做才能隨遇而安。 |

> **我** ▶ 所以你相信有可能會因為「做了一件好事,而獲得很好的回報」這個想法嗎?

> **Julian 朱利安** ▶ 你當然可以傻傻地認真做事,但你還需要有很好的運氣才會有好的回報。但你不可能因為做了對的事,就指望有幸運的結果。

　　雖然多數學生宣稱他們可以從漫畫裡獲得知識,但他們似乎普遍理解漫畫世界與現實生活的明顯差距。因此,他們必須如同弗雷勒說的:「識讀這個世界(Read the world)。」然而,值得一提的是,我發現這群學生仍然受到漫畫的某些價值觀念影響。比方說,當我問道:「漫畫人物常做出不同於我們的事,像有超能力、會在對決中喊出招式、除了原本的外表還有另一個不同的外表(比方說《進擊的巨人》的艾連變成巨人、《火影忍者》的鳴人變成九尾狐或《死神BLEACH》的一護變成死神)。你會希望自己也有這些特點嗎?你最想要得到哪一個特點?」全部學生中,有6名學生表示他們希望擁有超能力,相關對話的內容如下:

> **Julian 朱利安** ▶ 我希望自己能有超能力來拯救世界及打擊犯罪。

> **Rod 羅德** ▶ 我希望自己可以用忍術捕捉罪犯!

> **Olin 奧林** ▶ 假如我是一個巨人,我可以吃掉任何惹我生氣的人,或者有能力攻擊對岸。

　　但也有學生不確定自己是否想要擁有超能力。

> **Ruby 露比** ▶ 超能力也可能會帶給我很多麻煩，比方說我不想要被殺！

> **Aida 阿依達** ▶ 我只想要當普通人，因為我如果有超能力會不確定它會不會突然消失。如果超能力消失了，我可能會因此不再受歡迎而迷失方向。

　　除此之外，我還問了幾個與學校相關的問題，如：「你認為學校可以禁止學生閱讀漫畫書嗎？你覺得學校禁止學生讀漫畫，原因是什麼？」全部學生中，有3名學生認同校方有權力禁止學生在學校閱讀漫畫；同樣地，也有3名學生持反對立場，認為校方無權禁止學生在學校閱讀漫畫。而其他6名學生認為，學校可以禁止學生閱讀漫畫，但不應該沒收他們的漫畫書。持反對立場的學生（Rod羅德）表示：「如果在前堂課有考試，我會想在考完後的休息時間閱讀漫畫來放鬆。這樣的行為並不影響任何人！」然而，認為校方可以禁止學生閱讀漫畫的學生（Jessica潔西卡）則認為：「學校可以設定這樣的規矩，因為它畢竟是學生學習的地方。事實上，在學校根本沒有時間閱讀漫畫，因為課業壓力實在太大了！我覺得，你可以在家裡閱讀漫畫書來放鬆心情，但在學校你應該專注於學習。」我又接著問學生（Jessica潔西卡）是否同意老師可以沒收學生們的漫畫，她回答：「我認為可以！因為假如你沒有把漫畫書帶到課堂上，老師根本沒有辦法沒收它們！」然而，學生（Olin奧林）對於是否同意老師沒收漫畫則持完全相反的立場，他表示：「我完全不同意老師可以沒收學生們的漫畫！假如你只是剛在上學途中買了它怎麼辦？又或許你只是前幾天買了它，卻忘記把它從包包裡拿出來罷了！」學生（Ruby露比）也說：「我不明白老師們為什麼要沒收漫畫書。除非學生是在課堂上閱讀漫畫，不然我認為在休

息時間閱讀它們是可以的。」

另外，我又問學生：「為什麼學校允許學生閱讀小說，卻禁止他們閱讀漫畫書？你認為漫畫和小說的差別是什麼？」有3名學生（Vincent 文森特、Fay費怡和Dana戴納）表示：「因為小說就像教科書一樣，非常冗長！」，其他同學對於此題的對話如下：

Julian 朱利安 ▶ 許多小說都受到國文老師推薦，因為他們希望我們能閱讀文學作品，但漫畫裡只有很多簡短的對話。

Helen 海倫 ▶ 或許是因為小說的圖像畫面較少，故事情節也不那麼有趣吧！漫畫書實在太搞笑有趣了，老師不會希望學生們在課堂裡還想著劇情，因為這對學業成績不好。

Rod 羅德 ▶ 也許學校會希望我們讀一些比較有用的書籍，比方說地理、文學或科學。

我 ▶ 那如果漫畫書更科學或更有文化呢？你覺得它們會被學校接受嗎？

Rod 羅德 ▶ 我想會的。

至於老師們對於在學校可否攜帶或閱讀漫畫一事，戴先生、戴女士皆表示他們不會完全禁止學生在學校閱讀漫畫，但會對他們訂定一些限制。本身是漫畫迷也是老師的顏先生表示，他禁止自己的學生在學校閱讀漫畫。以下分別是他們三人的說法：

與戴先生的對話內容擷取：

戴先生 ▸ 我所待的學校是禁止學生閱讀R級漫畫，但卻允許他們閱讀一般的漫畫書。不過，老師有權禁止學生們閱讀漫畫書。事實上，我認為只有8年級的學生可以被允許閱讀少部分的漫畫書。

我 ▸ 這樣的規定是否與學生的課業有關呢？

戴先生 ▸ 是的。學校的課業壓力其實很大，我很少看到有學生在課堂裡閱讀漫畫書。

與顏先生的對話內容擷取：

顏先生 ▸ 事實上，我正從我的學生那沒收了一本《海賊王（航海王）》漫畫書。當那位被我沒收的學生問我：「我不能在課堂休息時間閱讀漫畫嗎？」我告訴他：「只有放學後才可以。」我並不允許我的學生在學校閱讀漫畫，但我有時會使用漫畫裡的角色做為例子，讓學生們知道，我和他們一樣會閱讀這些漫畫書。

我 ▸ 是基於課業壓力的緣故所以這麼做嗎？

顏先生 ▸ 我認為這只是一部分的原因。然而，即使沒有課業壓力，學生們仍不應該在學校閱讀漫畫書，因為它沒有任何教育價值。

　　顏先生甚至以過去的文獻來作比喻。他說：「當你讀得漫畫越來越多後，可能會學到一些有價值的東西，但這些東西是無法與經典著作相提並論的。我覺得閱讀漫畫書就像喝可樂般，唯一獲得的營養就是

卡路里。」至於戴女士，以一位讓她困擾多年的學生為例，表達了反對學生在學校閱讀漫畫的立場。

戴女士 ▶ 曾經我教過一位讓我困擾三年的女學生，她不但收藏許多漫畫書，還從小有閱讀漫畫書的習慣。然而，當她的母親發現她因為閱讀漫畫而學業成績一落千丈時，開始禁止她閱讀漫畫，她也因此將漫畫書藏在她和她的同學櫃子裡。與其他同學相比，這位學生總是給人陰鬱、沒有朝氣的樣子，她總是掛著黑眼圈，並且比其他學生對於性更感興趣。

至於「學生們是否可以藉由閱讀小說學到比漫畫書更多的東西呢？」葉女士認為：「這其實是個偏見。為什麼小說比漫畫書好？事實上，兩者都是為了提供你休閒娛樂，而你閱讀漫畫書肯定比看小說還要快，也浪費更少的時間。因此我認為，重點應該是這個東西能不能讓你開心。假如它不但可以讓你開心，還能讓你從中學到東西，那就是額外的收穫了。」接續她的說法，我又問道：「你覺得漫畫書和小說的差別在哪呢？」葉女士回說：「漫畫書通常以圖片為主，所以它們不會像小說般，可以幫你提升寫作技巧，但這兩者都可以增加讀者的想像力。」

從上述的訪談內容可以發現，不同立場（學生或教育工作者）、喜好（漫畫書迷和非漫畫書迷）的人，對於漫畫書的影響和所存在的意識形態看法皆不相同。事實上，即使是同樣從教育學院畢業的老師們也可能對於漫畫書有無潛在價值、可否作為教育素材有著截然不同的想法。這些富有價值的差異性，將在後續第五章深入的探討。

第五章 進入大漫畫書時代：針對研究成果進行批判性分析

教師與學生的確是在日常會面的課堂中，來塑造他們
自己及他們的世界，但問題是，我們是從哪種世界
開始？弗雷勒要我們去追問，到底我們所企想的是何
種的世界？我們要如何從現有的世界到達我們所企想
的世界？（摘自方永泉譯（2003）《受壓迫者教育學
（卅週年版）》（原作者：P. Freire）第33頁）

在第四章中，我盡可能將漫畫迷與非漫畫迷各自的觀點真實地呈現。我試圖完整紀錄所有和學生、老師及圖書館員（及身為教育研究人員及文化工作者的我）的訪談內容，並在後續進行轉譯。我發現在某些人眼裡，漫畫顯然存在著許多嚴重問題，然而，這樣的問題在其他人眼裡，卻可能是它最幽默、最值得褒揚的部分。這樣明顯差異正反映出存在於漫畫文化、教育與文化研究領域的意識形態衝突。而這種衝突也可解釋為日本動漫幻象在商業和社會學的溢出效應。

事實上，這樣的緊張關係早已在老師與學生、家長及其青少年子女間存在了好幾十年。甚至，當突然有教育研究人員請求老師們提供機會讓他能向學生們介紹這個不被多數老師所認同及欣賞的商業產物時，老師和研究人員間存在的衝突也可能因此而表露出來。然而，不同立場、背景的群體之間也可能有著相似之處，而非皆存在著差異，如圖書館員可能會贊同老師們訂定的標準，而學生們可能會同意老師所訂定的目標與規定。在本篇研究裡，不論是我或者其他參與研究的受訪者，皆以第三章所提的研究法進行相關的調查與訪談，過程中我們不斷地相互挑戰彼此習以為常的世界觀與意識形態，也因此學到了一些東西，儘管有些只是我們過去不熟悉或沒有注意到的細節。

本章我將結合第二章中所提及的弗雷勒批判理論與前章節所蒐集到的問卷調查、文本分析及訪談資料，來探討日系漫畫書的影響。事實上，日系漫畫所造成的影響可以分成「日系漫畫所隱藏的意識形態」與「日式文化的影響力」兩個面向。因此在後續的論述中，我將這個議題分成數個小節，以釐清這些不同意識形態與文化是如何影響臺灣的中學生。為了明確地分析前章所揭示的各項主題，本章我將延續前章節分類，分成：1）種族意識形態和影響；2）性別意識形態和影響；

3）階級意識形態和影響；4）暴力意識形態和影響；5）日式文化的影響力和6）漫畫書與批判教學，這六個主題進行探討。

藉由弗雷勒的理論，我將分析日系漫畫書對臺灣青少年讀者所帶來的影響，並推測其作為教育領域的教材時，可能會帶來怎樣潛在的作用。最後，我建議教育工作者可以試著使用弗雷勒的教育法，讓臺灣學生理解如何以批判性分析的視野來看待事物。未來，當他們閱讀漫畫時，能以這樣的方式揭露隱藏在書本文字、圖像的意識形態訊息。

第1節　種族意識形態和影響

種族意識形態是本研究最主要探討的主題之一。當我將票選出的前五名日系漫畫進行文本分析後，我發現日系漫畫所涉及到的種族議題不僅只與種族平等有關，還可能與後殖民主義有關。在訪談內容轉譯及編碼後，我的討論將著重於兩個部分，其一為討論「日本人如何在世界各種族前描繪自己的種族」，其二為更重要的議題，即「臺灣年輕讀者如何將閱讀過的漫畫情節和插圖印象與現實生活進行結合與比較，再而產生自我意識」。

一、漫畫書裡的日式圖像

從文本分析的結果看來，票選出的前五名系列漫畫都包含了大量的日式圖像。這些圖像不僅呈現了日本的文字符號、特定的民間傳說、傳統技能（像忍術、劍道等武術）、文化產品（如傳統和服或現代化的學校），還包含了日本當地的景點（通常以實際地名進行改編）與他們的行為準則（如日本封建時代的軍事禮儀-武士道，據稱將榮耀歸

功於生命本身）。由於日系漫畫的作者幾乎都是日本人，因此很多漫畫讀者相當熟悉這些經常在漫畫書中用以營造日本氛圍與場景的日式文化圖像表徵。但「非日本人的讀者如何理解並詮釋這樣充滿種族中心色彩的內容呢？」又「這樣的內容是否同時意味著作者本身對於理想日本的願景或世界末日下日本的看法？」假如真是這樣的話，「從這些典型的日本圖像與概念可以隱含哪些訊息呢？」

當我把所有的學生訪談資料整理後，很明顯地發現，絕大多數學生都注意到許多隱藏在這五系列漫畫裡關於日式文化的圖像標記。當他們閱讀到這些標記時，他們皆表示早已了解並熟記這些令人印象深刻的細節，因此不需要回溯之前的漫畫內容或透過搜尋網（如Google）查找資料以明白作者欲表達的意義。以下我以和學生（Helen海倫）的對話為例：

> **我** ▸ 你認為是否可以透過閱讀日系漫畫書，了解更多與日本有關的資訊？

> **Helen 海倫** ▸ 當然可以。一開始我對日式文化了解並不多，但在我閱讀了很多日系漫畫後，我開始清楚地知道這些圖像畫面所要呈現的資訊。

> **我** ▸ 你能舉個例子嗎？

> **Helen 海倫** ▸ 比方說日本和服，我起初並不知道它的樣子。但是當我在漫畫裡看到它的樣子後，我又上網搜尋它。結果，我發現漫畫的插圖和網上的照片相當類似。

　　學生（Helen海倫）舉日本和服為例，說明了日系漫畫如何刺激她的自主地學習。一些她的同班同學也表示，他們對這些出現在漫畫裡的武器、學校制服風格及背景位置相當著迷。事實上，這些漫畫細節是日系漫畫對臺灣學生產生巨大文化影響的重要因素。日系漫畫家聰明地運用書中這些文化表徵來強化青少年讀者對日式文化的認知與激起他們對這方面的好奇心，並且透過高人氣角色的話語，將日本傳統的精神發揚光大。

　　雖然，我們很難知道存在於這些漫畫裡的文化表徵、習俗和精神是否單純只是增加讀者們的知識。但隨著漫畫廣泛地傳播，這些唾手可得的文化素材，早已在精神層面上深深地影響了整個亞洲與世界各國的讀者，並在他們心中產生對日本的優越情感。日本社會心理學家南博（Hiroshi Minami）即寫道：「在日本，雖然沒有很多偏執狂，但卻有很多具有歇斯底里行為的日本人。這些人自以為是地認為自己是重要的一環，因此他們總想要呈現自己最好的那一面，而且他們非常自我為中心（Minami, 2014, 255）。」我相信南博所說的「歇斯底里行為（Hysterical behaviors）」與日系漫畫創作者在作品中所欲呈現出的集體意識形態是有關的，特別是在種族意識的情感上。

　　事實上，這樣的種族意識形態不管在日本或中國等亞洲文化裡皆不罕見。日系漫畫創作者為了配合日本當地讀者對自身種族的高標準期待，重要的主角和領導者都必須具有日式文化的特徵，比方說《火影忍者》的忍者、《死神BLEACH》的武士或《名偵探柯南》的東京高中生。這些特徵如同漫畫劇情的中心思想，透過與流行角色的緊密結合，它們得以發揚光大。事實上，有些漫畫會以更微妙但顯而易見的方式來宣揚日式文化特徵，比方說《海賊王（航海王）》主角蒙其·D·

魯夫或《進擊的巨人》主角艾連・葉卡及重要配角利威爾・阿克曼，他們雖然都被賦予一個西方名字，但卻擁有黑髮黃皮膚的亞洲人表徵。

　　在這五系列漫畫裡，擁有日式文化特徵的「日本人」角色每當遭遇困境或戰爭時，總是能發揮出驚人的智慧、高尚的品德與極佳的戰鬥技巧，遠遠優於其他民族（特別是優於高加索人種／白種人）。事實上，日系漫畫創作者為了清楚展現「日本人」角色優於高加索人種／白種人這一點，在角色的安排上常以並列對照的方式來呈現。比方說《進擊的巨人》女主角米卡莎・阿卡曼被設定是一個日德混血兒，她在兒時經常幫助弱小的白種人朋友，而長大後，她成為一位厲害的戰士。又如《名偵探柯南》描述主角工藤新一（江戶川柯南）以比FBI探員更優秀的偵探技巧解決多項FBI已在調查的案件。專家顏先生在訪談時對於我的論點表示贊同，他說：「《海賊王（航海王）》裡有很多壞人角色都具有高加索人種／白種人的特徵，……另外，傲慢或粗魯個性的角色也經常是高加索人種／白種人[58]。」

　　日系漫畫的內容似乎不太在意種族多樣性的問題。為了了解訪談的學生是否有注意到這點，我以「在這五系列漫畫書中你最喜歡哪個角色？」和「如果要給他／她一個國籍，你覺得他／她是哪國人？」來詢問這群學生。然而，這題只有4名學生認為自己所喜歡的角色是日本人，其他大部分的學生覺得他們所喜歡的角色分別來自臺灣、美國、非洲、德國或其他西方國家。因此我從他們的答案可以發現，日系漫畫家雖然將具有日系色彩的角色描繪的相當傑出，但對青少年的影響

---

58 值得提及的是，《海賊王（航海王）》裡也有白種人是「好人」，只是對顏先生來說，他們是「壞人」的印象更為強烈。

力卻不如成年人所想像地嚴重。或許，青少年對於漫畫世界裡的各種不同種族角色是「色盲」的，他們並不在意最喜歡的漫畫人物是臺灣人、日本人或其他種族。

然而，這並非意味著日系漫畫書對臺灣青少年讀者不具文化影響力。事實上，我們應該以更廣泛的角度來探討漫畫文化的種族議題。由於臺灣與日本都屬於東亞文化，因此從文化角度來看，兩者不論是在外表或文化價值上，皆有著許多相似的地方，甚至還可以追溯到中華文化。比方說，一本研究日本文化和國民性格的《菊與刀》在二戰後由美國人類學家露絲‧潘乃德（Ruth Benedict）所撰寫，該書認為「義理（Giri）」是日本最獨有的行為模式，它是包含著一系列混雜人情、情面、情理的義務，讓一個人迫於他人以往所施的恩情，做不願意或不想做的事[59]。但這種因人情世故而不情願地向他人低頭的概念，在非亞洲人看來是相當奇怪的事情（Benedict, 1946, 134）。因此當這樣的概念出現在《海賊王（航海王）》第1卷的時候，臺灣讀者不難理解為什麼船員羅羅亞‧索隆在成為世界頭號劍客時，會覺得對昔日的對手（一位兇悍的年輕女劍士）有道義上的責任。

由於16世紀被葡萄牙商人稱為福爾摩沙（美麗之島）的臺灣，在20世紀二次世界大戰時首當其衝地被名為「朝陽升起的地方（The Land of the Rising Sun）」的日本所占據，並開始了長達50年的殖民統治。這樣的統治直到二戰末期，美國總統杜魯門下令分別對日本廣島和長崎投下原子彈，並對當時提出擴張計畫的昭和天皇施加制裁才得以結

---

59 該段文字參考由呂萬和、熊達雲、王智新（1990）譯《菊與刀：日本文化的類型》第 93、97頁。

束。但也因為這樣，臺灣和日本有著共同的文化根源。因此，雖然戰爭結束迄今已70多年，技藝精密的日式文化仍持續對臺灣民眾產生強烈的吸引力。日本社會學家岩淵功一（Koichi Iwabuchi）曾指出，這兩個島國在文化和地理上有著極為相似程度，而這也為日本流行文化在臺灣的壓倒性影響奠定了重要基礎。從上述不難發現，臺灣與日本的關係相較美國緊密許多（鄭貞銘，2005）。

在臺灣，有數十個日系的電視媒體與網路頻道，全天候提供臺灣民眾日系電視連續劇及宣傳當地的流行文化、機器人科技和引領潮流的速食文化。這讓我想到受訪學生（Aida阿依達）所說的：「我們當然可以從漫畫裡知道日本武士刀和其他有關的日式習俗和物品，因為這在漫畫裡經常出現。」當我詢問他們的老師戴女士是否認為日系漫畫劇情裡所提到日本地名或相關日式文化習俗會影響學生時，她也給了我肯定的答案，並認為「學生們可以因此而認識到更多東西是件令人欣慰的事。」

對多數的臺灣人來說，日本不同時期的時代精神持續影響著臺灣，並被視為自己文化資產的一部分。儘管學生現階段並未意識到他們最喜歡的漫畫人物充斥著明顯的日式風格，但他們卻認同這些角色是亞洲傳統文化的行銷大使。日系動漫畫是一個富有影響力的文化大使，它不僅讓日本或其他國家、文化的人們因閱讀它而感到放鬆，還向讀者們傳遞日系文化知識。至於這個非比尋常的文化媒介是否會改變臺灣學生的文化認同並考驗臺灣未來的國家發展將是另一個議題，我將在本章第5.5節中詳細論述。

二、世界各國讀者的看法：漫畫裡各種種族代表

在前五名系列漫畫的內容中，也蘊藏了不少西方元素，比方說《海賊王（航海王）》有不少角色的原型為世界著名的海盜、《進擊的巨人》的中世紀歐洲城堡和《火影忍者》的火影石像原型為拉什莫爾山的總統頭像。儘管我們在漫畫裡看到這樣轉換的角色、劇情能很快地適應它，但它們的出處我們也可以很快地發現。事實上，學生們都注意到了這些西方元素。因此，當我提出：「這五系列漫畫都用了許多日本或西方文化設定，好比《火影忍者》的六道輪迴、《進擊的巨人》的巨人堡壘，你覺得看完以後會想知道更多相關的知識嗎？」時，學生（Olin奧林）即表示，他曾在閱讀《進擊的巨人》後上網查閱書中所描述被巨人攻擊的三座城牆，並確認它們確實存在歐洲。學生（Helen海倫）也說，她曾經在維基百科上查詢一些關於《海賊王（航海王）》所描述相似的現實人物，如亞馬遜百合戰士。

由此看來，充滿想像力的漫畫的確可以增加學生們的世界觀，並激發他們去追求更多與內容相關的知識。所以漫畫書在這方面看來有正向影響力。然而，在我們為漫畫所包含的多元文化感到振奮時，了解它們所採的「國際視角」也是相當重要的。我們必須注意的是，這些漫畫系列對於其他種族的描述是否富有同理心？並且，是否有賦予各種不同種族角色完整的地位與尊嚴？

回顧第四章，我們曾提到《海賊王（航海王）》和《進擊的巨人》的創作者說的，歐美多元文化不但帶給經典文學作者豐沛的創作靈感，還促進娛樂媒體的蓬勃發展及激發各個類型的藝術創作。《名偵探柯南》可以說是這類情形最具代表性的例子，它的創作者在情節中不僅

加入了美國聯邦調查局FBI和中央情報局CIA，甚至還包含了美國國家航空暨太空總署NASA。儘管在真實世界裡，美國調查員不太可能和日本高中生偵探合作，但這樣的劇情正揭示了美國政治文化上對日本的影響力。日本社會心理學家南博（Hiroshi Minami）就曾表示：「日本人受到過去歷史的影響，因此對於這些來自於國外的影響力（尤其是歐美國家）存在著矛盾的情節。長久以來，他們對待外國人的態度似乎在優越與自卑之間搖擺不定。然而，現今日本的民族主義也是以歐美國家的標準來認定。因此，日本人不管是對於自己本身或擴展至整個國家，都希望能符合歐美的標準並獲得他們認同（Minami, 2014, 379）。」

日本曾在二次世界大戰末，宣布無條件地向同盟國盟軍投降，並結束這場戰爭。他們同時也承認了當時的美國陸軍將軍道格拉斯・麥克阿瑟（Douglas MacArthur）是其征服者。麥克阿瑟不僅譴責並禁止了日本的軍國主義，還借鑑美法的民主憲政為後帝國主義的日本進行了大刀闊斧的改革。日本在經歷這場大戰的失敗後，也發生了非比尋常的蛻變。美國人類學家露絲・潘乃德（Ruth Benedict）的《菊與刀》曾提及：「日本人的行為表現是：擇定一條道路後便全力以赴，如果失敗，就很自然地選擇另一條道路[60]。」過去的軍國主義日本在當前的社會裡

---

[60] 一位南非出生的英國軍官勞倫斯・凡・德普司特（Laurens van der Post）曾在1942年到1945年間在荷屬東印度群島（現印度尼西亞）被日軍俘虜。這段時間，他在日記寫道：「持續受制於半理性（生活在理性和渾渾噩噩人性黃昏）的人所造成的壓力之下，是在這個監獄生活最困難的事之一。」然而，當二戰結束且和平條約簽署後，他和他的戰俘同僚在一場榮譽晚宴上，有如賓客般被對待，一位日本將軍舉起酒杯說道「我真誠地為你們的勝利祝賀（van der Post, 1971, 114）。」本段翻譯參考呂萬和等（1990）譯《菊與刀：日本文化的類型》第30頁。

已成為歷史遺跡。日本人不僅感謝二次世界大戰後由麥克阿瑟及其陪審團所建立的民主憲政，還成為美國「冷戰（Cold War）」時期的重要夥伴[61]。

　　值得一提的是，美國並不像對待其他歐洲盟友般的看待日本。國際著名文學理論家與批評家愛德華・瓦迪厄・薩伊德（Edward Said）就曾說：「歐美國家與數千里外、在太平洋另一端的中國、日本、南韓和印度等遠東崛起的國家代表間存在著種族歧視，這些遠東國家常在相對毫無防備下，被歐美國家施加巨大的壓力並受到高度關注。然而，雖然兩者在過去歷史不斷相互接觸，但遠東國家的人在地理位置和思考上仍與多數美國人大相逕庭（Said, 1994, 290）。」事實上，被歷史洪流不斷推進的日本仍然陷入一個不明確的地位，雖然在「冷戰期間」搖身一變成亞洲經貿文化的超級大國，但在現今的西方各國眼裡，卻仍是一個以它們為靠山的配角。

　　西方白人男性的形象對日本人來說有著動盪和衝突的意含，而在《海賊王（航海王）》、《進擊的巨人》和《名偵探柯南》中，漫畫創作者也將這樣形象的角色作為「日本人」主角的陪襯配角，或者成為主角執行重要任務時的過場角色，以增加主角的重要性與國際感。雖然，如同第四章所提到的，有些漫畫中的角色很難讓人明確辨認出他們的種族，比方說他們有著西方人種的圓眼、尖下巴、高大的體格且輪廓分明的面貌特徵，但卻又有著東方人種的膚色、名字或在內容中提

[61] 日本是東亞中身分最複雜的其中一個，二次大戰前身為殖民主義的一份子，然而在屈服於原子彈力量後轉變為被殖民者。這個轉變被解釋為對神聖的干預，而這也使日本免於遭受投降的恥辱。由於這樣的身分轉變，創造了日本與美國之間的微妙平衡與愛恨交織的關係（陳光興，2006，頁15）。

及他們來自於東方國家。除了上述提到的例子外，《死神BLEACH》的作者也為了增加國際氛圍而在劇情中加入類似的角色。該系列的反派角色——星十字騎士團（Stern Ritter），在故事中被刻意塑造成二戰時期德國的納粹軍隊樣貌。他們有著西方人的名字並穿著類似納粹服裝（Nazi garb）的尖挺白色制服，他們的膚色有的較黑，有的則可識別為西方白人人種。然而，我們仍然很難將這群成員歸類為單一種族群體，因為他們在武器使用上同時有著類似「西方騎士（Western knights）」和「日本武士（Japanese samurai）」的特徵。

必須提到的是，《火影忍者》的作者對於西方人種形象的安排上顯然和其他四系列漫畫作者不同。該系列的主角漩渦鳴人和他的父親皆擁有西方人種的金色頭髮與藍色眼睛。為什麼要將主角設計成西方男性的特徵呢？作者岸本齊史在接受採訪時表示：「《火影忍者》這系列漫畫最初是希望能以外國人的角度看待日本，然而這樣的想法卻隨著漫畫的進展逐漸改變。至於主角的金色頭髮只是為了增加讀者的吸引力罷了（Mezamashi Live, 2014）。」由於大部分的人陳規定型地認為「外國人」就是白種人，因此上述創作者岸本所指的「外國人」亦非是指其他亞洲國家的人，或是擁有黑皮膚的族群。

日本社會心理學家南博（Hiroshi Minami）在《日本人論：從明治維新到現代》就提到，自20世紀初的明治時代以來，日本人一直崇尚白種人的文化與生活方式（Minami, 2014, 23-32）。儘管這樣的舊意識形態已逐漸消亡，但其中部分的意識形態卻在現今全球化世界裡以不同面貌重生。因此，不難看出「金髮碧眼」代表著對擁有較佳體格與優越生活的形象認同。專家顏先生在訪談時開玩笑地以《七龍珠》漫畫舉例，他說：「如同《七龍珠》主角悟空，讓亞洲人變得擁有超乎

常人力量的方法，就是讓他變成金髮碧眼的白種人[62]。」

　　當知道日系漫畫裡白種人所代表的意識形態後，我們同樣地必須了解黑種人／非洲人種（以下簡稱：黑人）、拉丁美裔及其他亞洲群體在這些故事中所代表的意涵。多數的歐美漫畫裡黑人超級英雄常常有著特別的來歷與習俗，他們經常被冠上使用街頭用語、擁有著反社會人格的刻板印象（Brown, 1999）。然而，日系漫畫是否有著同樣地刻板印象呢？在第四章中，我們曾提到《海賊王（航海王）》和《死神BLEACH》裡分別有一位黑人角色。在《死神BLEACH》的第1集裡，黑人角色被描繪成一個擁有爆炸頭（Afro hairdos黑人髮型）的運動員。這樣的角色設計，不禁讓人聯想到大眾對於黑人較佳運動能力的刻板印象與美國黑人民權運動中所提及的「黑即是美（Black is beautiful）」概念。《海賊王（航海王）》中的騙人布，同樣是一位擁有厚唇、寬鼻和濃密捲毛黑髮非裔人種特徵的重要船員[63]，但他怯懦且略顯無能的個性，卻與外表特徵形成明顯地反差[64]。上述的例子或許可以推斷，日系漫畫書中的黑人形象似乎混合著過去社會大眾對於黑人的偏見和刻

---

62 《七龍珠（Dragon Ball）》是日本最著名的漫畫系列之一，該書的主角悟空會變身成「超級賽亞人（Super Saiyan form）」形式而獲得超級力量。他原本有著亞洲人的黑髮、皮膚及眼睛，當變身時，會轉變成一個有著金色頭髮的亞利安超人（Aryan übermensch）。

63 亞洲的讀者可能會認為《海賊王（航海王）》中的角色騙人布所代表的刻板印象並不是「黑人」。然而，當我首次在2014年美國加利福尼亞大學洛杉磯分校的弗雷勒研究所的夏季課程講座中提出這項分析時，幾位臺下的埃及人迅速地認為這個角色設計，所投射出來的是富有濃厚意識形態的「黑人」形象。

64 漫畫創作者經常在漫畫中賦予某個漫畫人物「Afro hairdos黑人髮型」而不知道這樣的髮型其實是黑人自豪的象徵。雖然很多亞洲讀者可能將這個髮型與馬戲團丑角過度誇飾的假髮聯想在一起。

板印象。在對黑人文化不了解的情況下，日系漫畫書作者為了拉攏有色人種讀者而以膚淺的角度去詮釋這些角色，這樣的情形可能與長期存在於日本社會的文化意識形態有關。

　　一位歷史人類學家約翰羅素（John Russell）在分析日本當地的廣告、漫畫書、電視節目及其他大眾媒體裡的非裔種族形象後，說道：「日本人的價值觀念已深受西方的扭曲與影響，他們對黑人的看法幾乎是西方種族中心主義和文化霸權的衍伸（Russell, 1991）。」他確信日本借鑒了西方種族主義裡對於非裔種族的八個刻板印象，它們分別是：「幼稚、原始、高性慾、獸性、天生的運動能力或體力、精神自卑、心理脆弱和情緒起伏大（Russell, 1991）」。

　　觀察日系漫畫中出現了哪些種族和發現哪些種族在漫畫中缺席是同等地重要。事實上，前五名系列漫畫書的《名偵探柯南》、《進擊的巨人》和《火影忍者》裡都沒有黑人或其他有色人種的角色。而《海賊王（航海王）》和《死神BLEACH》裡的黑人角色也遠遠少於白種人和亞洲人。此外，亞洲人臉孔雖然在這些漫畫系列裡占有主導的地位，但並非所有東亞國家的人種都出現在故事劇情裡。比方說，這五系列漫畫並沒有一個人物被設計為臺灣人、中國人、韓國人或印度人。唯一存在於這些漫畫中的亞洲人種只有日本人。這樣的角色安排其實對廣大亞洲讀者而言是相當諷刺的事情。

　　因此，社會學家岩淵功一（Kōichi Iwabuchi）曾表示：「日本雖然在二次世界大戰戰敗後長期處於隱退狀態，但在20世紀90年代初，又開始明確且積極地重申他們在亞洲的地位（Iwabuchi, 2002, 5）」。日系漫畫家們選擇在故事裡不描繪其他的亞洲族群，就是他們不經意地

顯現出對這些國家的輕視態度[65]。

　　至於中學生如何看待這樣的議題與角色設計呢？回顧我的問題：「在這五系列漫畫書中你最喜歡哪個角色？」和「如果要給他／她一個國籍，你覺得他／她是哪國人？」多數學生們的想法顯然與專家小組不同，全部學生中只有學生（Julian朱立安）基於《火影忍者》的主角漩窩鳴人有著「金髮碧眼」而認為他來自西方國家。其他學生中，有三名學生表示他們是根據書中提及的性格特徵和生活習慣來評斷該人物的種族，而非藉由對該種族的刻板印象。比方說，學生（Vincent文森特）基於《火影忍者》的主角漩窩鳴人「吃飯的速度超級快」而認為是「非洲難民」；學生（Sheryl雪莉）基於「只有日本人才知道如何使用武士刀」認為《海賊王（航海王）》的船員羅羅亞·索隆是日本人；學生（Helen海倫）基於「美國人的主食是肉……他在故事裡吃了很多肉」而認為《海賊王（航海王）》的主角魯夫是美國人。另外，必須提及的是，全部學生中，有一位學生（Ruby露比）沒有回答我這個問題，她說：「我不能確定他們的種族，因為我不知道外國人的生活與性格」。

　　從與學生的訪談可以發現，有近一半的學生並非透過角色的髮色、眼睛和皮膚顏色、型態來評斷漫畫人物的種族。對臺灣青少年而言，角色的性格特徵和行為表現在判斷種族時似乎比上述特徵更具代表性。然而，這樣的結果可能與他們有限的生活經歷有關，畢竟他們很難察

---

65 根據岩淵功一（Koichi Iwabuchi）的説法，日本曾視其他亞洲國家為落後國家，因此採用「自我東方主義策略（Self-Orientalist strategy）」來模仿歐洲國家的發展。然而，當其發現鄰近的「亞洲四小龍（Asian Tiger）」經濟正急遽的發展時，日本決定重新調整自我的區域發展（Iwabuchi, 2002, 8-12）。

覺到他們沒看過或接觸過的種族標記。事實上，多數的臺灣學生在成長過程中很少有機會接觸到與自己長相相似的日本人、韓國人或印度人等其他種族。相對地，歐美國家近年來大量湧入許多開發中國家或前殖民地的移民，因此臺灣人口組成與這些歐美國家相比是相對高同質性的。在這樣的背景下，帶有偏見與刻板印象的大眾媒體成為臺灣人獲取各國相關知識的主要管道，而社會經驗不多的臺灣青少年也自然地無法對各國種族和民族間的議題有深入理解。

由於學生們似乎沒有注意到他們的種族在日系漫畫書裡長期缺席，對於各種不同種族的特徵與差異性也只存在片面粗淺了解，因此我認為，日系漫畫書或許並非專家所以為的，對學生的種族意識形態造成嚴重的影響。然而，這種基於作者刻板印象和長期偏見所描繪出的種族樣貌仍然持續地存在於各系列漫畫中，讀者若長期接觸這樣的觀點，很難保證他們的想法不會因此而受到影響。

弗雷勒的教育格言就曾說道：「一種缺乏批判本質的大眾文化宛如『馴化（Domesticate）』他人的偽教育者，他不但不能透過批判的方式將事實完整呈現，還讓其更加神祕（Freire, 2005, 132）。」從訪談可以發現，漫畫書的內容可以激起學生們的好奇心，並讓他們積極地探究更多與各國相關的知識，但它們卻沒有增加學生們對於不同種族的好奇心和同理心。相對而言，長期接觸漫畫創作者基於種族刻板印象和偏見的內容與角色設計，反而會對學生們的種族意識形態產生深遠的負面影響，並限制他們對臺灣以外的各國興趣與理解能力。

第2節 性別意識形態和影響

我發現學生們在進行性別意識形態議題的討論時，明顯地比討論其他意識形態議題更為熱絡，他們似乎對於我所提出的問題有很多想法要表述。當然，在與我的對談中，他們對於這樣的議題也有了更多、更複雜的想法，甚至回答的答案常常前後矛盾。因此，為了清楚了解這群學生對於這個議題的看法，我將問卷調查的結果與編碼後的文本分析及訪談資料相互結合。

性別意識形態的議題大略可以分成兩個面向來探討，其一側重於探討漫畫書中的男性與女性圖像；另一個部分則是探討漫畫裡關於男／女同性戀與雙性戀者及跨性別者（LGBT）的問題。在後續的論述裡，我將以批判的角度指出存在於日系漫畫世界裡不同性別所被賦予的權重、什麼類型的性別不存在於漫畫當中或者被扭曲了，及上述這些問題會如何影響臺灣的青少年讀者。

一、日系漫畫裡的男性與女性圖像

在第四章節裡，我曾提到日系漫畫書對於「性吸引力（Sexual attraction）」的圖像描述與美系漫畫明顯不同。日系漫畫喜歡將男性角色塑造成充滿肌肉線條的年輕男性，而女性角色則通常擁有豐滿的上圍。此外，日系漫畫還有一個相當特別的部分，那就是劇情裡常常可以發現超高人氣的可愛小女孩或漂亮男性角色。然而，主流的日系與美系漫畫卻有一個明顯的共同點，即他們的創作者皆為男性，因此書中的主角也幾乎都是男性。這次票選出的前五名系列漫畫劇情一致的由男性角色所主導，角色設定的年齡也恰巧與我所訪談的青少年讀者

們相仿，甚至，在個性上也有部分的類似，譬方說強烈的正義感、叛逆、大膽和勇於挑戰等。另外，要提到的一點是，這些漫畫裡的男性角色總是比女性角色聰明且擁有更強的戰鬥能力。

　　為了了解學生們是否同樣認為主角的性別會影響整體故事的劇情發展，我先讓他們想出一個最喜歡的角色，並問他們：「如果你最喜歡的漫畫角色發生性別轉換，使『他』變成『她』或『她』成為『他』。你還是一樣喜歡這個角色嗎？」學生（Fay費怡）明確表示她將不再喜歡這個角色，因為當「他」變成「她」時，「她的能力會變得太弱了」。然而，其他11位學生則不認為性別轉變會影響他們對該角色的支持，因為他們認為角色本身的個性和戰鬥能力才是喜歡他／她的原因，如果這兩個因素皆維持不變，角色的性別為何其實無關緊要。

　　由於多數學生表示不在意主角的性別，是否即意味他們沒有性別上的偏見呢？根據學生們後續的回答，我發現事實並非如此。當我問他們另一個相關問題：「不管是哪部故事裡，主角都是男生，如果主角是女生呢？」和「如果把這些主角都改成女性時，你會覺得如何？」時，學生們的回答與前一題完全相反。全部12名學生都表示，如果整個劇情改由女性主導，他們會覺得「很怪」。從這樣的結果看來，大部分的學生對於性別議題仍然存在著刻板印象。為了更清楚了解他們的想法，我追問他們為什麼會覺得「很怪」，6名學生認為男性角色的戰鬥力比女性角色要強悍的多。學生（Jessica潔西卡）說：「普遍大家都認為男生比較擅長打架，女生相對而言太溫柔了！」其他學生也指出，男性的「性格」影響著整個劇情的詮釋。若能以男性的角度詮釋劇情，會比女性的角度更具吸引力，因為若故事以女性角度詮釋會讓整體變得太過瑣碎與乏味。學生（Julian朱利安）就說：「男性為主角

的漫畫書情節表達會比較直接。如果是女性為主角，劇情裡會多很多不必要的描述。」然而，學生（Aida阿依達）對於這個議題有著不同的想法，以下是我擷取的對話：

> **我** ▶ 如果把這些主角都改成女性，你覺得會影響整體（劇情）的發展嗎？

> **Aida 阿依達** ▶ 不一定，這取決於作者如何設定這個故事。如果作者讓這個女性角色非常男性化，或許會增添整個漫畫的看頭。

> **我** ▶ 一個男性化的女性角色？你覺得這樣的角色也可以得到男性讀者的共鳴嗎？

> **Aida 阿依達** ▶ 是的。

　　由於這群13歲青少年在探討性別意識形態的議題時，提到了「性格」。因此，釐清他們對於不同性別的「性格」想法或許格外重要。上一節內容中，我已發現學生們認為不同種族的群體會有不同性格。在這個議題上，也出現類似的情形。傳統上，富有正義感、叛逆、勇敢等性格常常被聯想為男性該有的性格；女性（不包括男性化的女性）則通常與順從、需要照顧和心思細膩等聯想在一起。事實上，學生們對於不同性別的性格想法往往來自於過去社會經驗上所形成的偏見和刻板印象，而這些經驗所帶來的影響很有可能擴及到他們往後一輩子對於異性的看法。從與他們的訪談裡，我發現很多學生會引用漫畫內容裡的例子來說明他們對於性別的刻板印象。儘管漫畫書並不是唯一會建立他們性別偏見的媒介，但不可否認地，學生們會因為閱讀漫畫

而加深他們的性別刻板印象並影響他們往後對不同性別人們的看法。另外，當我進行文本分析以了解學生們對於漫畫人物的特質（如：「濟弱扶貧」、「代表著弱勢」和「代表著力量」等）描述時，同樣發現了性別偏見的蹤跡。

如同前一章所述，我們雖然在劇情中都可以發現有男女性角色互相幫忙或互表強、弱勢的橋段，但通常只有男性角色有能力在關鍵時刻扮演推翻不利局面，並且為整個團隊做出最大的奉獻。這樣的論調在日籍社會學者伊藤琴子（Kinko Ito）的研究中也有類似的表述，她認為多數漫畫都描繪了主角在獲得最後成功前經歷一系列的坎坷過程。過程中，他必須克服所有的阻礙和打倒所有的敵人。這段過程裡出現的女性角色往往只是「配角」（Ito, 1994）。票選出的前五名系列漫畫裡，我發現只有《進擊的巨人》安排了一支獨特強大的女戰士兵團而成為少數的例外，大部分的女性角色仍處於被動狀態，不是行動受限於男性角色，便是被囚禁而等待男性角色的救援。

然而，前段論述並非意味女性角色在這些漫畫裡都沒有展現自己或表達意見的權利。《海賊王（航海王）》第19集，當重要女性角色們面臨嚴重威脅而無法扭轉局勢時，她們譴責同船的男性夥伴；《火影忍者》第18集中，女性角色同樣有機會要求自己應同等的被男性對手認真對待，並對該對手施展出令人印象深刻的戰鬥技巧。然而，在這樣的男女對戰下，作者仍要補償性地讓女性角色出現破綻。從上面的例子可以知道，日系漫畫裡的女性角色並非完全沒有展現自己力量的機會，只是她們的表現通常僅限於與夥伴間的私人關係或較無關緊要的打鬥，而無法牽動整個劇情的走向。

　　至於這樣的性別意識形態根源出自於何處？美國法律學者Mark D・West在研究日本當地新聞媒體時就指出，日本社會存在著一種強烈的社會規範，使得「近三分之二的日本人都認為男孩和女孩應以不同的方式社會化（West, 2006, 241）。」這樣的例證正說明為何日系漫畫書在創造不同性別角色時，賦予了他們不同的期望和行為。事實上，臺灣與美國這兩個父系社會裡也經常可以發現一些因性別本質不同，而在社會與思考行為上有所差異的案例。比方說，專家戴先生訪談時提到：「男生的邏輯思考能力多半比女生好」，這正是多數的臺灣人觀點，即男性和女性在思想和行為方面是天生就迥異的。

　　必須認清的事實是，雖然男性和女性可能因性別的不同，而在身型與力道上存在著差異，但這並非認同日系漫畫裡男性角色總是比女性角色有更好的戰鬥力，或者認同男性角色比女性角色有更強壯的心智能力及更理性的思維。上述任何一個想法都是認為女性較劣勢的錯誤理由，並很可能在不知不覺中成為對男、女性的誤解和偏見。

　　美國女權主義者Gloria Jean Watkins（筆名：bell hooks）指出，人們對於性別偏見所提出的理由，其實與黑人女性在黑奴時期遭受「黑人女性不能理性思考」及「黑人女性無法在專業領域上有出色表現」這樣充滿種族主義與性別歧視的意識形態沒有不同（Hooks, 2010, 97）。然而，類似這樣的錯誤意識形態在臺灣與日本早已根深蒂固，人們總是認為女性在理解力及身體活動力上屬於弱勢，而這樣的想法實應受到檢驗與挑戰。弗雷勒曾對這種為眾人所接受、未引起爭議的性別偏見與刻板印象提出了批判性評論，他說道：「這種看似善良的認命其實是歷史與社會情境的產物，而非某個民族行為的基本特質（Freire, 2012, 61）。」因此，身為一個批判性思考者的我，明確地理

解並區分漫畫與現實世界裡，對於不同性別的天然與人為「界限處境」是相當重要的事[66]。

　　為了探討漫畫裡的性別偏見與刻板印象是如何影響讀者的行為，我徵詢了專家小組成員們的意見。專家葉女士認為，學生可能會因為長期接觸這樣意識形態的漫畫而潛移默化地受到影響。這個說法，可以從學生們給我的回答中得到印證（見第四章）。她（葉女士）還指出，學生們會自然而然地認為男性作為領導者較為合理，即使他們並不反對女性當領導者，但仍然會覺得相對而言比較「奇怪」。另一位專家顏先生也有類似的想法，他和我的對談擷取如下：

顏先生　▶ 學生們很可能在閱讀過程中，下意識地受到影響。男孩們會因此而認為當有事情發生時，他必須去面對它，而女孩則會因此而較為退縮。

我　▶ 那麼，你覺得臺灣在這方面與大男人傾向的日本有哪裡不同嗎？

顏先生　▶ （停頓）或許……在選擇班長上吧！但我並不認為兩者都不一樣。事實上，青少年時期的他們對於男生的依賴度並沒有那麼明顯，畢竟在國中階段，很

---

66 「有趣的是，當我們回顧深遠的歷史文化傳統會發現，過去社會的本質是屬於專制的體制，而這也使得我們對於自由和威權之間的矛盾關係抱持著不明確的立場……然而，不管是單純威權或是自由的立場，都不利於民主的發展。在家庭和學校裡實現自由和威權之間的推拉關係至關重要。正是由於這樣的關係，我們才能一點一滴地學會該如何界定自由和威權的界限。假如沒有界限，兩種立場都會變質，而民主將會因此而被剝奪（Freire, Letters to Cristina, 1996, 149）。」

多女生比男生更成熟。

　　從學生和專家們的答案看來，多數學生的性別意識形態似乎受到充滿性別刻板印象和偏見的日系漫畫內容所影響。但目前仍未有足夠證據證明這樣的影響是否會擴及到成年時的生活行為。

二、性感？性騷擾？開玩笑？

　　許多家長和老師曾表示相當擔心隱藏在漫畫書裡的性或暴力內容會影響自己的孩子或學生。從調查結果發現，有41.8%的學生閱讀過含性或暴力圖像的R級漫畫，因此這樣的擔憂是相當合理的。然而，學生最喜歡的前五名系列漫畫是否同樣含有類似畫面且需特別關注這個議題呢？儘管大眾普遍認為，這些漫畫鮮少有涉及性與暴力，但我和專家小組成員在判別時仍然遭遇了兩個難題。首先，我們很難認定書中什麼情況構成實際的性騷擾又什麼只是單純開玩笑。其次，對於怎樣的圖像才算是「不雅」？同樣碰到了難以判別的情形。雖然所有的成員一致同意漫畫書中女性的身體圖像皆比男性的身體圖像更為暴露（如《海賊王（航海王）》的女性海盜娜美或《火影忍者》的女性忍者綱手），但兩位男性專家小組成員皆認為光是角色穿著性感又擁有巨乳、苗條身材，並不會讓讀者感到任何不適當或衝動的反應。

　　同樣地，為了理解學生們對於這些穿著暴露的性感圖像是否有特殊想法，我詢問他們：「《海賊王（航海王）》第二部的女角娜美和《火影忍者》裡的女角綱手，穿著都比較大膽，或者說穿著地非常『辣』，和一般我們在路上看到的穿著不一樣，你覺得這算色情嗎？會不會太過性感？」所有學生在這一題同樣地給了我否定的答案，並認為這些

女性角色的服裝不會太過性感。不管是男同學或女同學皆認為她們的穿著方式只是為了配合角色設定，而不是為了激發讀者的性慾望。然而，也有學生提到這樣的穿著和一般走在臺灣街頭的行人有所不同。學生（Fay費怡）說：「在現實生活這樣穿，有點不正常」。但有學生不同意她的說法，學生（Ruby露比）說：「這樣的穿著其實很常見，人們在沙灘上都會這樣穿。」學生（Aida阿依達）也說：「過去，如果有女孩這樣穿，人們一定會覺得她很無恥，但現在如果有女孩這樣穿，你會覺得還可以，因為很多人這麼做[67]。」

　　如同本章（第五章）2.1節所述，女性身體暴露的圖像在漫畫裡總是比男性多。有些作者喜歡在劇情裡安排女性角色在洗澡時被男性角色戲弄，比方說《海賊王（航海王）》或《死神BLEACH》中的女性沐浴畫面；也有些劇情會以特殊的方式詮釋男女性的身體形象轉變並揭示兩者的差異性，比方說《火影忍者》第1卷中提到主角漩渦鳴人的惡作劇。因此，我又詢問他們類似上身體「暴露」的另一個問題：「如果《海賊王（航海王）》或《死神BLEACH》中女生入浴的鏡頭換成男生，你覺得會有什麼不同？」令人意外的是，學生們在這題的反應相較上題激烈，也給予我各種不同的回應。有5名學生表示，如果裸體的女性身體變成男性，他們會感覺相當不一樣。學生（York約克）和學生（Rod羅德）這兩個男同學在我問他們這個問題時，更是表現得相當憂心。學生（York約克）說：「畢竟人們會比較有興趣看到漫畫裡出現的是裸體女孩，如果是男孩的話……很可能會被認為是同性戀。」學生（Rod羅德）說，他很擔心男性身體的「那個（性器官）」被展現

出來。

　　男性身體暴露似乎讓學生（特別是男學生）感覺不舒服。有趣的
是，裸體的女性身體圖像並不會引起類似的反應。學生（Olin 奧林）
和學生（Julian 朱利安）皆表示，對我們而言，漫畫作家以這樣的方式
對漂亮女孩進行詮釋是相當正常的。學生（Julian 朱利安）說：「很多
漫畫書的讀者都是男性，他們並不會在意書中的男性角色，他們只喜
歡看女性角色的洗澡畫面。」

　　過去很多人認為青少年漫畫讀者以男生居多，但本研究意外地反駁
了這點。事實上，男生和女生都喜歡閱讀這五系列漫畫書。然而，當
分析潛藏在漫畫書裡的性暗示時，卻發現書中幾乎都只有女性角色的
身體會以較暴露的方式出現並被讀者所欣賞，即使有越來越多沉迷於
漫畫書的是女生。

　　類似的意識形態亦可在漫畫人物的誇張特殊反應中發現。當我詢問
學生們：「在故事裡，會出現一些玩笑，像是《海賊王（航海王）》
的配角香吉士看到女生眼睛就會發亮、《名偵探柯南》的毛利小五郎
會偷盯女生屁股之類，這和現實生活有什麼不同？你覺得這給你怎樣
的感覺？」這題不論是學生或者專家小組成員皆給了我相同的回應。
儘管在故事裡，毛利小五郎和香吉士每當碰到美麗女性時總是以誇張
方式表現出他們對該女性的興趣，但學生多半不認為有任何的不正常。
多數的學生都認為毛利小五郎和香吉士的行為（不管是勾著女性角色
的肩膀、張開他們的胸膛抱住女性角色或是展現出一見鍾情的樣子）
不過是為了增加娛樂效果，而非性騷擾的表現。學生（Olin 奧林）說：
「在學校教室裡，我也常常看到這樣的行為表現啊！」對於正值賀爾

蒙分泌旺盛的青春期學生而言，漫畫裡複雜又令人困惑的愛情探戈，似乎是幫助他們找尋自己縮影的最佳方式。

　　老師們認為性意識形態對中學生的影響又是如何呢？有趣的是，不同性別的教育者對於這樣的問題給了我不同的答案。在看過漫畫裡女性角色的身體暴露例子後，顏先生和戴先生都認為學生們不會因為閱讀這些漫畫內容而受到影響，因為正如顏先生所說：「我們平常在電視和網路上看到的暴露畫面遠不止這些。」然而，葉女士和戴女士對於這個問題有不同的說法。戴女士認為，有些女同學會因為男同學閱讀這樣的畫面而感到不自在。葉女士同樣譴責漫畫用女性身體來吸引男性讀者的方式，她指出「或許漫畫可以出現那些誇張親密的舉動。但如果在現實社會有攝影師對拍攝的女性做出這舉動，肯定會被告到底！」

　　整體看來，如同大眾所相信的，多數老師和學生認為青少年接觸性感暴露的圖像或角色誇張不當的行為，可能會對他們的行為產生不良影響。透過他們的回答，我們可以知道學生清楚地了解漫畫中哪些是過於誇張的行為，而在現實世界裡並不恰當。然而，這並不意味漫畫裡的性與性意識形態不會對青少年讀者產生負面的影響。現今社會裡，很多不同類型的媒體（如電影、戲劇等，亦包括漫畫書）提早讓青少年讀者社會化，並接觸到該年齡過去不被認為可以碰觸的圖像和情境。假如青少年們持續接受漫畫創作者壓倒性地以男性為主角，並以男性觀點來詮釋整個情節，他們可能會因此而受到影響，並傾向於忽略及否定以女性角色為主導的觀點。

　　從批判的角度看來，漫畫書和其他媒體常使用女性的身體形象作為

商業化的宣傳手段。這樣的作法雖然可以被青少年男女生所接受，卻很可能負面地影響了他們本身對於自己身體形象的意識和行為。物化女性身體的商業手法就像一場由男性主導的遊戲，因為他們透過「充滿誘惑和吸引力的女性角色圖像和行為來判斷女性的價值（Ronai & Carolyn, 1989, 296）。」

　　由上可知，重新思考全世界媒體對身體圖像商業化的適當性將顯得非常重要。由於西方人普遍認為增加身體接觸與親密關係的劇情畫面，可以吸引廣大的收視率，因此不論男女性、青少年或成年人都可以在某種程度上接受這樣的行為。也因此，假如認為只要漫畫中出現身體暴露的畫面就是不符合道德倫理，反而過於保守。從弗雷勒的觀點來看，這些圖像真正影響的是學生意識。透過沉迷於男性主導的娛樂消遣，年輕讀者很容易忘記重新以批判方式去思考為何女性主導的觀點容易被忽略。在目前社會背景下，無線網路中很多色情影像也無情地以這樣的方式持續對觀賞者產生負面影響並阻饒他們意識覺醒（Conscientização）[68]。漫畫書就如同大部分的大眾媒體，未考慮到壓迫者（不論男、女性）與受壓迫者（不論男、女性）議題（Freire, 2012, 55）。女性讀者目前宛如委身於漫畫壕溝地牢裡，強迫接受岸上的男性觀點。

---

68 這個詞語是美國人對應於弗雷勒在葡萄牙語所說的「意識覺醒（Conscientização）」，受壓迫者能夠去覺察社會、政治和經濟上的矛盾，並採取行動，反抗現實的壓迫性因素〔摘自方永泉譯（2003）《受壓迫者教育學（卅週年版）》（原作者：P. Freire）第67頁〕。然而這個詞語尚未直譯成「conscientization」編纂於詞典。

三、漫畫書中的LGBT議題

　　絕大多數主流漫畫書經常忽略LGBT的議題。由於主流的日系漫畫書大多仍以異性戀為主軸，同性戀的主題通常只能在BL／GL漫畫書中找到。然而，如同第二章提及的，BL漫畫雖然有很多同性戀劇情，但作者其實是「輕視」同性戀主義的，取而代之的是，他們透過描繪漂亮男子的秘密幻想來迎合女性的窺淫癖。我在進行問卷分析時發現，喜歡這類型漫畫的學生雖然沒有很多，但它的累積分數卻高於異性戀的漫畫（2.92至2.79）。這表明了與一般男女性的戀愛故事相比，部分學生反而更喜歡單純的男孩們愛情或女孩們愛情故事。因此，研究這個主題並找出學生們對此類型漫畫的看法，從而了解它如何影響學生們對現實生活LGBT的看法和態度相當重要。

　　訪談過程中，我詢問他們：「這五系列漫畫都是男生喜歡女生，很少有男生和男生或女生和女生在一起。如果未來在內容中出現同性戀的情節，你可以接受嗎？如果在真實人生中有同性戀的情節，你可以接受嗎？」針對第一個問題，2位男學生（Rod羅德和Dana戴納）表示他們不能接受，並會因此不再對該漫畫感興趣，而其他10位學生對於這樣的假設似乎有點遲疑，但表示他們不希望這樣的角色是漫畫的主角。當談論到第二個問題時，我發現即使贊同漫畫裡可以出現同性戀者的學生（Sheryl雪莉和Fay費怡），不一定也能在現實生活中接受他們。以下回顧我們的對話內容：

| Fay 費怡 | ▶ 我不能接受劇情中有女同性戀，但我覺得男同性戀還好。 |

| 我 | ▶ 為什麼呢？ |

| Fay 費怡 | ▶ 我覺得女生和女生相愛感覺很詭異，但男生和男生相愛感覺還好。 |

| 我 | ▶ 那妳對現實生活的同性戀有什麼感覺呢？ |

| Fay 費怡 | ▶ 我覺得他們會讓我感到難堪。我不會反對他們在一起，但他們假如嘗試做某些事情前，最好先三思而後行。 |

漫畫與現實生活間存在的分歧，某種程度上也支持了美國行為心理與社會心理學家大衛・麥克利蘭（David McClelland）的觀點，即BL漫畫書的美少男形象實際上只是「具體表現女性所有最具吸引力的特徵（McLelland, 2010）。」再者，這些剛進入青春期的中學生在生活經驗上明顯不足，因此是否能夠相當了解男、女同性戀的生活值得懷疑。像學生（Rod 羅德）在訪談中就說過他從未見過一個「真正的同性戀」，假如真的遇見了，他會「閃得遠遠的」。即使是表示贊同的學生（Aida 阿依達和Ruby露比）實際上也未曾真正接觸過同性戀。學生（Ruby露比）說的：「在我的學校裡，其實也有很多男同學為了好玩而互相稱另一個男生為『丈夫』或『妻子』。」但這其實與真正的同性戀完全不同。看來，多數的學生沒有真正接觸過同性戀，因此他們對男女同性戀的形象主要來自於媒體、書籍和雜誌等二手資料或父母、老師及電視名人等成年人的想法，他們是否能真正理解同性戀的概念也是相當可疑的。儘管我所訪的學生說他們理解並尊重這些文化差異與不同的想法及理念，但他們在被問到這些問題時，無法具體化思考這樣的概念。

　　與「同性戀（Queer）」意識形態相關的另一個主題是「變性人（即跨性別的人；Transgender）」。因此我詢問學生們：「《海賊王（航海王）》裡出現過人妖（Shemales）這樣的角色，你如何看待這個角色？你覺得現實生活中，人妖是什麼樣的人？」《海賊王（航海王）》的角色艾波利歐‧伊娃柯夫（EmporioIvankov）是這五系列漫畫裡唯一的一位跨性別角色，他被描述為穿著性感女性服裝的壯碩男性丑角。由於作者沒有說明原因，因此我們只能猜想作者創造出這個角色是基於為主流漫畫注入後現代主義的前衛想法。然而，很多學生都沒有看過這個角色，這題最終只有3個學生回答，但他們的答案卻讓人印象深刻。所有學生們都知道什麼是「變性人」，但學生（Jessica潔西卡）表示她並不認同那些接受變性手術的人，因為「他們是不尊重自己的身體。」相反地，學生（Aida阿依達）認為「人妖」與我們在外表上沒什麼差異；而學生（Olin奧林）不想評論現實生活中的變性人，因為他只認為這樣的角色存在漫畫裡「很搞笑」。

　　由於漫畫書通常以詼諧的方式呈現「變性人」的角色，因此讀者較不會對本身的形象有負面想法。但這樣的呈現並未考慮到變性人實際可能遭遇的身心理衝突，如變性人對原本性別的掙扎、變性所需的勇氣與他人的異樣關注等問題。因此漫畫在這方面的表現方式是相當膚淺的，當然也不會因此挑戰學生們既定的意識形態。在多數青少年眼裡，漫畫中的變性人只是相當「有趣」的角色罷了。某種程度上，學生們的回應支持了老師們的觀察，即學生們的性別認同不會因為他們所接觸的媒體而輕易改變。正如戴先生說的：「大部分學生的性別認同都源自於他們的家庭生活，因此很難改變。」葉女士和顏先生也認為閱讀涉及LGBT議題的漫畫書不會改變學生們的性別意識形態，因為

他們（特別是女學生）只是為了好玩或追隨流行而閱讀這樣的漫畫[69]。

從上述的討論可以發現，LGBT的議題鮮少出現在主流漫畫書中。漫畫書的內容不但沒有挑戰異性戀的性別意識形態，反而還更強化了這樣的主導地位。雖然有BL和GL漫畫，並且在主流漫畫裡出現跨性別角色，但「同志」[70]這個形象在漫畫中仍不明確，他們在書裡只是異性戀幻想的附屬品，或是漫畫裡的搞笑人物。也許，多數主要讀者（即青少年）對於LGBT的議題一無所知，是由於主流漫畫普遍缺乏替同志發聲、還不斷強調異性戀文化的結果。不過，總括來說，漫畫書並未影響臺灣青少年目前對於同性戀和跨性別議題的信念與想法。

第3節 階級意識形態和影響

相較於種族和性別意識形態，階級意識在日系主流漫畫裡較不明顯。這五系列漫畫的故事設定，大多設定在虛擬世界，因此成人和青少年讀者很難發現存在於劇情裡的社會階級（假如有的話）。然而，如同訪談內容所揭示的，亞洲和西方國家對於經濟和社會地位的看法截然不同，所以在階級意識形態上的認知也是不盡相同。因此，以下的內容中，我將以文本分析和訪談的結果來討論存在於日系漫畫裡的經濟和社會階級意識形態，並探討這樣的意識形態是否會影響臺灣的中學生。

---

69 當顏先生在回答這個問題時，他注意到自己對女學生閱讀BL漫畫書的態度與對男學生不同。甚至老師也會因為對自己訂下的規矩而在討論性議題時感到不自在。

70 同志是中文對同性戀者的代稱之一，廣義上也可以代指LGBT（即女同性戀、男同性戀、雙性戀、跨性別）等性少數群體（維基百科，2015）。

一、經濟階級意識形態

在現代社會中，個人經濟上的身分地位不但影響著他的生活型態、行為、思想，還成為判斷一個人價值的重要指標。不論在臺灣、日本或是美國，社會主要的組成分子皆是一群努力賺取足夠收入來維持國家發展穩定和個人生活舒適的「中產階級（Middle class）」。基於這樣的前提，我和專家們（除了顏先生）在進行文本分析時，多以角色們的生活用品和劇情中所獲得的物品來評斷其經濟地位。

就漫畫主角本身的生活方式來看，我們皆認為《名偵探柯南》裡的工藤新一是屬於上流社會；有4位專家認為《死神BLEACH》的黑崎一護是中產階級；3位專家認為《火影忍者》的漩窩鳴人和《進擊的巨人》的艾連·葉卡是下層階級；《海賊王（航海王）》的蒙其·D·魯夫，有2位專家認為他是中產階級，但有1位專家認為他屬於下層階級。

和專家小組討論後，我清楚知道角色們所擁有的物品是判斷經濟階級的決定因素。漫畫中經常被描述到的物品包括了房子、車子、飲食型態、父母親職業和身分地位及簡單帶過的「生活方式」。和學生的訪談中，他們也以相似的觀點判斷角色們的經濟階級。當我從問題：「在這五系列漫畫書中你最喜歡哪個角色？」引導至下一個關於經濟階級的問題：「你覺得這些角色（學生們所選出的最喜歡角色）有那些比你富有？又漫畫裡哪些角色感覺比你窮？那些可能和你的經濟狀況差不多？」時，多數學生們同樣地以書中出現的物品來判定主角們的經濟狀況，評斷的物品包括房子、車子、船隻、食物、職業、生活方式和裝備等。此外，他們也將主角的衣著和個性視為判別的重要依據。比方說，學生（Helen海倫）說：「《海賊王（航海王）》裡的蒙其·D·

魯夫應該不富有，因為他每一餐都要吃很多，還一直穿著同樣的衣服。」學生（Fay費怡）也說：「我認為《火影忍者》裡的漩窩鳴人不有錢，因為他太笨了[71]。」

　　儘管學生和專家以類似的方式作為經濟階級的判斷標準，但兩者卻給了我不太一致的答案。整體而言，學生們普遍認為《名偵探柯南》裡的工藤新一、《海賊王》裡的蒙其・D・魯夫和《死神BLEACH》裡的黑崎一護是屬於中上層階級；《火影忍者》裡的漩窩鳴人是中下層階級。然而，在評斷《進擊的巨人》主角艾連・葉卡，學生們分別以書中描述的物質資源和其父親職業來判斷，因此看法最為分歧。有的人認為他是上層階級（因為他的父親是醫生），但有些人認為他是中下層階級（基於他所擁有的物質資源）。

　　為何以相同標準在判斷同部漫畫時，會產生如此不同的結果呢？其中一個原因可能在於漫畫裡出現的物質資源與現實生活有很大的差距，且青少年並不深入地了解其他經濟階級的生活模式。因此，儘管學生們大略知道資本主義社會下，擁有怎樣的物質財富才算是怎樣的經濟階級，但他們僅是以短淺的日常生活經驗來進行角色階級的判斷。另一個原因與多數學生並不真正地在意漫畫主角的經濟狀況有關。這也是為什麼當我添加一個補充題：「在我訪談前，你是否曾經將自己的家庭經濟狀況與這些漫畫人物進行比較？」時，沒有一個學生表示他們曾經考慮過角色們的經濟狀況。正如學生（Julian朱立安）所說：「我寧可相信所有角色的經濟狀況都與我一樣。」對於這群來自中產階級

71　「性格（Personality）」同樣地在這個類別被提到。對於缺乏經驗的年輕人而言，富人和窮人的身分和行為都存在著刻板印象。

家庭的學生而言，漫畫最吸引人的莫過於情節是否有趣，在他們眼裡，書中角色的階層不過是背景設定的一部分而已。

　　然而，以上論述並非意味著日系漫畫書的階級意識形態不值得分析。在第二章時，我曾提及臺灣研究生韓淑芳的研究，該研究認為漫畫書和動畫片所呈現的主要是中產階級生活模式與文化價值觀，並以這樣的觀點引申論述，去審視後現代資本主義社會的經濟體系（韓淑芳，2005）。然而，階級的區別不僅僅只與物質資源有關，它還可能是理解整體社會運作的重要關鍵。從我的文本分析結果發現，這幾部漫畫從未描述缺乏經濟和文化資產的下層階級在負擔住房、健康照顧上會面臨多大困難，也未曾描述他們在日常生活中，可能會遭受極端氣候與暴力事件威脅。

　　因此我認為，即使作者刻意營造主角們各自有著不同的生活方式，但中產階級的意識形態卻在這五系列漫畫中逐漸增長。舉例來說，雖然所有訪談對象皆認為《火影忍者》的主角漩渦鳴人生活在下層階級，劇情裡卻僅僅提及他在成長過程中經常缺乏食物，以顯現其與中產階級不同的經濟狀況。相對地，同樣被所有人認為非中產階級（屬於上層階級）的《名偵探柯南》主角工藤新一，劇情裡雖然描述他擁有一座巨大的豪宅，並經常在各國旅行，但他的衣服品味、付錢方式卻與其中產階級女友完全相同。由上面兩個例子可以發現，雖然漫畫刻意藉由角色不同的生活方式，以凸顯其經濟地位差異，但實際上，他們呈現的生活方式仍是多數主流漫畫讀者的生活方式（即中產階級的生活方式）。這些角色沒有真正感受到上、下層經濟階級的壓迫與受壓迫者間在生活遭遇上的明顯差異。總括來說，大多數漫畫刻意營造的經濟背景，不過是創造者刻意營造的粗略想像，其目的是為了避免岌

岌可危的中產階級貪婪傾向和狹隘的世界觀受到外界干擾。

《海賊王（航海王）》、《名偵探柯南》和《進擊的巨人》這三部作品裡的上層階級角色通常被描述為貴族、高級大使、具有公職和／或富有魅力的名人，他們在政治上同樣地握有權力，因此這樣的角色設計意味著社會和經濟階級的結合[72]，而這似乎也是現實世界裡刻板印象的擬像。因此，書本對於這些夢幻上流社會的生活方式描述，就如同每天為這群中產階級青少年播放電視娛樂般不痛不癢，僅引起他們與自身的生活進行比較。

為了更加了解學生們如何看待漫畫裡那充滿夢幻的上流社會，及如何將其與現實社會進行串聯，我又詢問他們：在《海賊王（航海王）》和《進擊的巨人》中，對有權有勢的人或有錢人有很多批評，看完以後你覺得認同嗎？」全部學生中，有4名學生反對這樣的觀點，並認為主角對這些有權有勢或有錢人的批評可能基於篇幅有限而太過簡化。比方說，學生（Jessica潔西卡）在訪談中告訴我：「有些有錢人或有勢力的人不見得是壞人。」儘管她無法舉出例子證實。其他8位學生，他們支持主角對有權有勢的人或有錢人的譴責。學生（Vincent文森特）說：「國王應該要保護他的子民，而非傷害他們。」學生（Olin奧林、York約克和Julian朱利安）贊同學生（Vincent文森特）的說法，並認為這樣的觀點可以回饋在臺灣目前的現實生活，雖然他們無法的確切說明原因。

事實上，這五系列漫畫中也有窮人和無權勢人士的代表。雖然在

---

72 在《火影忍者》和《死神BLEACH》中，經濟階級與家族相關的傳統亞洲社會階級概念相比，較不重要。從這方面看來，它們與其他三系列截然不同。

《海賊王（航海王）》和《進擊的巨人》裡僅粗淺地以陳規定型的方式將這些社會底層的人們描述成政府或帝國主義下的犧牲者。然而，當我進行文本分析時卻發現，這些受壓迫的弱勢者，也可能在漫畫裡被詮釋成被迫害而謀殺、綁架他人或偷竊以求溫飽的叛亂份子或罪犯。為了了解學生們是否認同這個部分，我問他們下一個問題：「《名偵探柯南》的劇情裡，有很多人因為貧窮而做出傷天害理的事，你認為偵探應該要同情他們的處境還是該將他們繩之以法呢？」全部12名學生皆贊同偵探的作為，認為罪犯不值得或不該被同情。正如學生（Jessica潔西卡）認為，貧困的人應該要更努力改變自己，而不是傷害別人；然而，學生（Aida阿依達）雖然同樣認同偵探做法，卻認為罪犯如果已經悔改了，偵探還繼續嚴厲指責就太超過了。多數的學生仍認為每個國民應該對自己的經濟狀況負責，並在社會大眾可接受的情況下生活。學生們的答案表明他們服膺以道德和／或法律規範優先做為判斷個人是非的標準。對學生而言，不論男、女或社會經濟情況，皆與他們的行為表現無關。所以，經濟狀況困頓或權利剝奪並不是從事反社會行為的理由。

　　也許，這樣的結果在以中產階級觀點出發，且內容描述過度簡化的漫畫世界裡並不奇怪，然而，學生們壓倒性地缺乏寬恕之心，還可以從心理學的角度解釋。依據美國心理學家勞倫斯‧柯爾伯格（Lawrence Kohlberg）的道德發展階段理論（Cognition Moral Development Theory），青少年時期的學生才剛從道德成規前期（Preconventional level）的第二階段「工具性相對主義導向（The instrumental relativist orientation）」朝向道德成規期（Conventional level）的第三階段「人際關係和諧導向（The interpersonal concordance orientation）」與第四階段「法律和秩序導向（The

laws and order orientation）」發展，這個階段的他們關注於如何維持人際和諧，並努力成為「好男孩／好女孩」，並且，他們對行為是非的判斷，是基於他人對該行為所帶來的反應或相關法治規則（Kohlberg, 1981）。因此，大部分的學生沒有足夠的社會經驗來思考或理解正義的等級和／或辯護、審查的影響力，他們只能單就刑法制度裡對犯罪行為所做的規定進行最狹隘的判斷，而無法考慮到其他可能對犯罪行為的處理方式。

從上述的討論我們可以清楚地發現，日系漫畫書裡粗略的階級特徵並不能讓臺灣青少年對於可能涉及到的根本問題進行批判性理解。相反地，它強化了學生原已根深蒂固的中產階級意識形態，並讓他們尚未健全的道德發展更加受到媒體的影響，而忽略「寬容地」考量罪行的輕重程度[73]。雖然從正面角度看來，漫畫書並未如同第二章提及的強調唯物主義，但它們仍未以批判的角度檢視後現代資本主義所帶來的影響。

弗雷勒曾批判地說：「被邊緣化及公民權的喪失，讓一般民眾發現自己與自我治理及對話經驗之間存在無法挽救的疏離[74]（Freire, 2005,

---

73 這個想法是我在和Peter Lownds博士對話時，由他提出來的。莎士比亞的《威尼斯商人》裡，繼承龐大財產的波西亞（Portia）為了懇求放高利貸的猶太人夏洛克（Shylock）放過丈夫好友安東尼奧時，曾說道：「慈悲是強迫不來的，它如天賜的甘霖，潤澤了大地：它是雙倍的福份，賜福給施予的人，也賜福給接受的人。它是力量之上的力量，是比王冠更尊貴的國王本人……」然而，當建造監獄成為美國最賺錢的房地產事業且超過7,000,000名成年人因毒品和暴力相關罪刑而監禁在聯邦和州政府監獄或正在假釋時，一切似乎迷失了方向。

74 參考甄曉蘭、張建成主譯（2017）《弗雷勒思想探源-社會正義與教育》（原作者：Carlos A. Torres）第84頁。

23）。」這段話正提醒我們，當世界經濟面臨無法控制的局面時，那些原本趨於弱勢的中、下層階級將會不斷地被邊緣化。真相習慣於埋藏在營利為導向的一次性媒體文化裡，被這群未成年的學童們片面解讀，並深信不疑。假如我們忽視這些存在於他們日常生活的刺激體驗，學生們將會喪失以充滿創造力與批判角度去進行對話的機會。

二、社會階級

當前的社會常以一個人的職業和收入來判別他的社會階級。然而，當我們對前五名系列漫畫進行文本分析時，部分小組成員出乎意料地發現，有些角色的經濟地位與社會階級完全無關或完全相反。當我問專家顏先生這五系列漫畫主角的社會階級時，他認為全部都屬於上層階級，因為他們不是在有強大力量的家庭出身，便是和名人父母般具有同樣的才華。另外，3名小組成員點出隱藏在這些故事裡的權力階級。全部的專家都認為蘊藏在這些漫畫裡的社會階級意識形態與日本傳統的家族制度有關。儘管專家戴女士和葉女士在隨後訪談否定這些特殊的身分對主角至關重要，並認為「他們父親的秘密身分只是一個吸引讀者的技巧罷了！」但不可否認地，社會階級對日系漫畫書而言極為重要。

儘管漫畫裡的社會階級排序常以另一種不同的方式呈現。比方說，《海賊王（航海王）》裡的賞金獵人排名；而《火影忍者》、《進擊的巨人》和《死神BLEACH》中則分別是忍者、士兵和靈魂狩獵者的等級排名。但這些不同種類的排名卻有著共同點，即位居較高等級（上層階級）的成員通常在社會上擁有較大的權力和影響力。隨著劇情鋪展，讀者可以看到主角如何努力增強實力和發展事業，以得到上層階

級成員的認可並進而提升他的社會地位。

從上面的論述看來，漫畫書似乎是肯定階級垂直流動的想法。然而，這些故事卻有一個共同特徵，即主角們要不是擁有強大的父母，就是在後續劇情裡「揭露」出主角的父親擁有相當能力卻多年來一直不願意透漏真實身分。這樣的安排很難否認隱含著菁英主義的偏見。

事實上，從文化的角度來看，日本和其他亞洲國家過去一直是建立在少數上層社會階級的家族中。人類學家許烺光的研究曾指出，日本氏族與印度種性制度有許多共同的特徵，包括明確的分級結構與刻意營造的階級限制（許烺光，1975，頁181）。在這樣傳統的制度下，長男不但可以繼承他父親擁有的財富、政治權力和地位，甚至還可能因為他的幸運身分而免於遭受法律和職責上的制裁。當然，日本氏族制度經歷了第二次世界大戰的失利後發生了重大的轉變，現代的日本如同社會學家落合惠美子（Emiko Ochiai）的研究所示，他們不再強調整個家族價值，而是尊重個人價值，並成為「現代、美國式的（Modern, American-style）」或「民主（Democratic）」的家庭（Emiko, 1997, 76-181）。然而，這並不意味傳統家族的文化概念已被個人主義的信念所取代。至少，從當前流行漫畫裡，我們仍可以看到明顯的階級意識形態影子，而隱藏身分並擁有強大力量的主角父親形象正是日本傳統親屬制度的縮影。

為了了解學生們對隱藏在漫畫裡的亞洲傳統社會型態看法，我問他們：「這幾系列的主角很多都有個很強的爺爺或父親，所以他們也很強，你覺得如果主角沒有這些特質（比方說《海賊王（航海王）》的魯夫爸爸變成普通漁夫、《火影忍者》的鳴人爸爸只是一般人或《死

神BLEACH》的一護爸爸變成農夫，你還會像現在一樣喜歡這些主角嗎？」全部的學生裡，只有1位學生表示，若主角改出生在平凡的家庭「這樣的改變將使得主角不再那麼引人注目。」其他11位學生認為，若主角的社會地位發生重大的改變，並不會影響他們對他／她的喜愛。有些學生（如Jessica潔西卡）甚至認為，假如主角的祖先是平凡人，反而會使得主角更具吸引力，因為「他們有積極的態度並努力想提升自己的能力。雖然他們可能會變成普通人，但他們的努力將更獨特。」

　　雖然臺灣承襲了傳統中華文化，並在過去亦有著類似的大家族制度，但現在的臺灣學生多數反而更崇尚西方個人主義的價值觀念。不同於漫畫所認同的意識形態，大部分學生認為，自己所處的中產階級家庭身分，並不能保證個人在未來有機會往上層階級或有一定的成就，而這個信念正表明了「臺灣夢（Taiwanese Dream）[75]」的價值觀念早已根深蒂固。然而，當我更深入的詢問她們相關的問題時，有些學生認為，如果主角父親刻意隱藏過去所擁有的社會地位，當隨著劇情揭露時，將會影響主角的「性格」和行為。比方說，學生（Julian朱利安）說：「假如《海賊王（航海王）》的魯夫的父親只是普通的漁民，他可能會很喜歡捕魚。」學生（Rod羅德）也推測：「如果《火影忍者》主角漩渦鳴人的父親只是一個普通的忍者，他不會立志成為火影。」這些學生的答案表明，即使他們不了解社會地位與階級間的關係，但他們已有一些關於社會地位轉變會影響人們思想、習慣和生活方式的想法。

---

75 「臺灣夢（Taiwanese Dream）」類似於「美國夢」的概念，即臺灣青年相信只要努力不懈的奮鬥，而不是依賴特定階級或他人的援助，將來能在社會獲得較好的生活。這個概念在菁英教育下的臺灣，通常被老師和家長所推崇，因為它鼓勵著臺灣學生相信學業成就可以讓他們向上層的社會階級流動。在我的研究裡，我既不證明也不駁斥這概念。

法國著名社會學大師、人類學家和哲學家皮耶‧布迪厄（Pierre Bourdieu）指出不同社會資本的人會對不同的文化產生關注，這是關於「文化資本結構分配和經濟資本結構分配的關係」，它可以由教育體制重現（Bourdieu, 1974）。

　　因此，學生們或多或少可以根據他們過去對臺灣社會的經驗，意識到社會階級主義無法讓民主理念更加進步，而他們認為堅持不懈地努力和不屈服於霸權體制的態度可以些微彌補社會資本所產生的差距。許多老師也強烈地肯定弗雷勒所謂的「神奇意識(Magical consciousness)」，他們確信學生不會受到漫畫傳統階級意識形態的刻板印象影響。例如，戴先生表示日系漫畫裡明確的社會階層分級與當前具有社會流動性的臺灣是截然不同地，因為在臺灣「不管你出生為何，只要努力都有可能改變自己的命運。」然而，專家中也有成員與戴先生持不同的意見，他們認為目前臺灣不論在職場或就學上，仍有少部分在群體中被嚴重地社會不平等對待，並成為社會死角[76]。另外，戴女士和葉女士也對我的問題提出不同的觀點，她們認為十幾歲的漫畫迷很少注意漫畫中代表權勢地位與唯物主義的裝飾，因為他們明白這些幻想的情境只是作者為了吸引讀者認同並產生共鳴而對該角色做出的安排罷了。

　　從上述的討論看來，社會階級意識形態對學生的影響似乎不如經濟階級意識形態。學生們相信自己不需受限於傳統日本氏族的世襲制度抑或是傳統中華文化的大家庭制度，而是可以透過自己的努力成為社會菁英。學生們務實地相信，漫畫主角們來自非凡的家庭不過只是作

---

76 張鈿富等人在其研究「大學多元入學方案對入學機會之影響」中指出，儘管臺灣在2002年進行了教育改革，但低社經地位家庭的學生進入高排名公立大學機會仍然相對較小（張鈿富、葉連祺、張奕華，2005）。

者為了吸引讀者的一個噱頭。這樣的角色安排或許可以部分反映日系文化媒體的玩世不恭態度，但對於出生中產階級並具有自力更生信念的臺灣青少年而言卻影響甚小。

第4節　暴力意識形態和影響

　　不論老師或家長都相當關注日系漫畫書裡的暴力場景。臺灣的大眾媒體經常將漫畫書中的暴力意識形態視為引誘青少年犯罪、損害人格或不利國家未來發展的威脅。甚至，有些報章雜誌表述：「有多年閱讀漫畫或觀看動畫片的動漫迷，很容易會模仿心儀角色的思想與行為，所以這些人可能會因盲目模仿而成為殺手或無情的罪犯（黃以敬，2014）[77]。」在第二章裡，曾提及美國教育學家亨利·吉魯（Henry A. Giroux）的看法，對青少年而言，漫畫裡的暴力不僅僅是一種情緒發洩的管道，還可能被其創作者合理化成解決問題、展現自我的權宜之計（Giroux, 1996）。吉魯的觀點至今仍被廣大的媒體（包含日系漫畫）所採納。儘管多數的臺灣青少年在日常生活中不會有打鬥互毆的經歷，但他們仍持續將自己暴露於充斥暴力訊息的媒體裡。打鬥、殺戮和傷害他人的行為經常出現在漫畫內容中，在這些故事裡，暴力不僅被合理化，還成為英雄般的行為。主角和他的夥伴在實現最終目標前，必須不斷地面對激烈的挑戰及參與種種「必要的（Necessary）」暴力行為。

　　難道漫畫書對年輕讀者的思想只產生負面影響嗎？或許我們可以先審視這些漫畫裡是否隱藏著各種潛在有害的意識形態。我和我的小

---

77 這種過度的關注可以在前面第4章找到類似的例子，即「政府要求警方『調查』《名偵探柯南》等漫畫裡是否有潛在的危險因素，以防止下一個臺北捷運殺人兇手鄭捷（Chieh Cheng）」。

組成員在檢視這五系列漫畫時，確實發現有許多內容誇張地描繪了各式各樣的暴力和非暴力犯罪。成員一致認為，無論是以偵查兇殺案為主題的《名偵探柯南》或以戰鬥為主題的其他四系列漫畫，都出現了很多因暴力而造成的流血、身體傷害和死亡場景。然而，成員們也一致覺得，每個系列有不同的暴力呈現方式，因此對讀者的影響也可能不盡相同。比方說，《海賊王（航海王）》、《火影忍者》和《死神 BLEACH》皆是以戰鬥為導向的漫畫，當遇到戰鬥場景時，作者會以類似日式水墨畫的藝術風格呈現。甚至，有些角色即使在戰鬥遭受了嚴重的傷害、瀕臨死亡，卻還可以在戰場上邊走動邊說話，看似與其戰死的結果前後矛盾。至於充斥謀殺案件的《名偵探柯南》，內容裡被謀殺的受害者屍體，究竟是偵探、警察還是法醫人員為他們驗屍？驗屍的過程又如何？創作者都含糊帶過。然而，和前四部刻意減少血腥程度的系列漫畫相比，《進擊的巨人》卻刻意描繪巨人伸出魔爪對無助人類產生巨大破壞，造成角色肢體被撕裂、分解，而後巨人又張開大嘴吞食他們等慘忍濺血場景，以引起讀者視覺震撼。事實上，這樣的情形同樣出現在美國，比方說，同期的美國卡通《兔巴哥（Bugs Bunny）》和《蝙蝠俠（Batman）》在暴力場景表現上，《兔巴哥》相較於《蝙蝠俠》而言，更不會讓人起雞皮疙瘩。

除了《進擊的巨人》外，其他四部系列漫畫的暴力呈現方式不太可能讓讀者感到不舒服或想模仿。青少年漫畫創作者在劇情安排下，遏制現實狀況裡可能因暴力出現的各種細節（如暴力造成的殘酷後果、殺人案的作案方式與細節等），並以特殊的畫面處理來增加讀者對故事劇情的參與感。這樣特有的呈現方式，我定義為「幻想化的死亡（Fantasized death）」。由於「幻想化的死亡」不是真正的死亡，因此，

讀者對於心儀角色在殘酷情況下所面臨的不合理情節不會多加質疑或聯想，並相信角色們會克服這些阻礙。舉例來說，《海賊王（航海王）》第55集裡，主角蒙其‧D‧魯夫不但被燒傷、毒害甚至凍結，卻仍然存活下來並繼續尋求其他冒險。

當我們對漫畫的「幻想化的死亡」有了概念後，就能更加理解學生們的回應。接續先前的討論，為了理解他們對於漫畫的暴力意識形態看法，我詢問他們：「有些人覺得漫畫書內容太過暴力，你認同嗎？你覺得漫畫書中的暴力場景會影響你的行為舉止嗎？」雖然學生多半同意漫畫書有些內容太過暴力，但他們並不認為這樣的內容會影響或誘導他們在現實生活裡嘗試施展暴力行為。

學生（Jessica潔西卡）即表示，漫畫故事只不過是餘興節目罷了；而學生（Olin奧林和Julian朱利安）也認為看漫畫會助長青少年嘗試暴力行為的想法，不過是大眾媒體的偏見。然而，也有學生表示他們會記得曾經看過存在漫畫裡的暴力場景，並認同有人可能會因此而受到影響。學生（Helen海倫）聲稱她有足夠能力選擇適合自己的漫畫書籍，並強調：「我只閱讀一般的漫畫書。我不喜歡那些充滿暴力與性的漫畫書。」在我看來，我認同學生（Aida阿依達）所說的：「我不認為所有漫畫都該被標記為傳播暴力或性的媒介。事實上，那必須看裡面的內容才能決定。」畢竟，的確有些漫畫含有大量的暴力圖像並禁止被青少年閱讀。這樣極端的例子是R級漫畫，其內容不乏有精神病罪犯發狂似地將他人刺傷、射殺他人並造成血管破裂[78]的嗜血畫面。這次票

---

78 我的問卷調查結果顯示，有41.8%的學生表示他們會閱讀主流漫畫和R級漫畫書。然而，本項研究並未討論R級的暴力漫畫書，也不能知道這些訪談學生的行為是否在某種程度上受到R級漫畫的影響。

選出的前五名系列漫畫並沒有出現這樣極端的暴力。這五系列裡，也只有《進擊的巨人》被學生（Rod羅德和Ruby露比）認為是暴力的漫畫。這2位學生在訪談中都提到了劇情裡出現的人類噴血畫面。學生（Ruby露比）說：「《進擊的巨人》第一卷中，主角艾連‧葉卡的母親被巨人吃掉時，噴出血的場景就超嚇人的！」

至於其他漫畫系列，學生（Vincent文森特）覺得部分漫畫的打鬥場景有「一點點」暴力，因為角色在決定戰鬥前，應該要透過溝通來解決問題。但他也補充道：「假如漫畫只有人與人之間的不斷對話，將會一點也不吸引人。」不管是日系或美系的漫畫都不乏有許多戰鬥的場景。在第二章時，我們曾提及青年讀物專家伯恩德‧多勒‧溫考夫（Bernd Dolle-Weinkauff）的觀點，他指出日系漫畫常將暴力意識形態導入，以吸引忠實追隨故事的青少年讀者。再者，日系漫畫書創作者和製造商習慣以長篇連載的方式出刊，因此有些人會覺得「大篇幅的戰鬥場景是為了掩蓋劇情或結局的缺陷（Weinkauff, 2013, 100）。」

在前五名系列漫畫裡，多數作品擁有超長的續集和大篇幅的暴力場景，因此這樣的編排不免讓人聯想是為了拖劇情。然而，鑑於日系漫畫相當地受大眾歡迎，劇情上是否有明顯缺陷仍有待商榷。以截至2014年已推出75集的超長連載《海賊王（航海王）》為例，作者不斷地創造出不同於先前數以萬計的戰鬥場景與特殊打鬥的劇情，即是為了持續吸引資深讀者和更多的新讀者。或許，頻繁在劇情出現的戰鬥場景不但跨越了文化和國家的隔閡，還激起世界各國年輕讀者對戰鬥的熱愛與想像[79]。

---

79 例外的情形如《銀魂（Gin Tama）》系列，這個系列藉由角色的對話和微妙的故事元

　　事實上，年輕讀者對戰鬥場景的喜愛不僅僅只限於當前流行的漫畫系列。充滿暴力意識形態的內容在日系漫畫書中是無所不在的。由於歸屬於戰鬥類型的漫畫涵蓋範圍相當廣闊，風格也大相逕庭，因此明確定義哪些屬於「可接受暴力（Acceptable violence）」；哪些屬於「不可接受暴力（Inappropriate violence）」的意識形態將有其必要性。然而，當定義「不可接受暴力」的漫畫書時，我又想到了另一連串的複雜問題，首先，我想到的是「輔導級電影裡同樣有著戰鬥和流血場景，是否也該受到批判？」當我們以嚴格的標準來批評日系漫畫時，是否也該以同樣的角度來評斷成人文學、電視劇、電影和新聞報導？再者，我想到的第二個問題是「若真的有可能阻止當代文化以各種形式來複製、傳播暴力圖像，相關的審查機制、法律或道德藝術標準又是什麼呢？」另外，普羅大眾所認為的「可接受暴力」概念定義並不明確，因此不斷推陳出新的媒體表現方式將會不斷挑戰其界定範圍，以致於更難清楚明確的定義。由於上述的因素在執行上有其困難，因此我認為本段所考量的重點應該放在「年輕讀者和觀眾對於媒體頻繁出現的暴力，會有什麼樣的反應」上。

　　為了知道年輕人對於頻繁出現在漫畫裡的暴力有怎樣反應，我設計了2個組合性的調查問題，題目分別是：「漫畫裡的角色常打架流血，你是否認為這樣的血腥戰鬥場景太過暴力？」和「有時候，漫畫裡會出現角色被砍成兩半或斷手斷腳的場景。當你看到這樣的圖像畫面時，有什麼樣的感覺？」值得提及的是，部分學生們對於這兩個問題的答案也是前後矛盾。關於戰鬥時角色所出現的流血畫面，全部學生裡只

　　素而有非常強烈的幽默感。因此，即使它包含了很多的戰鬥場景，如果要在外國出版，可能還是需要專家進行翻譯。

有1位學生認為「有一點暴力」，其他11位學生則不這麼認為。學生（Olin奧林）認為角色在戰鬥時流血是相當自然的，他提到過去的生活經驗：「當我們跌倒時，也會流血。」學生（Julian朱利安）更認為：「這與暴力毫無關係。」至於第二個關於身體傷害的問題，全部學生裡有10位學生認為這是屬於「可接受暴力」。

　　除了《進擊的巨人》外，其他四個系列裡的所有暴力場景都被學生們認為是可以接受的。或許學生們認為可以接受的一部分原因在於他們已逐漸習慣這樣的畫面出現在漫畫裡。正如學生（Olin奧林）說的：「當你習慣看它（漫畫暴力畫面）後，就覺得還好。」然而，也有學生在看到「身體傷害」畫面時感到不自在。學生（Aida阿依達和Julian朱利安）說，他們對某些暴力場景感到不安，但還是會繼續閱讀這類的系列漫畫。另外，學生（Julian朱利安）也提到，《進擊的巨人》裡「人類肢體被切斷的畫面很可怕，但卻是主角必須經歷的過程，畢竟他要靠戰勝這些挑戰來得到力量[80]。」或許，對大部分學生而言，嚴重肉體損傷圖像考驗著他們的接受度，並喚起他們的恐懼、厭惡等強烈情感。另一方面，他們也可能因為看到主角及其夥伴在克服如此重大的苦難後，代償性地得到獎勵與成就感而不那麼排斥這樣的血腥畫面。如同學生（Rod羅德）說的：「我認為這樣的角色很酷，我甚至希望能像他們一樣戰鬥。」當漫畫的暴力場景不再這麼飽受爭議時，它或許可以成為學生們的減壓妙方，因為他們只需要專注於欣賞緊張刺激的故事情節，而不需在意其可能產生的精神壓力。這就是為什麼蘊藏在這些受歡迎漫畫系列裡的暴力會與日常生活裡對暴力的認知有如此大的差異。

---

80 在《進擊的巨人》第一卷中，主角艾連‧葉卡的腿和手被貪婪的食人巨人啃咬。

回顧學生們對日系漫畫整體看法時的訪談，我曾經詢問他們：「有些人認為我們可以從漫畫書中學到很多東西，你認為呢？」這一題裡，有幾位學生提到了暴力意識形態。

Jessica 潔西卡 ▶ 《海賊王（航海王）》的主角魯夫和他的船員們展現出團隊精神，他總是為他的朋友挺身而出並接受挑戰。

Fay 費怡 ▶ 漫畫中的角色讓我知道，如果你失敗了，你應該要再挑戰看看。

Dana 戴納 ▶ 他們讓我更堅強。

從上面的談話看來，暴力意識形態似乎不僅讓漫畫書更具可看性，還包含了積極正向的價值觀念。為了讓主角在面臨挑戰時的表現充滿戲劇張力，戰鬥類型漫畫通常會包含了某種程度的暴力。而主角在遭受敵人致命傷害後，會展現出他超強的能力，並克服身體與心靈上的障礙。最終他們將通過挑戰，捍衛他們的正向價值觀念。事實上，非戰鬥類型漫畫《名偵探柯南》裡的暴力犯罪案情同樣也能激起讀者們的興趣，因為讀者可以隨著劇情脈絡目睹偵探如何解決艱難的案件，讓他們感受到偵探為了追求真理與正義而不惜遭受身體傷害甚至犧牲生命的信念。

為何動漫形式表現的「代表正義與真理的主角方在最終獲得勝利」劇情如此受到青少年歡迎？或許也可以應用我所敬仰的弗雷勒之壓迫者與受壓迫者理論來解釋，即：「當壓迫者在剝奪其他人的人性，並且侵犯到他人的權利時，他們自己本身即已喪失人性。而當受壓迫者

在為人性戰鬥時，其所作的是除去壓迫者的宰制與壓迫力量，回復壓迫者本有的人性（Freire, 2012, 56）[81]。」漫畫主角在故事開端經常被神話學大師坎伯（Joseph Campbell）所稱的「邪惡的現況（The dragons of the status quo）」反派人物所壓迫，然而在後續的情節裡，主角為了捍衛自己堅持的信念不斷地戰鬥，而在這段過程心理層面也更加成熟。而這樣的「英雄之旅（The hero's journey）」過程，正如上述弗雷勒說的「人性化過程（Humanization）」。透過閱讀漫畫主角的「英雄之旅」，年輕讀者可以預知要成為一個的身心靈成熟的男性／女性時，須具備怎樣的行為和精神[82]。

　　確實地，日系漫畫書所營造的「英雄之旅」無法成為現實世界的教戰手冊。然而不可否認的是，年輕讀者會受到漫畫角色的啟發並對其奮戰的過程感興趣。事實上，他們的老師也注意到學生們喜歡閱讀帶有打鬥場景的漫畫書，但卻對這類漫畫所帶來的影響看法不一。專家戴先生和葉女士同意學生們的觀點，認為即使前五名系列漫畫裡含有不少「可接受暴力」意識形態，但對學生的影響並不持久，也不會產生任何負面的效果。葉女士說：「當前很多娛樂媒體像小說、電影和連續劇，也包含了一定數量的性與暴力。甚至在美國脫口秀節目裡也經常會講幾個黃色笑話，不是嗎？由於它們存在於日常生活的各種媒介裡，所以很多學生早已習慣了。」戴先生認為，漫畫主角在最終總能獲得勝利，因此可以讓學生讀者對未來更加充滿希望，並產生有益

---

81 該段文字參考方永泉譯（2003）《受壓迫者教育學（卅週年版）》（原作者：P. Freire）第88-89頁。

82 在《千面英雄The Hero with a Thousand Facess（Princeton, NJ: Bollingen Paperback, 1973）》裡，神話學大師約瑟夫坎伯（Joseph John Campbell）追溯了幾乎全世界大部分的神話中，英雄歷險和蛻變的故事，並從中揭露同一原型的英雄。

的影響，他還指出：「『英雄之旅』雖然過於理想，但這樣的英雄行為或許並沒有錯，尤其當我們深陷於現實的困頓下。」專家中，只有顏先生認為這些「可接受暴力」意識形態具有部分負面的影響，他說：「這會讓他們相信所有問題都可以用暴力解決。即使這些學生使用暴力的動機是對的，但他們很容易認同：『我必須幫助我的朋友，所以我需要使用暴力』這樣的想法。」的確，儘管受訪的學生理性地認為漫畫所描述的暴力並不能做為解決問題的方法，但我們很難臆測當這些年輕人過度暴露於這些具有理想結局的暴力意識形態作品時，是否會在心理層面上受到影響，並天真地採取類似暴力行為。因此，若我們無法深究這樣的主題，最好還是暫且相信漫畫的暴力意識形態會帶來負面的影響。

　　大眾媒體所含的暴力意識形態是否會影響學生們的思想和行為，一直是20、21世紀持續辯論的議題。過去曾有研究對長期觀看暴力電視節目的年輕人進行幾項心理學測試，該研究結果證實兩者正向相關，即年輕人長期暴露於暴力電視節目下，會促其具有暴力和侵略性（Anderson & Bushman, 2002）[83]。如同文化研究學者經常提醒我們的，年輕讀者在接觸新事物時並不總是處於被動狀態；孩童們常在接受新事物時成為意義上的「勇於表現生產者（Active producers）」而非「被動觀看消費者（Passive consumers）」。但他們也明白這些事物可能受到意識形態或形式上的限制（Buckingham, 1997）。這個論點恰巧可以解釋為何自

---

83 雖然研究顯示暴露於暴力電視節目會帶來負面影響，但這不代表閱讀暴力漫畫也會得到類似的負面效果。漫畫書會刻意減少血腥的暴力場景並過濾掉部分逼真細節，然而，電視節目卻會藉由才華洋溢的演員和特效技術人員，透過對話、道具和擺設完整呈現暴力的橋段。

己或他人皆很難在暴露於媒體暴力意識形態與個人的暴力行為間建立明確的因果關係。

我相信我的研究還是可以證實臺灣青少年讀者在閱讀這五系列漫畫後,訴諸暴力的風險是極為罕見的。事實上,漫畫的暴力意識形態影響並不僅限於讀者們被動的觀看內容並接受書中的觀點,更值得在意的是,當這群學生受到「幻想化的死亡」防護罩影響後,可能會基於某些理由主動表現出各種令人驚訝、多樣化的暴力行為。不符合現實的致命情節不會激起讀者們的兇殘性格。相反地,他們反而會表現出對主角們的憐憫與惶恐,及對反派角色的恐懼與厭惡。透過學生們給我的具體回應,我了解到學生普遍相信自己可以透過勤奮、計畫及與有膽勢的人合作,來戰勝令人畏懼的競爭者,並藉此提升能力,讓自己未來更加充滿期待和信念。

第5節 新自由主義下的日式文化優勢

在本章(第五章)第1節「種族意識形態和影響」中,我指出漫畫存在的人物種族(如東方人種常只有日本人、白種人和其他膚色人種分配比例明顯不均)問題。而在本節中,我將使用前述提到的問卷調查、文本分析和訪談資料,接續探討5.1節的議題,並將重點放在「臺灣讀者如何詮釋臺、日之間的文化和種族差異」及「日式文化和經濟如何以漫畫書為媒介,讓臺灣在潛移默化下受到如同昔日殖民時期般的影響」這兩方面。另外,我在本節最後將以這些研究結果,推測臺灣是否有能力重建自己的漫畫產業。

一、傾日意識形態的轉變

　　如同第二章所提，在解釋臺灣與日本的特殊文化關係時，後殖民主義一直扮演著重要的角色。日本是對臺灣有強烈影響力的國家之一。事實上，它的影響在產品生產、包裝與市場行銷等方面都可以看到，因此我將其視為一種多元的文化入侵。舉日系漫畫為例，過去它只是一個普通印刷品，然而，隨著印刷技術進步與行銷策略擴展，它蛻變成一項商業潛力不可限量的商品，不但發展出相關的動畫電影、電視劇、遊戲，甚至是一系列周邊產品。高品質的日本出版業，不論在臺灣或國外都被廣大讀者認可。我的研究調查裡，有22.7%的學生會去購買日系漫畫書，16.2%的學生透過租借方式閱讀漫畫書[84]。因此，這些國中學生雖然沒有獨立的經濟能力，但近四成會將父母所給的零用錢花在消費漫畫書上。另外，還有近四成的學生（34.4%的學生）會使用網路閱讀漫畫。事實上，網路流通的漫畫通常是由精通日語和國語的漫畫迷盜製有版權作品並加以翻譯而成。根據第二章曾提過的臺灣研究，日系漫畫的帝國主義文化能這麼普及地傳播，很大程度與非法網路分享和廣泛傳播有關（黃靖嵐，2007）。對漫畫創作者而言，線上盜版漫畫自2006年來如同病毒般，不斷透過互聯網路傳播出去。它就像一把雙面刃，雖然讓作者在原創概念上損失了相當利潤，但也幫助他不斷推廣作品，成為一部廣受大家歡迎的暢銷著作。美國近年來一項調查顯示，盜版的情形日益嚴重，當地盜版的日系漫畫產品已經讓日本損失了將近2萬億的日幣（約合160億美元）。因此，從2013年開

---

84 我的調查結果比率並不同於2010年臺灣政府的官方資料，該報告顯示，在2009年有1,237人（6.6%）購買漫畫書；8.9%的人會去漫畫店租借漫畫書（行政院新聞局，2010）。比率不同的原因可能與受訪者的年齡、時間區段和樣本大小有關。

始，日本政府（經濟產業省）集結了15家當地出版社及動畫公司，啟動了名為「Manga-Anime Guardians Project（MAGP）」的計畫，針對100多個在中國、美國與歐洲等海外地區提供盜版漫畫的網站，以電子郵件告知、提醒或訴請法院起訴等方式向對方要求刪除盜版內容，來保護他們的原創漫畫免於受到國際盜版市場分銷的影響（林中鶴，2014）。

為了吸引青少年讀者成為日系漫畫的忠實顧客，在先前的內容曾提及這項產品在外觀設計上隱藏著各種巧思，比方說，它的規格（長、寬和厚度）通常設計成易於置入口袋的大小以方便讀者攜帶，而為了考量價格實惠，它們通常以黑白印刷的方式印製成平裝書。此外，為了讓讀者變成死忠粉絲，漫畫創作者還會使用各種不同手段來展現他們的幽默感，以吸引年輕的漫畫愛好者。事實上，漫畫裡的劇情內容設計，更是吸引讀者的重要因素。以角色設計為例，這些漫畫主角通常會與它的主要讀者有著相似的年齡與特殊性格，他們相當容易地得到讀者的認同，並成為讀者們理想的朋友或伴侶。再者，主角所經歷的各式各樣冒險和令人羨慕的特殊能力也讓他們成為讀者心目中的超級明星，而他們的武器、服裝和代表性的道具也被大量地生產，成為商業產品。

以上述的角度看來，日系漫畫書是否熱銷與創作者的才華及想像力密切相關。當這些精密繪製的漫畫書不斷產出並獲得廣大群眾親睞時，它們也儼然成為偉大文化產業的產物。在過去，漫畫書與讀者之間可能只是產品與消費者關係，然而此時的讀者和這些擁有特殊能力性格的漫畫人物產生出情感聯繫，它們之間的關係如同是超級明星和粉絲般的夢幻關係。正如陳仲偉在《日本動漫畫的全球化與迷的文化》所

指出的：「漫畫迷是富有強大行動力的，他們積極、熱情且有時狂熱地與原創進行互動。日系漫畫文化之所以能夠成功的全球化，正依賴著它的廣大漫畫迷（陳仲偉，2004）。」另外，他也點出日系漫畫的全球化模式並不同於美國的迪士尼和好萊塢。他認為，後者主要是靠雄厚的資本以「垂直」的模式來達成，而前者則是以「水平」的模式獲得廣大漫畫迷的認同與實踐。然而，我認為這樣的的觀點有些言過其實，在我看來，不論是歐美或日本的漫畫市場都同時存在著「垂直」或「水平」的模式。

　　還有一點值得注意的是，近幾年來日系漫畫書文化及其相關產品如同虛擬海嘯般，滲入多數臺灣人的記憶與日常生活當中，而書中出現過的人物或對話，也逐漸成為眾所皆知的常識。換言之，臺灣人除了在經濟上受到日本的影響外，文化和意識形態也因此而產生了改變。根據專家們說法，學生們常以各種方式表達自己對日系漫畫書的喜愛。顏先生曾說：「學生們會像漫畫人物般穿著日式服裝，或者使用他們的周邊產品當裝飾品。比方說，將人物圖像貼在書包上或放在桌墊下。」葉女士同意顏先生的說法，也指出：「有些學生會將漫畫裡出現的術語帶入日常生活中，比方說『問題發言』即指該角色或身分不該有的言論。另外，漫畫中出現過的名稱也經常被學生用於對他人暱稱或作日常生活對月份的特殊稱呼，如『神樂』、『神無月』。」戴先生也說：「日式文化的影響實在是太大了，你甚至可以稱之為文化入侵！」從老師專家的觀點可以看出，臺灣許多青少年學生會透過收集漫畫周邊商品、將書中用語融入日常對話、電子郵件或微信等，以盡可能的貼近他們所喜歡的漫畫人物，如學生（Vincent文森特）曾跟我說他購買了《進擊的巨人》出版的各種手冊；另外，學生還可能參

加漫畫人物的動漫活動來表達他們對角色的支持，如學生（Rod 羅德）
參加了《哆啦Ａ夢》的展覽。從訪談的資料可以發現，忠實的動漫粉絲
無法僅透過閱讀漫畫來表達他們對角色們的熱愛，他們希望與漫畫相
關的各種周邊體驗與產品，都能成為生活的一部分。儘管學生們並不
總是認為漫畫的主要人物是「日本人（見上文5.1.2）」，但不可否認的，
多數學生仍然受到漫畫裡的文化意識形態影響，並認為和日本相關的
這些事物都很「酷」。事實上，當我詢問學生們：「很多漫畫中會出
現日本地點，像是東京、大阪，還有一些日本的東西，像是武士刀、
茶道，你看完漫畫後有對日本更了解一點嗎？你會想親眼看看那些
嗎？」這2個相關問題時，有9位學生在第1個問題給了我肯定的答案，
表示他們的確因為閱讀漫畫而對日本當地生活或風俗習慣有了更深入
地了解。至於第2題，幾乎所有學生（共11名學生）皆表示，他們在閱
讀這些書籍後，會希望未來能實際走訪日本。日本對臺灣人民具有強
烈的吸引力，臺灣人民不但羨慕日本這個國家，還相當欣賞該國的文
化，以至於在日常生活中很容易接觸到各種與日本有關的事物。因此，
在訪談時學生（Aida 阿依達）認為，臺灣人可以從漫畫裡知道日式相
關的習俗文化，因為這些在漫畫裡是相當「常見」且不奇怪的。老師
戴女士也補充道：「臺灣學生對於日本的文化和地理名稱相當熟悉。」
甚至，許多臺灣成年人與青少年在不知不覺中成為「哈日族」。戴先
生也承認：「我雖然不是學生，但我個人在閱讀漫畫後，非常喜歡日
本。」顏先生則認為，學生很容易受到日本的影響，因為「我實際上
也受到了影響……我是一個哈日族！我認為日本製造的產品品質都比
較好，我也喜歡在日本購物。」

　　與此同時，老師們明白，漫畫營造出傳統、永恆、危機四伏的帝國

主義與車水馬龍街道、不則手段營利的後現代主義幾乎沒有關係。然而，這種富有想像力的國度卻籠罩著新殖民主義的意涵，即一種與臺灣本土文化相比更強烈、更精神茁壯的文化，它是一個讓年輕讀者感覺近在咫尺卻又無法到達的夢想國度。事實上，我們很難確定多數臺灣人崇尚、敬畏日本文化是否與其對本土文化的自卑感有關。同樣地，我們亦無法確定日系漫畫裡角色怎樣的文化資本和技能會讓青少年讀者信服。但不可否認的是，日系漫畫世界裡幾乎未曾有過臺灣人或富有臺灣本土文化色彩的設定，因此臺灣青少年讀者在閱讀所喜愛的漫畫時，很容易受到心儀角色所代表的外來文化與處事態度影響。儘管青少年在幻想時空下將自己塑造成擁有強大力量的理想人物，但潛藏在心中的自卑感卻油然而生。在極端的狀況下，這種情形可能導致一種如同1961年弗朗茲·法農（Frantz Fanon）在《世上不幸之人（The Wretched of the Earth）》[85]中所描述的準精神病態，即一種類似於法國前殖民地（安地列斯群島中馬丁尼克和海地）的非洲奴隸後裔心態，他們一方面極力提倡去殖民化，另一方面卻又有意無意的仿效殖民「母國」。臺灣年輕讀者在閱覽漫畫圖像和對話時，不但接觸到了日本的語言和文化，還被故事所描述的冒險世界所吸引。閱讀過程中，他們暫時拋開了自我意識，忘記那些假想的城堞城堡、食人巨人及少年騎士，和自己有著不同的文化基礎，並屬於不同國家的人。

　　日本透過不斷將漫畫出口到世界各地以維持文化優勢。然而，不同

---

85 弗雷勒在《受壓迫者教育學》的第一章中引用反殖民思想家弗朗茨·法農（F. Fanon）在《世上不幸之人（The Wretched of the Earth）》的話：「被殖民的人，首先表現出一種攻擊性，這種攻擊性深植於其內心，以致於他們會去反抗自己所屬的民眾（op cit, fn., p. 52）。」該段翻譯參考方永泉譯（2003）《受壓迫者教育學（卅週年版）》（原作者：P. Freire）第96頁。

於出口到西方國家的日系漫畫，會因地制宜地改變角色人物的名字，出口到臺灣的日系漫畫，其角色人物的姓名卻維持原本的形式。比方說，美國版的《名偵探柯南》將主角工藤新一的名字改為JimmyKud；臺灣出版的《名偵探柯南》卻維持使用工藤新一。再者，大部分的臺灣學生並不精通日語，但出口到臺灣的日系漫畫卻同樣地不像出口到其他西方國家的漫畫般，將人物激烈打鬥時的發語詞翻譯成該國所熟悉的語言（即國語）。我在訪談裡，曾詢問學生：「漫畫裡充滿著日式的人名和狀聲詞，另外，我們在漫畫裡常常可以看到以日文驚嘆詞來表達角色情緒與反應的情形。如果改為中文名字、中文狀聲字詞，你覺得好還是不好？」全部學生裡，有8位學生表示希望這些名字和狀聲字詞能保持原本的形式（即日語和日本名字），他們並不介意日系漫畫的作法，但也有4位學生認為，若能將角色的名字改成中文名字並使用國語感嘆詞應該也不錯。當我進一步追問多數自信滿滿回答我「不介意」日系漫畫作法的學生時，他們告訴我，若漫畫人物的名字全部改成中文名字會有點詭異。以下是相關對話內容：

Sheryl 雪莉 ▶ 我覺得將漫畫人物的名字全部改成中文名字會變得相當奇怪。

Jessica 潔西卡 ▶ 我覺得這些狀聲詞和名字應該保持原本的日文，畢竟它屬於漫的一部分。如果試圖改變這些字彙和名字，我覺得那些與劇情相關的日式風格也會跟著改變，這樣就扭曲了作者的原意。

York 約克 ▶ 如果你重新對角色命名或翻譯日語的感嘆詞，讀者會反對的！

　　其實，當學生們認為維持原本的名字和狀聲詞更能原汁原味呈現閱讀漫畫的樂趣時，同時也是對本土語言與日語的關聯性及中文人名能否匹配日文人名產生質疑。正如弗雷勒說的：「教育工作者或政治工作者所使用的語言，也像民眾所使用的語言一樣，若其中沒有思想就不能存在；而任何一種語言或思想，如果沒有其所指涉的結構時，它們也不可能存在（Freire, 2012, 96）[86]。」弗雷勒相信語言和思想是密不可分的，語言不只是我們經驗傳承的產物，更是傳遞意識形態與文化的媒介。它可以說是一種結合視覺與聽覺的精神潮流，幫助著我們組織想法並理解自己對事物感受。在和方德茲（Faundez）的對話中，弗雷勒提出了在觀察甫獲解放、正試圖推行掃盲計畫的幾內亞─比索共和國（Republic of Guinea-Bissau）後的一些看法。他認為，那些居住在都市並使用壓迫者語言（葡萄牙文）的受壓迫者，被剝奪了學習自己語言的機會，他們將無法閱讀祖先昔日所編纂的文字符號或者理解過去受過大學教育的菁英們所發表的論文（Freire & Faundez, 1989, 110-117）。因此，他對該國建議：人民應該學習識讀和書寫他們當地的傳統方言而非過去被殖民時所使用的葡萄牙語。在當時，雖然殖民者的「官方」語言並未在首都以外的地方使用，但卻仍是革命政府的官方語言[87]。弗雷勒的事例也證明了語言是政治權力不可或缺的一部分。

　　臺灣青少年普遍對日系漫畫書懷抱著熱情，因此，他們即使因為語言隔閡而無法完全理解日本的諺語或文化，卻還是相當熟悉這些字詞

---

86 參考方永泉譯（2003）《受壓迫者教育學（卅週年版）》（原作者：P. Freire）第138頁。
87 弗雷勒的《過程中的教育學：致幾內亞─比索的信函（Cartas à Guiné-Bissau, Pedagogy）》英文版在1978年由紐約Seabury出版社以限量精裝版的方式出版。該書由St. John Hunter翻譯並由Jonathan Kozol撰寫前言。現已於2016年發布經濟實惠的平裝書。

所代表的意思。從多數學生希望維持漫畫原始的面貌看來，青少年大多認為日式文化在這方面優於他們的本土文化。是否有可能如上述弗雷勒觀點般，重新強調臺灣本土語言的重要性，並使日本對臺灣的影響力去殖民化呢？從我的訪談結果看來，若要讓臺灣目前的年輕人對其本土文化有信心，可能還需要極大的努力。畢竟，光是要將漫畫裡的日本人名和詞語翻譯成與臺灣青年生活息息相關的本土語言而不讓他們感到「怪異」這麼初步的目標，就很難了。

　　日本政府的經濟和文化產業牽動著臺灣的社會經濟與文化。或許，臺灣人該正視他們所面臨的後殖民主義局勢，認真思考如何能在欣賞日式文化產物、仰賴該國兼具巧思與活力的經濟文化產業同時，維持本土社會經濟與文化發展的平衡。我將在後面章節概述一些未來有可能讓臺灣抵抗日本軟硬實力的策略，以延續我的觀點。

二、臺灣能否抵抗日本霸權？

　　根據臺灣國家圖書館在2013年的統計資料顯示，漫畫和輕小說在目前臺灣出版業的總發行量逐年大幅增加。擁有3,013種系列的漫畫書已成為圖書的第七大類主題類型（國家圖書館，2014年）。另外，2010年一項由政府所做的報告更指出，高達95％的這類型書籍來自於日本。因此，這正意味著本土的漫畫類型產業競爭力萎縮是未來不可避免的結果（行政院新聞局，2011）。正如上一段所討論的，若臺灣過度依賴進口日系漫畫的出版物，臺灣讀者很容易在無形當中受到其內容裡的意識形態影響。假若臺灣讀者和漫畫代理商持續忽略這個前殖民者所帶來類似文化接管的多重影響，未來想要拾回這些心智尚未健全的學生們對本土文化在國際局勢的認同感，將變得更加困難。

　　面對這樣的困境，最顯而易見的解決方式似乎是建立強大的臺灣本土漫畫業，以挽救目前完全仰賴日本進口的局勢。是否有本土或外國的投資者願意提供經濟援助，重振臺灣本土的漫畫產業呢？另外，國內年輕的讀者又是如何看待與比較本土與國外進口的漫畫呢？為了知道學生們和老師的想法，我問他們：「你有看過臺灣本土的漫畫嗎？你覺得它們和日系漫畫比起來如何？」學生（Dana戴納）替本土漫畫辯護，他認為日系漫畫書有些很不錯，但臺灣有些本土漫畫也很不錯。然而，全部師生裡，只有4位可以回想起過去曾經看過的臺灣漫畫書名。其他11位學生和2名老師皆認為，日系漫畫書在各方面都優於臺灣的本土作品。以下截取他們的對話內容：

Aida 阿依達 ▶ 國外漫畫創作者有更嫻熟的技術。他們比臺灣作家更能真實的描繪想表達的事物。

Helen 海倫 ▶ 日系漫畫作家有著更好的繪畫功力。他們設計出來的角色讓人不會覺得怪怪的。

York 約克 ▶ 日系漫畫的主題與臺灣的作品相比更多元。

Julian 朱利安 ▶ 多數的臺灣動漫作品太過本土化了！或許在臺灣，這些本土化的事物是相當有趣的，但我如果把它們出版到其他國家，別的國家人民可能不這麼認為。但日系漫畫不會像我們的漫畫有那麼多這樣的情形。許多臺灣的漫畫會使用很多只有同樣是臺灣人的我們才能理解的本地方言。此外，臺灣動漫總是含有教育意義，要告訴我們什麼是對的，什麼是錯的。但其實多數國外讀者閱讀漫畫的目的只是為了欣賞

一個精彩的故事罷了。

顏先生 ▶ 我小時候讀過本土和日系漫畫書，但我覺得臺灣本土漫畫與日系漫畫相比還是較粗糙。雖然還是有部分作者的作品非常出色，但多數仍不夠成熟。它們不像日系漫畫書般，成為他們的重要流行文化。

葉女士 ▶ 有些臺灣作家過於模仿日系漫畫；也有些臺灣作家使用太多本土的素材而讓漫畫不夠吸引人。

　　顯然地，一些客觀因素導致日系漫畫書比本土作品獲得更好的評價。從商業行銷角度看來，相較於品質粗糙或創作功力較差的作品，人們肯定比較喜歡高品質的產品。中華漫畫家協會的研究分析也表述了相同的事實，該分析提到：「由於日系漫畫書佔據了絕大部分的臺灣市場，臺灣的作家和讀者已習慣於欣賞這樣的『藝術』作品。因此，臺灣本土的漫畫書總產量相對而言相當稀少（陳玉金，2013）[88]。」臺灣的漫畫創作者無法獲得讀者支持，而他們在技術上又無法與具多年經驗的日本流行漫畫家相提並論。事實上，臺灣漫畫創作者普遍較日本漫畫家缺乏經驗，與臺灣漫畫出版商的保守營銷計畫有關。由於臺灣的漫畫出版商將出版臺灣創作者的漫畫作品視為極具挑戰性的高風險任務，以致於許多臺灣創作者無法穩定的發展自己的漫畫事業及累積相關經驗，在這樣的背景下，更遑論成為日系漫畫大師們的競爭對手。

---

88 陳玉金在《臺灣兒童圖書書發展史論（1945-2013）》裡提到：「二戰後，圖像為主的書籍在兒童文學體系中發展較慢。」

　　臺灣該如何扭轉目前的局面呢？事實上，根據弗雷勒論述，目前臺灣人民正面臨資本主義社會下的嚴重意識形態問題。以下是他提到的：「我們必須了解，世界經濟體系全球化是無可避免的趨勢。資本主義制度讓各國間的交流有特定方向。具有強大生產力的資本主義國家將經驗地發揮其經濟實力成為世界經濟體的核心，以利其普及化（Freire, 2001, 113）。」的確，臺灣長久以來一直是亞洲資本主義發展的一員，目前，臺灣很難或者不太可能脫離新自由主義及超資本主義的行列，也不可能願意居於其他經濟發展較差的群體。然而，我們還是可以學著運用批判性的思維來質疑過去任何被世世代代認為是「常識」且深植人心的意識形態。如同我的指導教授卡洛斯・阿爾貝托・托雷斯（Carlos Alberto Torres）指出：「文化宛如戰場，後殖民主義的首要目標在於使受壓迫者的思想殖民化，從而提高他們所帶來的效益（Torres, 1998）。」新自由主義下，這些外國企業銷售的產品，可能也微妙地存在了一些思維與意識形態，隨著它們的輸入，可能也同時影響了被輸入國原本的看法與身分認同，並產生了不利的影響。在這樣的情形下，臺灣的人民必須試著透過批判性思考來省思存在於他們日常生活中的各種文化經濟衝突，並且試著挑戰這些存在於新自由主義下的「常識」。

　　我的訪談中，學生（Vincent文森特）認為日系漫畫優於臺灣本土漫畫的理由在於「它們有著悠久的歷史。」事實上，臺灣漫畫文化也同樣有著悠久的歷史，並且曾在1950年代達到頂盛。雖然目前本土漫畫相對勢微，但說不定隔幾年又會在下個世代興盛起來[89]。不論是在網

---

89 在20世紀50到60年代（1950-1960），幾位著名的漫畫家會藉由漫畫書來反映當時的社會現實，因此在這段時間裡，臺灣的漫畫業蓬勃發展（臺灣動漫創作協會，2014）。

路、傳統出版業或動漫展上，我們經常可以看到許多臺灣的漫畫家展現著自己的才華，創作高品質作品。從這樣看來，臺灣還不完全屬於一個沈默被動吸收外來文化產品傾銷的受壓迫國家。其實，臺灣保有足夠的創造力來抵抗新自由主義巨獸的任何侵擾。因此，我認為以批判教育的方式重建下一代的潛力是必要第一步。顯而易見地，若政府或民間組織能協助提高臺灣消費者對現況的認知與省思，並找出控管盲目消費的方法，將有助於臺灣文化基礎的重建。

第6節 漫畫書可以用於批判性教育理論嗎？

上一小段提及採用批判性教育理論的必要性。本段我將探討是否可以將漫畫書作為弗雷勒批判性教學法的素材，再者，使用此方法時需考量的注意事項與教育方針又為何？

回溯第二章，弗雷勒指出「囤積式教育」的問題在於學生們被動地接受老師教授他們的知識及意識形態，他們沒有主動思考或理解這些知識、意識形態的具體來源或相關性為何。因此，他建議應該在教育領域上，使用批判教育理論。建立一個既自由又具批判性的教學空間，需仰賴老師和學生們進行弗雷勒的「衍生課題」探究，以開啟教育作為一種自由實踐的對話。老師和學生們透過「對話」的方式，發現並評論在社區（或國家）社會表徵中出現的各種「課題」，從而激發學生們對於這些課題的覺察（Freire, 2012, 97）。再者，老師使用前述對

然而，在1962年國民政府制定《編印連環圖畫輔導辦法》堪稱為「漫畫界的白色恐怖」，該辦法借用戒嚴的霸權，對臺灣的漫畫產業設置了很多的政治限制，導致許多出版業拒絕出版臺灣漫畫家的作品，反而進口盜版的日系漫畫（李朝陽，2004，第27頁）。在這樣的歷史背景下，也促成了臺灣目前依賴日本出口漫畫書及動漫等周邊產品的預兆。

話時學生們所用的詞彙和概念，提出問題並形成一個「文化圈（Culture circle）」，激發他們以辯證的方式來解決問題（Manning, 2010, 35）。如此一來，學生們有機會去省思生活周遭的文化環境及那些過去被他們認為是理所當然的「常識」。正如弗雷勒所說：「教育者與被教育者彼此在『提問』與『對話』的過程中發展出批判的態度（Freire, 2005, 113）。」

我在執行研究的訪談時，即是使用了這些原則來激發受訪學生們的對話，他們大多勇於發表自己的意見，並表達對這個主題的高度興趣。有趣的是，當我基於學生前一題的回答，而延伸出更多假設性的問題時，許多學生會運用他們的創造想像力，在我們的來回對話中讓自己受到挑戰和啟發。比方說，部分學生希望能有超能力，並應用在現實生活裡，當我問：「漫畫人物常做出不同於我們的事，像有超能力、會在對決中喊出招式、除了原本的外表還有另一個不同的外表……。你會希望自己也有這些特點嗎？你最想要得到哪一個特點？」這個問題時，我又從他們的回答浮現出另一個問題：「你相信超能力可以解決你所碰到的問題嗎？」事實上，有4位女學生表示她們不想擁有超能力，因為他們擔心可能帶來的危險。因此，開啟一段對話以了解她們為什麼如此擔心擁有強大力量，將顯得相當有趣。其實，當探討如何應對權力所帶來的問題時，人們傾向於以批判性的角度去思考，像這個議題就可以進一步的闡述為「我們該當『一般人』並過著『平淡無奇的日常生活』？還是該像弗雷勒所囑咐的，試圖改變這個世界呢？」

另外，我也讓學生們思考漫畫與現實世界間的差異，當我問他們：「在漫畫書的世界裡，主角總是正義方，在最終會獲得勝利與眾人支持。你覺得真實人生也是這樣嗎？」這個問題時，有八成的學生給了

我否定的答案，認為現實世界並非總是如此。其中，有8位學生不僅表示他們了解漫畫與現實世界之間差異，還向我解釋兩者的差異為何。有些學生說：「雖然欣賞漫畫提倡的積極正向意識形態，但他們知道，現實世界裡勤奮努力的人並不一定會獲得成功；另外，『好人』也不一定會獲得別人的支持並順利完成任務。」學生（Julian朱利安）也說：「你不可能因為做了對的事，就指望會有幸運的結果。」事實上，還有很多值得辯證的主題可以從上述問題中推衍出來，比方說「你會認為漫畫世界的一切都比現實世界『更好』嗎？」或「假如你在日常生活對朋友展現出耐心與包容，而不是展現超能力，有可能會改變或解決問題嗎？」從這些面向看來，弗雷勒的辯證教育模式相當適合用於臺灣學生。透過和這些參與者進行具有擴展性的辯證對話，我和這群年輕的日系漫畫迷有可能藉著進行這樣的試驗，重現並支持傳統批判教育的理論基礎。

然而，當我試圖以漫畫書為素材開發批判式教學法時，我也在進行訪談時面臨到它的侷限性。當學生們被問到：「有些人認為我們可以從漫畫書中學到很多東西，你認為呢？」這個問題時，幾乎所有的中學生都表示他們從漫畫中學到了團隊合作、友誼、堅持不懈的精神及正義遲早降臨等價值觀，但沒有1位學生可以具體的舉出例子來印證他們的說法。另外，學生（Vincent文森特）也提到他從閱讀《名偵探柯南》中學到很多與探案有關的知識，但已經記不起來裡面的內容了。由於多數讀者將漫畫書視為和學校作業截然不同的休閒娛樂，他們通常會以閃電般的速度翻閱裡面的內容，因此他們不會特別留意書中提及的資訊，當然，記住的部分也相對較少。事實上，社會學學者Felix Keller和Dorothea Oechslin的一篇研究還提到，即使是「教育性質的漫畫

（Educational comic books）」也不一定能讓讀者記住書裡所提到的知識。假如讀者沒有對這些漫畫圖像或文字有深刻地反應，他們很難吸收漫畫所灌輸的知識（Keller & Oechslin, 2013）。從這個角度看來，主流漫畫書似乎較適合用來進行意識形態的辯證討論，而非知識的學習。

再者，學生們是否有意識到漫畫書「說教」的情節也是相當重要的。換言之，虎頭蛇尾的教育內容可能會導致學生們拒絕閱讀這樣的文本，儘管裡頭充斥著漫畫般的描述與圖像。這正是學生（Julian朱利安）在本章第5.2節中，解釋他為什麼不喜歡臺灣漫畫書的原因，即「臺灣動漫總是含有教育意義，要告訴我們什麼是對的，什麼是錯的。」對學生而言，具有「正確」和「錯誤」答案的漫畫書與教科書並沒有不同，而這樣的概念同樣也出現在師生的課堂互動中。即使老師生動地帶領學生進行討論，但只要學生注意到老師正試圖告訴他們「什麼是對的」時，老師和學生們之間的對話關係很可能會讓一方感到不自在，而結束對話。

此外，教材的選擇也必須認真的挑選。根據我的問卷調查結果，有53.5%的學生表示每周閱讀漫畫的時間不超過一小時，這意味著部分學生只利用零碎的時間閱讀漫畫，因此每個學生閱讀漫畫書的時間及對漫畫的熟悉程度可能差異相當大，老師要能夠挑選出一系列所有學生都熟悉的漫畫作為課堂討論教材，將是相當困難的。另外，漫畫的類型同樣值得特別注意，恐怖類型的漫畫書和奇幻、科幻、體育或偵探類型的主流漫畫相比，肯定能引起青少年更大的興趣和話題，但若將其用於意識形態對話上，也相對地更容易引起師長的顧慮。

除了教學策略方面的問題外，使用漫畫書作為批判式教育方法的素

材，老師和學生們還提到2個與教育及意識形態有關的考驗必須克服。回顧我的訪談，有一半以上的學生和老師（9名學生同意老師擁有禁止學生在課堂上閱讀漫畫的權利；3名老師提及他們會制定一些規定來禁止或限制學生們在課堂閱讀漫畫書）都認為老師有權利禁止或限制學生們在學校閱讀漫畫。並且，大部分的學生認為，老師設定這些規定是為了讓他們更專注於課業。學生（Jessica潔西卡）即表示：「學校可以設定這樣的規矩，因為它畢竟是學生學習的地方。」然而，雖然有些學生認為老師有權利禁止他們在課堂上閱讀漫畫書，但卻不認為校方可以因為某些原因沒收他們的財產（全部12位中，有9位表示不同意校方沒收他們的漫畫書），可見多數學生的想法與老師的想法並不相同。

在與老師們訪談中，我可以很明顯地發現，除葉女士外的所有老師對於學生閱讀漫畫書的行為都表示了高度的關切與擔憂。戴先生擔心學生們課餘時間有限，如果浪費太多時間閱讀漫畫，會剝奪課業修習的時間，而增加課業上的壓力。至於顏先生和戴女士，他們擔憂的是隱藏在漫畫書裡的「價值觀」。如同顏先生說的，「即使沒有課業壓力，學生們仍不應該在學校閱讀漫畫書，因為它沒有任何教育價值。」戴女士則是舉一位沉迷於漫畫書的女學生為例，說明漫畫書所帶來的負面影響：「與其他同學相比，這位學生總是給人陰鬱、沒有朝氣的樣子，她總是掛著黑眼圈，並且比其他學生對於性更感興趣。」

目前臺灣絕大多數的教育環境仍然禁止學生們在課堂上閱讀漫畫書。即使老師本身是一位漫畫迷，他還是會基於保護學生的立場，禁止或限制他們暴露在任何可能有潛在風險的書籍（如：漫畫書）中。因此，從以上的論述可以發現，大部分的臺灣學校仍然因為擔憂閱讀

漫畫會佔用學生太多課餘時間，進而影響課業或擔心學生們受到漫畫「價值觀」影響而禁止或限制學生閱讀漫畫書。但或許有一天，漫畫書會被視為一種兼具挑戰性又充滿意識形態的文物，應用於教育和文化研究上。

對多數的老師和學生來說，拋開課業壓力而有多餘的時間、興趣和精力下，以批判教育理論去閱讀理解小說和詩歌似乎比起漫畫書更為合理。7位學生中，有5位學生表示學校允許他們閱讀小說但禁止閱讀漫畫書，因為小說含有一些值得他們學習的用字遣詞，可以和教科書一樣增進他們學業成績。另外2名學生提到了漫畫和小說兩者的差異，可能在於內容性質及對班上同學的行為影響。學生（Helen海倫）表示：「小說的圖像畫面較少，故事情節也不那麼有趣，才沒有被學校禁止。漫畫書實在太搞笑有趣了，老師不會希望學生們在課堂裡還想著劇情，因為這對學業成績不好。」

理解學生們如何比較「有趣的漫畫書」和宛如教科書般的「無趣的小說」是一件有意思的事情。小說和漫畫同樣有著生動的故事和充滿戲劇張力的情節，但在這些學生心目中，它相較於漫畫書仍少了很多視覺上的娛樂效果。值得注意的是，我發現兩位國文老師雖然皆知道學生們在這方面的看法，卻各自有著不同的立場。顏先生的觀點與上述學生們的想法較為類似，即「閱讀漫畫書無法與閱讀有意義的散文相提並論。」然而，葉女士認為：「閱讀漫畫書和閱讀小說一樣，兩者都是為了提供你休閒娛樂。」因此，她認為不能只認為漫畫書是沒有用的書籍。但她也承認：「漫畫書通常以圖片為主，所以它不會像小說般，幫你提升寫作技巧。」從這樣看來，幾乎所有人都認為閱讀飽富敘述文字的小說比起只有膚淺圖像對話的漫畫更能提高學生們閱

讀和寫作能力。因此，在學業至上的校園生活裡，小說仍然被認定為值得青睞的課外學習教材。

　　確實地，從上述的討論看來，我提議以漫畫書作為批判教育學的教材必定會面臨許多實際面的挑戰。但假如拋開這些實際面的問題，是否有老師願意並嘗試採用這樣的教學方式呢？為了了解這4位老師真實的想法，我在與他們的訪談結束前，問了他們最後一個問題：「你認為以漫畫書作為教材，對中學生進行批判式的教學法是否合適？」2位目前教授較高年級的老師戴先生和戴女士給了我否定的答案，他們認為，這樣的課程應用於中學生是不恰當的；然而，另外兩位教授較低年級的老師顏先生和葉女士，卻認為這類課程適合中學生。戴先生和戴女士認為不適合以漫畫書作為教材，對中學生進行批判式的教學法，其原因在於擔憂中學生在心理層面上還不夠成熟。以下是他們的觀點：

戴先生 ▶ 學生們必須要心理層面夠成熟，才能上這樣的課程。這意味著他／她們至少應該要滿18歲。如果你太早將這樣的題材與方法教導青少年，他們很容易懷疑一切。這可能嚴重地影響他們對事物的看法與往後的學習。

戴女士 ▶ 多數這個年齡層的學生還不能進行系統化的思考。如果他／她們覺得被要求思考太複雜或困難的事情，他／她們會寧可放棄。他／她們只是單純地喜歡看漫畫。事實上，如果你可以在國中裡找到5位以上具備詳細思考能力的學生，是相當不容易的。

　　然而，顏先生和葉女士並不同意上述這兩位老師的觀點。以下是他

們的看法：

| 顏先生 | ▶ 許多國中學生還沒有意識到什麼是刻板印象，因此你有機會讓他們知道自己的定位。否則，他們可能會忽略這些意識形態問題而受其影響。 |

| 我 | ▶ 那麼你認為青少年參加這樣的課程是可行的嗎？ |

| 顏先生 | ▶ 是的，我認為這對青少年來說是可行的。但是你可能需要安排很多的課程，並且循序漸進的帶入主題。不要指望他們在45分鐘的課程就能理解所有的內容……就我個人想法，我認為這樣課程還是比較適合大學生，因為他／她們的思想更成熟，也更能進行積極的對話。另外，他們比起國中學生閱讀更久的漫畫，受到漫畫的影響也更深。 |

| 葉女士 | ▶ 我認為這樣的課程適合國中學生。現階段的他們可以不假思索地閱讀漫畫，因此趁機教導他們以不同角度閱讀漫畫或其他書籍會更好。 |

| 我 | ▶ 有的老師認為批判教育學應該用在較高年齡的學生。妳有什麼想法？ |

| 葉女士 | ▶ 我認為國中學生就可以做到這一點。但關鍵在於你介紹的難易程度，因為你不能問他／她們太難的問題。 |

從以上的觀點很明顯地發現，老師多半仍對於將漫畫書應用於中學

生的批判式教學法感到不安。然而，他們的反對有部分看來，與本身對這樣的教育方法及其後續造成的潛在影響力有所顧慮。由於大多數臺灣的課程仍以傳統「囤積式教育」模式去教導學生，因此學生們很少有機會質疑他們接收到的知識。另一方面，老師們也對於該如何引導學生們進行批判性的思考，卻又不會助長他們對任何事物產生懷疑的態度感到困惑。由於教育工作者對學生的能力缺乏信心，又對將這個富有挑戰的想法帶入教學中感到壓力與質疑，因此他們在傳授主流意識形態上，仍傾向於以最穩妥的方式（囤積式教育）來進行教學。

在我看來，老師們這樣的作為似乎過度保護這群臺灣未來的主人翁。作為一名批判性教育分析的研究人員，我認為老師們應該根據學生們各自的發展程度，試著導入適合他們的批判式教學法，並將其應用於他們熟悉的漫畫書當中。我相信不只是老師，家長和研究人員也有激發學生進行批判性思維的機會。事實上，這樣的教育模式最終在於培養他們獨立思考的能力。假如沒有經過嚴格的思維訓練，任何年齡的學生都無法以反思或批判的角度來看待這個世界，從而也無法實現身心的自治。以這樣的角度看來，從國中階段開始培養學生們邁向批判性的思維並不會太早。

然而，大部分的臺灣老師和家長仍然擔心青少年在學習獨立思考及採用批判式教學法時，可能產生的潛在影響力。其實，這並非是一個單純正反兩極的問題，但如果要讓批判教育學在臺灣教育領域發光發熱的話，肯定還需要更多的對話和系統支持，以便更加理解這個全球化世界的複雜性，並找出我們的優勢及意識到可能面臨的威脅。透過這樣的學習模式，人們可以發揮自己所長成為一個有學識且直言不諱的公民。若人們願意突破這樣的「界限處境」並以「界限行動（Limit-acts）」[90]予以回應，我相信未來若遇到現況中有不合理的事情時，人們必能願意對過度保護或想從中獲利的體制提出質疑或異議。每個公民將會因此逐漸理解「批判性思維」不僅是一個口號，更是身為公民該有的權利和義務。

90 人類面對挑戰時，是以行動-品多（A. V. Pinto）稱之為「界限行動（Limit-acts）」來予以回應：這些行動是朝向否定與克服，而不是被動地接受「既定事實」。該段文字摘自方永泉譯（2003）《受壓迫者教育學（卅週年版）》（原作者：P. Freire）第142頁。

第六章 結論

受壓迫者不能也不該接受壓迫者將他們依照種族、階級、性別、語言和民族分類（Freire & Macedo, 1995）。

The oppressed groups cannot and should not accept the dominant class categorization of them as " and, in the process, remain divided along race, class, gender, language and ethnicity lines.

受壓迫者（群體）不能也不該接受壓迫者（群體）將他們依照種族、階級、性別、語言和民族分類。

——*A dialogue: Culture, language, and race*（*Freire & Macedo, 1995*）

第1節 研究問題的答案

想像一個文化產品擁有強大的影響力，並被6~60歲廣大讀者所讚揚與欣賞，它陪伴著我們每天的日常生活，有時甚至還定義了我們自己，這就是日系漫畫書在臺灣的現況。事實上，除非視而不見，否則很難忽略這個強大文化產物所帶來的現象。

因此，為了衡量日系漫畫在臺灣的影響程度，我以多面向視角來檢視與本研究相關的各種重要議題。在第一章中，針對目前最亟待解決的問題，我提出研究問題：「在目前日系主流漫畫中存在著怎樣的種族、性別、階級、暴力和跨文化議題，及這些漫畫如何影響臺灣國中青少年讀者？」當確立研究問題後，我又分別從比較教育和文化研究領域出發提出以下幾個子問題：

1. 從文化研究的批判觀點來看，日系漫畫書裡再現哪些種族、性別、階級和暴力的意識形態訊息？

2. 國中學生及教師如何解讀日系漫畫書與其影響？

3. 作為外來傳播媒體，日系漫畫書是否影響臺灣青少年的文化認同？

在第五章中，我詳細討論了調查結果與研究發現，並以更廣闊的角度總結全部議題。比方說，這五系列漫畫很明顯地都存在著因創作者偏見而造成的種族意識形態議題。由於日系漫畫書最初是為日本讀者所創作並在當地發行的產品，因此我發現除了《海賊王（航海王）》和刻意描繪西方景象以營造「國際化」環境的《進擊的巨人》外，其餘的漫畫（即《名偵探柯南》、《火影忍者》和《死神BEACH》）都存在著明顯的種族中心主義問題。

再者，多數漫畫裡，能力較好的超級英雄和他的支持團隊通常被設計為非亞洲人。更確切地說，當角色設定要塑造「國際感」而加入「外國人」類型時，他們通常是白種人。事實上，我們很難在日系漫畫中找到黑種人／非洲人種，即使有黑人或非裔人種的角色出現，他們也受到創作者刻板印象的影響，僅對他們的外型表徵（如黑皮膚和Afro hairdos黑人捲髮）進行強調，而忽視他們特有的文化。

然而，日系漫畫還是具有積極正向的優點。比方說，訪談學生提及漫畫內容出現過的文化表徵可以激發他們的好奇心，並促使他們去找尋更多有關的知識。另外，值得注意的是，絕大多數臺灣中學生在日常生活裡很少有機會接觸到亞洲以外的其他人種，因此他們在辨別漫畫角色為主角或反派角色時，通常是依靠過去從各種資源所學到的刻板印象來判斷（如：美國人愛吃肉），而非單純依漫畫所描繪的外表或文化特徵判別。整體而言，日系漫畫書在目前並沒有對臺灣年輕讀者的種族意識形態發生嚴重影響。但這種基於作者刻板印象和長期種

族偏見所描繪出的樣貌若持續存在漫畫當中，並被讀者們不斷地接觸，很難保證他們不會一直不被影響。

至於性別意識形態，我發現主流漫畫雖然對男、女性讀者的影響差異不大，但相較於女性夥伴，男性主角和其男性夥伴在漫畫裡總是更具有決定性的力量，並影響著劇情走向。多數的漫畫創作者習慣將女性角色塑造成順從、需要被照顧等形象，因此日系漫畫書充斥著性別刻板印象。然而，專家小組中的老師們普遍認為學生只是善於模仿心儀角色的英雄行為，但不一定認同「只有男性角色能扮演關鍵角色決定劇情走向」這樣的價值觀念。再者，性別意識形態也與身體形象和性暗示行為有關。女性角色在漫畫中的穿著通常比男性角色更為暴露，並且，漫畫裡經常會出現男性角色被身材火辣女性所吸引並做出開玩笑舉動的橋段。但大部分的人認為，這樣的劇情在漫畫裡只是單純娛樂讀者而非性騷擾。

不可避談的另一個性別議題是，男性為主的異性戀意識形態主宰了漫畫故事的情節並被大多數讀者接受。漫畫故事裡，不論是涉及老師或學生、男或女同性戀、雙性戀者甚至跨性別者（LGBT）議題，都會被詮釋成夢幻般的異性戀。即使在男同性戀（BL）漫畫裡出現兩個俊美男性親密獨處的劇情，可能也只是創作者為了吸引女性讀者所營造的夢幻般愛情體驗，或是創作者不經意地透露出自己對於這樣感情寫照的嘲諷態度。然而，這兩種原因對於臺灣青少年讀者理解「同性戀」議題，皆沒有任何助益。

階級意識形態議題應以經濟階級和社會階級兩個觀點分別審視。不論漫畫主角的居住環境和I擁有的物質資源為何，中產階級意識形態在

這五系列漫畫裡，占有絕對的主導地位。在與學生的訪談時，我發現他們會將心儀角色所擁有的物質財產作為他們「成年」後經濟地位的指標。然而，學生多半也坦承，在我問他們階級意識形態的相關問題前，他們從未關注過這樣的議題。另外，當學生們被問及什麼樣的行為構成正當與不正當時，角色的經濟地位似乎不會作為他們判斷行為正當性的考量。因此，可以公平地說，漫畫唯物主義地以角色所擁有的物資財產來表現其經濟階級的差異，並不能幫助年輕讀者理解現實生活的狀況，因為那不過是創造者基於中產階級視野及中產階級偏見，對不同階級粗略想像所描繪出的樣貌而已。

至於社會階級方面，我發現日系漫畫提到的社會階級概念與傳統日本的社會階級制度有關。在這五系列漫畫裡，都強調了主角父親的形象及其家族（氏族）的重要性。但大部分的臺灣老師和學生不認為這種意識形態會影響他們，因為他們普遍認同的是一個有積極態度的人透過努力來獲取成就的菁英價值，而這無關這個人的社會地位。

暴力意識形態經常出現在這五系列的漫畫書當中，尤其是打鬥為主的漫畫書（即除了《名偵探柯南》外的其他四系列）。然而，創作者通常會以唯美方式呈現角色身體流血受傷、甚至死亡的暴力場景，被我定義為「幻想化的死亡」。它如同麻醉劑般，讓許多人對於心儀角色在殘酷情況下所採取的不合理情節不會多加質疑或聯想，也不會特別在意其所造成的長遠影響。另外，不論資深或資淺的漫畫讀者，都表示他們欣賞漫畫主角克服重重困難與挑戰，並在最終獲得榮譽的積極向上精神。從這樣看來，儘管日系漫畫書充斥著暴力畫面，但它似乎不會因此激起絕大多數讀者的暴力性格與行為。然而，專家也提醒，雖然學生們普遍可以理性地認為漫畫所描述的暴力並不是解決問題的

最佳方法，但當年輕人過度暴露於這些具有理想結局的暴力意識形態作品時，我們**很難忽略**其影響力。

關於最後一個研究問題：「作為外來傳播媒體，日系漫畫書是否影響臺灣青少年的文化認同？」我認為這個問題與種族意識形態有關。許多老師認為日系漫畫蘊含著強烈的日式文化和種族意識，可能會對臺灣青少年讀者的文化認同產生永久的影響。事實上，日系漫畫的魅力不光是來自於漫畫本身，還受到一連串成功行銷策略的支持。因此許多臺灣學生不僅欣賞日式文化，還將其視為值得效法的模範。由於日系漫畫及其相關產物不斷大規模的進口，使得臺灣青少年的母語、文化和傳統藝術成為氾濫日式文化的受害者。這樣的情形若仍不重視，未來可能不只是持續影響青少年的思想和行為，還可能危及國家文化產業和娛樂媒體命運。

當然，有些人可能會對這樣的說法持反對立場。畢竟日系漫畫書同樣也在美國或其他國家備受歡迎且似乎未對該國的讀者認同感產生影響，或許臺灣讀者只是單純喜愛日系漫畫書的故事情節和圖像，而傾向於購買及使用它們的周邊產品。然而，我在第五章裡，曾經強調臺灣所面臨的挑戰並不同於美國。由於美國在人口結構變異性與文化多樣性上都比臺灣要寬廣許多，因此，和美國相比，臺灣的人口相對稀少且同質性高，文化多樣性也相對不足。在缺乏不同種族的漫畫迷和多元化的本土文化下，臺灣漫畫產業錯失了發展的機會。在美國，日系漫畫《海賊王（航海王）》和美系漫畫《超人》可以並列為排行榜的暢銷書籍，但在臺灣，除了日系漫畫外，本土或他國的漫畫作品從未達到這樣的普及程度。長遠的角度看來，**日本霸權對臺灣的文化影響是不利的**，因為它讓臺灣文化失去了講述自己故事的力量與存在

感[91]。

　　日本的經濟和文化產業持續不斷地影響臺灣的社會經濟與文化，日系漫畫潮流也不停歇地影響臺灣讀者意識形態。面對這樣的後殖民主義局勢，我認為是時候將批判性思維帶入教育領域上，並建立一套以日系漫畫書為素材的批判性教學法了。雖然，這樣的批判性教學法可能會引起臺灣教育工作者的壓力和不安，也可能有其侷限性，但如果他們願意嘗試，或許會發現這種教法能夠喚起他們與學生的自我意識，並擺脫他們對於自身心智的限制。假如他們仍不願意嘗試，不管是教育工作者或學生的思維都可能會因體制限制而更加僵化，並遠離社會進步所需要的創造性動力。

第2節　研究限制與其它可能性

　　我的研究由於時間和資源有限，因此所有參加的學生都來自於臺灣首都臺北市的一所國中。他們的社會經濟階級與種族大致相同，而這也反映了臺灣都市人口的同質性。這樣的控制變因使得這項研究雖然能揭示多數臺灣青少年的某些意識形態，但也同樣受到了限制，以至於我們無法了解同年齡層、不同背景下的學生是否有著不同的想法。因此，本研究的結果只能代表同樣居住在都市、中產階級家庭的國中學生思維與看法。我們無法假設臺灣的原住民學生或新臺灣人第二代會以相同的標準來評斷漫畫書裡的種族與民族議題；也不能假設生活

---

91 當然，日系漫畫的主導地位並未完全限制臺灣本土漫畫的成長。許多臺灣的漫畫家嘗試
　　使用「混搭」的風格，即以日系漫畫為典範，嘗試將當地的文化素材與精緻的繪畫技巧
　　結合。然而，這樣的「混搭」風格又出現了另一個問題，即這種風格是否限制了臺灣本
　　土漫畫的潛在創造力？臺灣漫畫家有沒有可能自己找到一種方式推廣本土的文化？

在較低社經階級家庭的學生會完全贊同受訪學生們的觀念，如受訪學生認為「一個人的道德標準比他所處的經濟環境更為重要。」

為了更深入了解臺灣青少年對日系漫畫隱含的意識形態理解程度，我建議未來應考慮調查不同社會與文化背景的學生[92]。比方說若是要了解日系漫畫如何影響臺灣的弱勢族群，就應該邀請偏遠地區或非都會區的學生們來參與研究。透過這樣的方式，才可以聽到更廣闊的意見，所表達出來的觀點也才能更貼近臺灣整體青少年族群。

另一個需要被持續深入探討的原因與隨時間不斷變化的臺灣文化認同有關。本研究中，雖然老師和學生皆坦承若將日系漫畫與本土作品進行比較時，他們傾向於選擇日系漫畫，也認同前者優於臺灣的作品。但相較青少年讀者，較年長的臺灣讀者還是更清楚地了解過去被日本殖民時的歷史背景，也更加了解國產商品在國際市場上所面臨的經濟阻礙。因此，在整個訪談過程中，老師能比學生更加客觀地關注這項日系文化產品，並且明確指出蘊藏在其中的微妙種族與民族問題，以及臺日兩國之間長久以來相似與分歧的根源。無論臺灣當前政府和媒體是否支持，目前教育工作者仍然對臺灣未來的文化有著高度的期許。除了上述的差異外，本研究還清楚地發現，青少年和成年人讀者在探討「日系漫畫書的影響力」及「以日系漫畫書為外來傳播媒體，是否會對臺灣青少年的文化認同產生影響」這兩個議題上，有著不同的看法。然而，這項研究卻無法確切證明為什麼不同年齡層和不同世

---

92 在第二章中，提到張建成的「國中生的流行文化：以漫畫閱讀及偶像崇拜為例」研究表明學生對於漫畫內容的理解程度與其文化資本有關（張建成，2004）。然而近十幾年來都沒有發表任何相關的後續研究，因此可能需要進行相關的研究以了解來自中產階級家庭和低社經地位家庭的青少年，他們的是否在認知上仍存在著差距。

代的臺灣人對日本保持著不同的態度。換言之，我發現臺灣青少年和成年人在這些議題上存在著文化認同的差異，但這已超出我的研究範圍，因此我無法解釋為什麼會有這樣的差距。

我認為，後續的研究若能探討不同年齡層讀者的觀點將格外重要。比方說，在往後的研究可以試著探討這些青少年漫畫迷是否比起成年人更富有民族精神，或者他們更樂意成為「哈日族」。假如真的有這樣的明顯差異，那是什麼原因造成的？臺灣在過去有本土化運動，2015年又推行類似的文藝復興運動，近年來，政府也不斷推動各項政策以發展臺灣的本土文化。未來臺灣文化產品是否能成為臺灣人創造願景的正向媒介呢？

上述這些問題，皆需要展開更進一步的研究與分析才能回答。最後，我建議未來的研究也可以使用弗雷勒的批判教育模式，藉由「衍生課題」及「文化圈」建立，讓教育工作者和學生們有機會透過批判性地「對話」來「解決問題」並擴展其辯證思維。雖然很難系統性地具體描述如何將弗雷勒的理論應用在相關研究中，但若教育工作者和學生願意以提問的對話方式討論他們在課內或課外接觸到的經驗，並跳脫框架進行思考，將會是一項富有成效的突破[93]。而這就是弗雷勒稱的「**未經測試之可行性（Untested feasibility）**」。我認為，未來不

---

93 「這種運動的起點是在於民眾的自身。由於民眾並不是離開世界而存在，此運動必須自人與世界的關係開始，其出發點必須也與此地此時的人們有關，其中「此地此時」構成了人在其中沈淪、興起與行動的情境。只有從「此地此時」的情境開始-它決定了人們對情境的知覺-人們才能開始前進。為了要真正地做到此點，人們必須不把自己的狀態看作是命定與無法改變的，而是僅將之視為一種限制-因此它才會充滿挑戰。參考方永泉譯（2003）《受壓迫者教育學（卅週年版）》（原作者：P. Freire）第123頁。

論是以漫畫書或以其他媒體資源作為喚起學生對話辯證興趣的教材，都會是實踐弗雷勒理論的一種有趣體驗。隨著參與學生不同，我們將得到一系列不同群體的長期研究成果。納入多樣化教材，我們將可以發現更多議題，揭示更多的文化現象。

事實上，漫畫研究在臺灣已經有很長一段時間被忽視，因此這樣的研究主題還蘊藏無數的潛在議題值得之後探討。有鑑於此，我建議將此項研究做為邁向非傳統教育方法的第一步。在專家小組成員加入我的研究前，曾經指出這方面的研究在臺灣目前尚無定論，因此，臺灣教育工作者及研究人員較容易和青少年進行平等對話，以理解他們的真實想法及青少年文化。弗雷勒所謂的「囤積式教育」已在臺灣推行了好幾世代，我不主張推翻它。相對的，我認為新一代的教育工作者及學習者應樂於嘗試以一種新的探究議題方法來延伸課程的範圍。這種方法強調的是共同人性及擴大意識辯證。透過這樣的方式，學習者有機會主動思考及理解他們所接受到的知識與意識形態具體來源和相關性為何，並且與臺灣各個不同世代、階層的人進行真正的交流。

第3節　研究的意義與影響

此項研究為教育領域提供了一項跨理論的研究方法。透過結合文化研究、比較教育和教育社會學的觀點，我想表明我的信念，即未來的教育研究需要更靈活且更多元，願意嘗試更多充滿創造力與想像力的領域種類，從而更加適應這個層出不窮的世界。假如臺灣的教育研究人員能明白教育研究不該受限於與正規教育相關的問題，也不一定由受政府資助培訓的機構及人員來執行，那麼將更有機會探索一系列長久被遺忘的社會和文化問題。在這項研究中，漫畫書貼近許多年輕人

的日常生活，但多數的老師與家長們卻不認為它有任何的價值，並將其嚴格禁止甚至強力譴責它。然而，對青少年而言，越被禁止的東西對他們的吸引力也越大，因此漫畫書對這群涉世未深的年輕人影響也就更深遠。假如能將漫畫影響的長遠性與影響人口的相關性徹底揭露出來，我相信每個人的自我意識也會相應地提高。因此，我想透過揭示漫畫的意識形態內容並試圖闡述其對年輕讀者的強大影響，指出娛樂媒體如何成為強而有力的媒介，在教育和非教育領域將數以萬計的讀者思想緊密聯繫在一起。

正如弗雷勒所說，教育研究「必須包含溝通及某種共通經驗在內，而這些溝通與共通經驗皆是來自在現實不斷的「生成」複雜過程中人們對於現實的覺察（Freire, 2012, 108）[94]。」人類經歷的社會背景已經太過複雜而無法僅以單一領域來解釋，因此，我相信未來將會有越來越多的跨理論研究。透過與教育領域些微相關的各領域學者和研究人員（如：圖書館員）合作，教育研究宛如一個多元化的遊樂場。事實上，這個遊樂場可以存在於世界各地，並由各地生活緊密聯繫的學生、教育工作者及研究人員共同組成，在這個遊樂場裡，三者間透過不斷地意見表達與辯證對話，建立出各種不同於傳統的教學模式。

除了對教育研究人員提出建議外，本研究也對教育工作者和家長揭示一些實質上的回饋與建議。儘管漫畫經常受到老師和家長的審閱或

---

94 此段同上參考方永泉譯（2003）《受壓迫者教育學（卅週年版）》（原作者：P. Freire）第151-152頁。該段指出教育者在進行教育計畫與教育研究者在執行一項研究時，都必須互相支持。因為教育研究「必須包含溝通及某種共通經驗在內，而這些溝通與共通經驗皆是來自在現實不斷的「生成」複雜過程中人們對於現實的覺察（Pedagogy of the Oppressed, 2012, 108）。」

禁止，但它們所蘊含的意識形態卻深深的影響青少年讀者的心靈與思考模式。因此，持續對學生們施加限制似乎不是處理這類問題的最佳解決方式。為了讓青少年讀者擁有批判的意識，臺灣的教育工作者和家長必須願意從他們現有的態度和教育策略進行根本上的改變。不論是在學校或是家庭，都應該陪同年輕學子以系統化地思考、理性地方式探討隱藏在漫畫裡的各種種族、性別、階級等意識形態議題，並理解這樣的作品是否有著創作者的刻板印象及不平等的陳述。

再者，關於青少年讀者因閱讀漫畫暴力圖像而引起的情緒反應也應該嚴肅的審視與看待，特別是那些會激起他們情緒、引起他們不安的圖像。除此之外，在沒有成年人過度引導、解釋與保護的情況下，應該要鼓勵青少年認識本土的文化，並意識到該文化所蘊藏的潛力。唯有成年人嘗試激發青少年的自主、批判思考模式，全心全意地鼓勵他們用自己的創造與想像力去編織自己的故事，才有機會將這個日本新殖民主義文化產物所帶來的影響脈絡化。

特別提醒的是，我認為這樣的建議課程不需要占用學校正規的上課時間。事實上，這樣批判性的教育模式或娛樂媒體的教育可以在任何時間和空間中發生，當然，它也可能會在特定的課外活動、大型慶祝會，或單純個人的休閒娛樂時間上發生。教育的形式其實並不重要。只要資源允許，任何重要的改變過程可以在任何地方發生，這就是為什麼我鼓勵教育管理者允許這樣的變化產生。它不需要在已超載的學校教育上，額外增加負擔或建立任何的短程目標，社會教育是可以透過大眾媒體與公共圖書館等社區型機構來進行的。藉由這樣的教育系統及計畫介入，社會將能更深刻了解批判教育的內涵，如此一來，批判教育不再只是「口述」課程或零星展覽會上展示的教育理論。臺灣

必須積極培養財政經濟和富有本土意識形態的資源，唯有如此，教育工作者才可以在體制內的正規教育、學校紀律下，自由地向學生們講述爭議性的社會議題。當我們準備對學生們的教育進行改變時，教育上所碰到的問題是最可以作為社區議題並拿出來討論的，除非這樣的問題會危害我們生活品質，否則我們不需要逃避它。

當然，所有的這些變化並不會在一朝一夕之間就發生。儘管我們不斷抗拒，臺灣教育系統遲早會面臨全球化及超資本主義下的社會文化改革。這將不再僅限於漫畫書，還可能包含更多的媒體娛樂。因此，我認為現在是考慮如何改變及改善後輩教育模式的最佳時機。

第4節 結語

在談及未來我的努力方向前，想像一個在臺灣國中學校常見的典型場景：

> 教室的公佈欄上有一張巨型的《海賊王（航海王）》海報，海報裡魯夫和其他船員露出幸福的面孔，為下一次冒險做好準備。兩個女孩走在走廊上，揹包掛有《進擊的巨人》角色人偶的鑰匙圈。教室裡，你可以聽到一群學生正在討論剛上映的《火影忍者》與《名偵探柯南》動畫電影，而一個男孩正坐在角落偷偷的從櫃子中拿出最新一集的《死神BLEACH》。

漫畫相關研究在臺灣教育領域已有很長一段時間不被重視。矛盾的是，這種特殊娛樂媒體對全球的影響力仍然不斷在增加。由於教育研

究人員對這個新興領域缺乏了解，以至於他們對這樣的教育研究設置了太多的限制，或者在有價值的教育研究中設立了不切實際的標準。教育學者應如同社會觀察家，當社會發生任何變動時，他們都必須去調查它。特別是當閱讀漫畫和觀賞動畫片成為多數臺灣民眾童年時期集體記憶的一部分，實在沒有理由不將其視為一種重要的文化現象。

事實上，對於長期仰賴他國進口大量文化產品（尤其是日本）的臺灣而言，相關意識形態議題及跨文化影響早就是一個嚴重的問題。從負面的角度看來，這無異於自願接受殖民化。然而，從正向的角度來看，流行的趨勢會帶動國際間文化交流，因此同樣意味著臺灣人民有機會與競爭日益劇增的跨國觀眾展示自己的歷史、語言、故事與民間傳說，以激發相互聯繫。

我試圖透過此項研究向教育工作者、教育研究人員與文化工作者陳述一個複雜的文化現象。漫畫書不僅僅只是表面上看來的印刷品。它們的重要性與文化相關性早已超越了單純娛樂青少年的作用。它們是知識分子在公平競爭社會下傳遞意識形態的重要媒介，值得學術界密切關注。本研究目的在於讓青少年讀者理解到蘊藏在這種娛樂媒體裡的意識形態缺陷，但並非對漫畫整體的價值或存在的意義作出評斷。根據我對日系漫畫書的研究調查，我發現多數成年人及大眾媒體對於漫畫書的誤解及過度焦慮是不必要的，但我們應正視存在於其中的許多意識形態議題，盡快地以批判教育的模式去探討。我相信透過鑽研漫畫並試圖理解其中的不完美之處，讀者將能以更客觀的角度去欣賞那些令人振奮的劇情和夢幻國度，讀者們也不再被創作者偏頗的意識形態所奴役。

　　最後，本研究希望能鼓勵臺灣青少年以更具自我意識、更審慎的方式閱讀日系漫畫書，並從漫畫中獲得一些過去被社會大眾認為在「經典文學作品」裡才具有的好處，這將是踏出以漫畫書為批判教育教材的第一步。事實上，我們無法否認漫畫有部分的吸引力源於那理想的故事劇情——即永不停歇的戰鬥，以達最後終極目標。這樣努力不懈的生活哲學，鼓舞著我們奮發向上。透過弗雷勒的教學模式，我們可以從漫畫學到如何正確地閱讀與思考，引領這個世界。

附錄 1　國中生漫畫閱讀偏好調查問卷

國中生漫畫閱讀偏好調查問卷

　　同學您好！我是美國加利福尼亞大學洛杉磯分校（UCLA）的教育博士研究生許芳慈。我的論文研究題目是「用批判的角度閱讀漫畫書──以弗雷勒理論探討臺灣中學生如何受日系漫畫影響」。這篇研究需要探討我國國中生當前喜愛的主流漫畫，而您的幫助將有助於臺灣媒體教育發展，並讓美國研究者更了解臺灣文化。

　　這份問卷採取匿名設計，問卷結果只提供研究需要，不會做其他學校用途，所以請大家放心作答。

感謝您的協助！謝謝！

UCLA 博士候選人許芳慈

　　　學校：＿＿＿＿國中　＿＿＿年＿＿＿班　性別：＿＿＿

1.　每週閱讀漫畫和／或觀看動畫片的時間（單選）：
　　□一小時以下　□兩到三小時　□三到五小時
　　□五小時以上　□其他＿＿＿＿＿

2. 閱讀漫畫和／或觀看動畫片的方式（可複選）：
  □自己購買　□親朋好友分享　□在租書店租借
  □上網閱讀　□其他＿＿＿＿＿＿

3. 在閱讀前，您會注意到該書的分級嗎？
  □會，十八禁的就不看　□不會，內容好不好才重要
  □有時候會有時候不會

接下來的題目請按照喜好順序給1-5分，5分為最喜歡。雖然你喜歡的項目可能超過五個，但你只能從以下選出比較喜愛的五個，且給分不能重複。

1. 您喜歡的漫畫類型是：
  □魔法奇幻　□科學幻想　□運動　□偵探
  □校園生活／校園喜劇　□同性戀BL／GL　□男女愛情
  □恐怖驚聳（靈異、獵奇）
  □特殊技藝（下棋、廚藝、品酒等等）　□其他＿＿＿＿＿＿

2. 請由下列名單中選出你最喜歡的前五名日系漫畫書：
  □《MAGI魔奇少年》　　　　□《花牌情緣》
  □《只想告訴你》　　　　　　□《飆速宅男》
  □《王牌投手－振臂高揮》　　□《驅魔少年》
  □《武裝機甲LINEBARRELS》　□《火影忍者》
  □《海賊王（航海王）》　　　□《死神BLEACH》
  □《名偵探柯南》　　　　　　□《SKIP・BEAT！華麗的挑戰》

□《進擊的巨人》　　　　　□《銀魂》

□《藍蘭島漂流記》　　　　□《獵人HUNTER×HUNTER》

□《鑽石王牌》　　　　　　□《楚楚可憐超能少女組》

□《黑執事》　　　　　　　□《FAIRY TAIL魔導少年》

□《足球騎士》　　　　　　□《美食獵人TORIKO》

□《旋風管家！》　　　　　□《獵魔戰記》

感謝您的作答，問卷到此結束。

附錄 2　日系漫畫內容分析表

日系漫畫內容分析表

　　請針對內容表現填寫，以系列為單位。如果你認為在一系列中其他非選定本出現以下行為／特色，可以在備註欄位中加入註解。

暴力／犯罪場景

如果有符合選項的表現，則寫Y，若無，則寫N。

暴力行為描述	海賊王	名偵探柯南	進擊的巨人	火影忍者	死神BLEACH
流血					
肢體傷害					
暴力致死					
非暴力的犯罪行為					

性別意識

　　如果該系列中有相關行為由女性角色對男性表現者，則寫G。如果由男性角色對女性表現者，則寫B。如果是男性對男性的表現，請寫C。女性對女性的表現，請寫D。同一格可不只出現一類

行為。

性別相關描述	海賊王	名偵探柯南	進擊的巨人	火影忍者	死神BLEACH
主導劇情發展					
幫助另一角色					
表現自己的脆弱					
表現自己的強悍					
言語調戲／性暗示言語					
身體裸露					
性行為暗示					

※ 「裸露」指露出性器（女性胸部，男性生殖器）。「性行為暗示」指行動上表現出暗示性行為的動作（例如SM、做愛）。

種族意識

如果該系列中有相關表現代表日本文化，請寫J。如果出現西方文化，請寫W。出現非日本的其他亞洲文化，請寫A。同一格可不只出現一類文化。你可以在備註註明出現的國家（種族）。

種族相關描述	海賊王	名偵探柯南	進擊的巨人	火影忍者	死神BLEACH
註明地標／地點					
神話傳說					

種族相關描述	海賊王	名偵探柯南	進擊的巨人	火影忍者	死神BLEACH
文化產物 （如衣物，飾品）					
傳統技藝 （如武術、茶道）					
傳統精神 （如武士道、 騎士精神）					

階級意識

如果該系列中有相關描述代表低社經階級，請寫L。如果是高社經階級，則寫H。中產階級請寫M。同一格可不只出現一類表現。

階級相關描述	海賊王	名偵探柯南	進擊的巨人	火影忍者	死神BLEACH
主導故事					
正向描述					
負向描述					
階級相關描述					

※ 「正向描述」是指該情節認同或肯定某個階級。例如：對窮人有共鳴（L）、對上流社會生活方式感到讚賞（H）。「負向描述」是指該情節諷刺或批評某個階級。例如：窮人因貧窮而易觸犯法律（L）、富人享受奢華生活，無視「下等人」。（H）。

參考文獻
Reference

ALA. (2015). Great Graphic Novels 2013. Retrieved May 16, 2015 from Anderson, C. A. & Bushman, B. J. (2002). The effects of media violence on society. *Science,295(5564): 2377-2379.*

Bahamut GNN. (2013, January 29). *One Piece Z earned over twenty million NTD and honored to be the best-selling Japanese movie current in Taiwan.* Retrieved February 13, 2014, from http://gnn.gamer.com.tw/7/76187.html

Barker, M. (1989). *Comics: Ideology, power, and the critics.* NY: Manchester University.

Belk, R. W. (1987). Material values in the comics: A content analysis of comic books featuring themes of wealth. *The Journal of Consumer Research, 14(1), 26-42.*

Benedict, R. (1946). *The Chrysanthemum and the sword.* Massachusetts: Riverside.

Berger, A. A. (1973). *The comic-stripped American.* NY: Social Policy.

Boerman, C. B. (2013). More than comic books. *Educational Leadership, 70(6), 73-77.*

Bourdieu, P. (1974). Cultural reproduction and social reproduction. In Richard Brown (Ed.), *Knowledge, Education and Social Change. (pp.71-84).* London: Taylor & Francis.

Brennen, B. S. (2013). *Qualitative research methods for media studies.* NY: Routledge.

Brown, J. A. (1999). Comic book masculinity and the new black superhero. *African American Review, 33(1), 25-42.*

Brown, J. A. (2004). Comic book fandom and cultural capital. *The Journal of Popular Culture, 30(4), 13-31.*

Buckingham, D. (1997). Electronic child abuse? Rethinking the media's effects on children. In Martin Barker & Julian Petley (Eds.). *IIIEffects The media/ violence debate. (pp.32-47).* NY: Routledge.

Bullock, H. E., Wyche, K. F. &Williams, W. R. (2001). Media Images of the poor. J*ournal of Social Issues, 57(2), 229-246.*

Chang, C. C. (2004). Early teenagers' popular culture: Comic reading and idolatry as examples. *Taiwan Journal of Sociology of Education, 4(1),149-167.*

註：　張建成（2004）。國中生的流行文化：以漫畫閱讀及偶像崇拜為例。臺灣教育社會學研究卷期：4：1。第149-167頁。

Chang, Y. H. (2008). *Narrative analysis of cyborg heroines in Japanese sci-fi comics.* (Master Thesis, Shih Hsin University, Taiwan, Taipei). Retrieved from http://handle.ncl.edu.tw/11296/ndltd/93787026591497923009

註：　張約翰（2008）。日本男性科幻漫畫中的生化女戰士。世新大學碩士論文。

Chao, P. H. (2011). *How senior high girls interpret BL and their sex role attitudes.* (Master Thesis, National Taichung University of Education, Taiwan,

Taichung). Retrieved from http://handle.ncl.edu.tw/11296/ndltd/379428
82523773180623

註：   張約翰（2011）。高中職女生對BL之解讀與其性別角色態度。國立臺
中教育大學碩士論文。

Chen, C. H. (2013, September 2). *How to make Taiwanese comic books cooperate
withChinese market.* Retrieved from May 26, 2015, from http://www.chcu.
twmail.org/hot_133293.html

註：   陳玉金（2013）。臺灣兒童圖畫書發展史論（1945-2013）。國立臺東
大學碩士論文。

Chen, C. W. (2005). From Japan-crazy to understanding Japanese culture: Japanese
animation culture as explanation. *Humanities and Social Science, 43(1), 25-
70.*

註：   陳仲偉（2005）。從哈日到知日──以日本動畫文化為例。人文與社
會科學期刊：43：1。第25-70頁。

Chen, H. L. (2004). *The influence of discussion group using storybooks and comics
as the materials on the gender stereotype of the elementary school senior-
class female students.* (Master Thesis, National Hsinchu University of
Education, Taiwan, Hsinchu). Retrieved from http://handle.ncl.edu.tw/11296/
ndltd/22646442165279037665

註：   陳喜蓮（2004）。以繪本及漫畫為素材之討論團體對國小高年級女生
性別刻板印象之影響研究。國立新竹教育大學碩士論文。

Chen, K. H. (2006). *Towards De-Imperialization:Asia as method.* Taipei: Pedestrian.

註： 陳光興（2006）。去帝國：亞洲作為方法。行人出版社。

Chen, K. H. (1996). Decolonization and cultural studies. *Taiwan: A radical quarterly in social studies, 21, 73-139.*

註： 陳光興（1996）。去殖民的文化研究。臺灣社會研究季刊；21期。第73 - 139頁。

Cheng, C. M. (2005). Analysis of cross culture transmission from the trend of Japanese and Korean drama. China media report overseas,01(1), 2005, 1-6.

註： 鄭貞銘（2005）。從日劇、韓劇的風行看跨文化傳播。中国傳媒海外報告：01：1。第1-6頁。

Cheng, C. T. (2013). *Discover junior high school students' understandings and interpretations on Newton's laws of motion through scientific comics.* (Master Thesis, National Dong Hwa University, Taiwan, Hualien). Retrieved from http://handle.ncl.edu.tw/11296/ndltd/36422290831447828152

註： 鄭中鼎（2013）。從科學漫畫探討國中學生對科學概念的理解與詮釋～以牛三定律為例。國立東華大學碩士論文。

Chou, I. C. (2008). *The effect to the identification between Taiwan and Korea during the Japanese period, especially focused on the "Kominka Movement"—and debated how to organize the ethnicism of Taiwan.* (Master Thesis, Fu Hsing Kang College, Taiwan, Taipei).Retrieved from http://handle.ncl.edu.tw/11296/ndltd/08432680838128521401

註： 周宜慶（2008）。日據時代皇民化運動對臺灣與韓國身分認同的影響——兼論臺灣族群共識的建構。國防大學政治作戰學院碩士論文。

Christensen, L. L. (2007). Graphic global conflict: Graphic novels in the high school social studies classroom. *Social Studies*, 97(6), 227-230.

Chuang, M. K. (2003). *Cultivating multiple roles through popular comic growth group for teenage girls.* (Master Thesis, National Dong Hwa University, Taiwan, Hualien). Retrieved from http://handle.ncl.edu.tw/11296/ndltd/98575340670972116417

註： 莊敏琪（2003）。流行漫畫成長團體對青少女性別角色多元化形塑之探究。國立東華大學碩士論文。

Department of administration (2011). 2010 Taiwan publishers survey: 6-2 the development of comic publications. Retrieved December 10, 2013, from http://www.moc.gov.tw/images/Yearbook/2010survey/catalog6-2.html

註： 2010年圖書出版產業調查報告：第6-2章：漫畫出版業發展概況。文化部文化統計-調查與研究（2011）。

Dorfman, A. & Mattelart, A. (1975). *How to read Donald Duck.* NY: I. G. Editions. Emiko, O. 1997. *The Japanese family system in transition: A sociological analysis of family change in postwar Japan.* Japan: LTCB International Library Foundation.

ETtoday, (2014, May 29). Chief executive asked police officers read Case Closed to prevent the next Chieh Cheng, officers complained "Too many volumes!" Retrieved May 16 from http://www.ettoday.net/news/20140529/362333.htm

註： 長官下令苦讀《柯南》防鄭捷　基層警怨：也太多集了吧。ETtoday新聞雲-2014年05月29日社會新聞。

Fanon, F. (1967). *Black skin white masks.* (C. L Markmann, Trans.) UK: Pluto.

Freire, P. & Faundez, A. (1989). *Learning to question: A pedagogy of liberation.* NY: Continuum.

Freire, P. & Horton, M. (1990). *We make the road by walking: Conversation on education and social change.* Philadelphia: Temple University.

Freire, P. & MacEdo, D. (1999). *Ideology matters.* NY: Rowman & Littlefield.

Freire, P. & MacEdo, D. (1995). A Dialogue: Culture, language, and race. *Harvard Educational Review, 65(3), 377-402.*

Freire, P. (1970). Cultural action and conscientization. *Harvard Educational Review, 40(3),452-477.*

Freire, P. (1971). *Cultural action for freedom.* Massachusetts: Harvard Educational Review.

Freire, P. (1983). The importance of the act of reading. J*ournal of Education, 165 (1), 5-11.*

Freire, P. (1985). *The politics of education: Culture, power, and liberation.* South Hadley, MA: Bergin & Garvey.

Freire, P. (2001). Pedagogy of freedom: Ethics, democracy, and civic courage. NY: Rowman &Littlefield.

Freire, P. (2005). *Education for critical consciousness.* NY: Continuum.

Freire, P. (2012). *Pedagogy of the oppressed.* NY: Continuum.

Funabashi, K. (1995). Pornographic culture and sexual violence. In Fanselow, K. F. & Kameda, A. (Eds.). *Japanese women: New feminist perspectives on the past, present, and future. (pp. 255-263).* NY: The City University of New York.

Giroux, H. A. (1996). Fugitive cultures: Race, violence, and youth. NY: Routledge.

Government Information Office. (2011). *2010 Taiwan publishers survey.* Retrieved from March 15, 2015, from http://mocfile.moc.gov.tw/mochistory/images/ Yearbook/2010survey/

註： 99年圖書出版產業調查報告：第6-2章：漫畫出版業發展概況。行政院 新聞局（2011）。

Gravett, P. (2004). *Manga: Sixty years of Japanese comics.* NY: Harper Design International.

Hall, S. (1989). New Ethnicities. In David Morley and Kuan-Hsing Chen (Eds.). *Critical dialogues in cultural studies.* (pp. 442-451). NY: Routledge.

Hammer, R. & Kellner, D. (2007). Forward. In Johnson, M. L. (Eds.). *Third wave feminism and television: Jane puts it in a box.* (pp. viii-xi). NY: I. B. Tauris.

Han, S. F. (2005). *On family structure, working class and consumption behavior in Japanese capitalist society: A close textual analysis of Hayao Miyazaki's Spirited Away.* (Master Thesis, National Taitung University, Taiwan, Taitung). Retrieved from http://handle.ncl.edu.tw/11296/ndltd/04835409489 849251599/

註： 韓淑芳（2005）。從《神隱少女》探討資本主義社會的家庭結構、勞

動階級與消費行為。國立臺東大學碩士論文。

Heywood, L. & Drake, J. (1997). Introduction. In Heywood, L. & Drake, J. (Eds.). *Third wave agenda: Being feminist, doing feminism.* (pp.1-24). MN: University of Minnesota.

Hinds, H. E. & Tatum, C. (1984). Images of women in Mexican comic books. .*The Journal of Popular Culture, 18(1), 146-162.*

Hoare, Q & Smith, G. N. (1999). Selections from the prison notebooks of Antonio Gramsci.London: Elecbook.

Hooks, B. (2010). *Teaching critical thinking: Practical wisdom.* NY: Routledge.

Hsu, C. S. (2001). *Strolling in manga world: A cultural discourse in Japanese comics.* （Master Thesis, Fu Jen Catholic University, Taiwan, New Taipei). Retrieved from http://handle.ncl.edu.tw/11296/ndltd/90818085634413795034

註： 徐佳馨（2001）。漫步圖框世界：解讀日本漫畫的文化意涵。輔仁大學碩士論文。

Hsu, F. (1975). *Iemoto: The heart of Japan.* NY: John Wiley & Sons.

註： 許烺光（1975）。家元：日本的真髓。南天書局。

Hsu, L. F. (2009). *The creation and research of interactive sound comic.* (Master Thesis, National Taiwan Normal University, Taiwan, Taipei). Retrieved from http://handle.ncl.edu.tw/11296/ndltd/14703181646762683618

註： 許立風（2009）。互動式有聲漫畫之創作研究。國立臺灣師範大學碩

士論文。

Hsu, M. J. (2013, August 11). Over 5 million people joined Doujin Exhibition. Apple Daily.Retrieved February 15, 2014, from http://www.appledaily.com.tw/appledaily/article/headline/20130811/35213993/

註： 許敏溶（2013.8.11）「同人誌」5萬人次擠爆。蘋果日報新聞。

Huang, C. J. (2010). *The influence of consumer lifestyle to the buying behavior－the case of moe ACG products.* (Master Thesis, Ming Chun University, Taiwan, Taipei). Retrieved from http://handle.ncl.edu.tw/11296/ndltd/38792202 444484849951

註： 黃俊儒（2010）。動漫迷生活型態對產品購買行為之影響——以萌系動漫產品為例。銘傳大學碩士論文。

Huang, C. L. (2007). *Emerging of the 'empire': Glocalization of Japanese comic industries in Taiwan.* (Master Thesis, Tunghai University, Taiwan, Taichung). Retrieved from http://handle.ncl.edu.tw/11296/ndltd/37187683344847 321888

註： 黃靖嵐（2007）。「帝國」的浮現與逸出：日本漫畫產業於臺灣的「全球在地化」實踐。東海大學碩士論文。

Huang, W. P. (2009). *Romance/ Sex of male otaku, fantasy and practice.* (Master Thesis,National Taiwan Normal University, Taiwan, Taipei). Retrieved from http://handle.ncl.edu.tw/11296/ndltd/65851592363835131586

註： 黃瑋斌（2010）。男性御宅族的愛情／色情幻想與實踐之研究。國立臺灣師範大學碩士論文。

Huang, Y. C. (2014, November 5). Addicted to Manga, from imitation to promise. Liberty Times. Retrieved May 23, 2015, from http://news.ltn.com.tw/news/society/paper/827492

註： 黃以敬（2014.11.5）沉迷動漫從模仿變守誓。自由時報新聞。

Ito, K. (2004). Images of women in weekly male comic magazines in Japan. .*The Journal of Popular Culture,27(4), 81-95.*

Iwabuchi, K. (2002). Recentering globalization: Popular culture and Japanese transnationalism. North Carolina: Duke University.

Keller, F. & Oechslin, D.(2013) Information Comics: Risks and Pitfalls. *Graphic Novels and Comics in the Classroom : Essays on the Educational Power of Sequential Art. North Carolina: McFarland & Company. 184-199*

Kellner, D. (1995). *Media culture: Cultural studies, identity and politics between the modern and the post-modern.* NY: Routledge.

Kohlberg, L. (1981). *The philosophy of moral development: Moral stages and the idea of justice.* NY: Harper & Row.

Lai, T. N. (2008). *Educational meanings in sport comics.* (Master Thesis, National Changhua University of Education, Taiwan, Changhua). Retrieved from http://handle.ncl.edu.tw/11296/ndltd/35326995984041931602

註： 賴丹穠（2008）。運動漫畫的教育意涵之探討。國立彰化師範大學碩士論文。

Larrain, J. (1994). Ideology & cultural identity. MA: Cambridge. Li, C. Y. (2004). *Comic Industry Development Comparison Research of Taiwan and Japan:*

Concentrated on the Marketing System and the Environment. (Master Thesis, National Kaohsiung First University of Science and Technology, Taiwan, Kaohsiung). Retrieved from http://handle.ncl.edu.tw/11296/ndltd/60739458059405760371/

註：　李朝陽（2004）。臺日漫畫產業發展比較研究～以流通制度與環境為考察中心～。國立高雄第一科技大學碩士論文。

Lin, C. C. (2006). Taiwanese education in Japanese ruling era: The critiques of assimilation. *Journal of Research on Elementary and Secondary Education, 16, 109-128.*

註：　林振中（2006）。日據時期臺灣教育史研究——同化教育政策之批判與啟示。國民教育研究學報；16期。第109-128頁。

Lin, C. H. (2014, August). Japan fight against pirate anime and manga by cooperation with fifteen companies. Retrieved May 24, 2015 from https://stli.iii.org.tw/ContentPage.aspx?i=6628/

註：　林中鶴（2014.8）　日本正式打擊動畫與漫畫盜版橫跨十五家企業聯手合作。資策會科技法律研究所-科技法治要聞。

Lin, J. Y. (1999). *The relevance between comic violence and violent attitudes of junior high school students: Junior high school students in Taipei City as example.* (Master Thesis, Chinese Culture University, Taiwan, Taipei). Retrieved from http://handle.ncl.edu.tw/11296/ndltd/26514281914130215287

註：　林政儀（1999）。漫畫暴力內容與國中生暴力態度之關聯性研究——以臺北市國中生為例。中國文化大學碩士論文。

Magic cancellation. (2013, January 16). One Piece: The real 'pirate kings' in the history. Retrieved May 15, 2015 from http://home.gamer.com.tw/creationDetail.php?sn=1867855

Mangahakuran. (2014, December 24). Interview with Hajime Isayama, creator of Attack on Titan: "Better to have memorable art, even memorably bad art, and stand out." Retrieved May 15, 2015 from https://mangabrog.wordpress.com/2014/12/24/interview-with-hajime-isayama-creator-of-attack-on-titan-better-to-have-memorable-art-even-memorably-bad-art-and-stand-out/

Marx K. & Engels, F. (1968). *The German ideology.* Moscow: Progress.

McGrath, K. (2007). Gender, race, and Latina identity: An examination of Marvel Comics'amazing fantasy and arana. *Atlantic Journal of Communication, 15(4), 268-283.*

McLelland, M. J. (2010). The love between 'beautiful boys' in Japanese women's comics. *Journal of Gender Studies, 9(1), 13-25.*

Mehta, V. P. & Hay, K. (2005). A superhero for gays? : Gay masculinity and Green Lantern. *The journal of American culture, 28(4), 390-404.*

Mezamashi Live (2014). Interview to Masashi Kishimoto by Ikoma Rina of Nogizaka46.Retrieved May, 20 2015 from https://www.youtube.com/watch?v=dDycTj1Kii0

Minami, H. (2014). Nihonjinron: From Meiji until today. (S. W. Chiu,Trans.) Taiwan: Li xu.

註： 邱琡雯譯（2014）近代日本的百年情結：日本人論。立緒出版社。原

著為南博。

Moeller, R. A. (2011). "Aren't these boy books?": High school students' readings of gender in graphic novels. *Journal of Adolescent & Adult Literacy, 54(7), 476-484.*

Mulvey, L. (1975). Visual pleasure and narrative cinema. Screen,16(3), 6-18.

National Central Library. (2014). 2013 Taiwan publishers survey. Retrieved from March 15,2015, from http://www.ncl.edu.tw/ct.asp?xItem=19791&ctNode=1620&mp=2

註：　國家圖書館2013年臺灣圖書出版現況及趨勢報告。

Oricon Style. (2014, December 1). Top Manga in 2014 by Sales. Retrieved March 26,2015 from http://www.oricon.co.jp/entertainment/ranking/2014/bookrank1201/index06.html

Ronai, C. R. & Carolyn E. (1989), "Turn-Ons for Money: Interactional Strategies of the Table Dancer" *Journal of Contemporary Ethnography 18(3):271-298.*

Russell, J. (1991). Race and reflexivity: The black other in contemporary Japanese mass culture.*Cultural Anthropology,6 (1), 3-25.*

Said, E. W. (1994). Culture and Imperialism. NY: Vintage.

Shang, W. C. (2006). *A study of cultural consumption and reproduction with the effect of Japanese cartoons and animation on Taiwanese pop culture as an example.* (Master Thesis, National Kaohsiung First University of Science and Technology, Taiwan, Kaohsiung). Retrieved from http://handle.ncl.edu.tw/11296/ndltd/03003757660180484439

註： 尚琬娟（1999）。文化的消費與複製研究——以日本動漫畫對臺灣流
行文化的影響為例。國立高雄第一科技大學碩士論文。

Simon, R. (2012). "Without comic books, there would be no me": Teachers as connoisseurs of adolescents' literate lives. *Journal of Adolescent & Adult Literacy, 55(6), 516-526.*

Singer, M. (2002). "Black skins" and white masks: Comic books and the secret of race. *African American Review, 36(1), 107-119.*

Syma, C. K. & Weiner, R. G. (2013). Introduction. In Syma, C. K. & Weiner, R. G.(Eds.). *Graphic novels and comics in the classroom.* (pp.1-11). North Carolina: McFarland &Company.

T. F. Chang, L. C. Yeh, & Y. H. Chang. (2005). The influence of multiple entrance program on entrance opportunities. *Educational Policy Forum,8(2), 1-24.*

Taiwan Comic Net. (2014). Comic database: Taiwanese comic history.Retrieved March 15, 2014 from http://www.comicnet.tw/004004.php/

Tan, K. T. (2000). Teenage subculture and personality development: Analysis of popular comics. *Secondary Education, 51(4), 11-33.*

註： 譚光鼎（2000）。青少年次文化與人格發展——流行漫畫讀物的分
析。中等教育季刊；51(4)。第11-33頁。

Torres, C. A. (1998). *Democracy, education, and multiculturalism: Dilemmas of citizenship in a global world.* NY: Rowman & Littlefield.

Torres, C. A. (2009). *Globalization and education: Collected essays on class, race, gender, and the state.* NY: Teachers college.

Torres, C. A. (2014). *First Freire: Early writings in social justice education.* NY: Teachers College.

Tsai, H. H., Hsu, Y. M., Wang, W. Y., & Hsu, S. J. (2008). Review of main documents in Taiwanese history. Taipei: Sanmin.

Tsai, J. J. (1999). *A study of identification about comics figures in the upper-level students of elementary schools in Taipei city.* (Master Thesis, University of Taipei, Taiwan, Taipei). Retrieved from http://handle.ncl.edu.tw/11296/ndltd/89518067302699603741

註： 蔡州宙（1999）。臺北市國小中高年級學生漫畫人物認同之研究。臺北市立師範學院碩士論文。

Tung, Y. C. (2010). *Action research on combing politic comics into civil education at junior high school.* (Master Thesis, National Taiwan Normal University, Taiwan, Taipei). Retrieved from http://handle.ncl.edu.tw/11296/ndltd/24543729526581104092

註： 童玉娟（2010）。政治漫畫融入國中公民課程與教學之行動研究。國立臺灣師範大學碩士論文。

Van der Post, L. (1971). *Prisoner and the bomb.* NY: William Morrow and Company.

Wallerstein, I. (1976). *The modern world-system: Capitalist agriculture and the origins of the European world-economy in the sixteenth century.* NY: Academic.

Wang, C. C. (2004). A study of educational policy and citizenship education during the period of Japanese ruling on Taiwan (1895-1945). *Bulletin of Civic and*

Moral Education, 16, 139-172.

註： 王錦雀（2004）。日本治臺時期教育政策與公民教育內容。公民訓育學報；16期。第139-172頁。

Wang, C. W. (2012). *A study on relationship between Japanese manga culture experiences and values of junior high school students in Kaohsiung.* (Master Thesis, National Tiwan Ocean University, Taiwan, Keelung). Retrieved from http://handle.ncl.edu.tw/11296/ndltd/14226824603823905762

註： 王昭文（2012）。國中學生日本動漫文化經驗與其價值觀之關係研究——以高雄市國中學生為例。國立臺灣海洋大學碩士論文。

Wang, P. Z. (2007). *The influence of popular media on teenagers' identities and consuming behaviors: Japanese and Korean drama as examples.* (Master Thesis, FoGuang University, Taiwan, Yilan). Retrieved from http://handle.ncl.edu.tw/11296/ndltd/65592146423675447007

註： 王保仁（2007）。媒體流行文化影響青少年認同與消費——以日韓偶像劇為例。佛光大學碩士論文。

Weinkauff, B. D. (2013). Types of violence in sequential art: The mise en Scene of violent action in comics, graphic novels and manga. In Elsner, D., Helff, S. &Viebrock, B. (Eds). *Films, graphic novels, & visuals.* (pp.87-104). Berlin: LIT.

Wen, Y. L. (2007, February 9). Japan applies manga diplomacy. Retrieved from February 15,2014,from http://big5.cri.cn/gate/big5/gb.cri.cn/12764/2007/02/08/2225@1446780.htm

Wertham, F. (1954). *Seduction of the innocent.* NY: Rinehart.

West, M. (2006). *Secrets, sex, and spectacle: The rules of scandal in Japan and the United States.* Chicago: University of Chicago.

Wikipedia. (2015). 2014 Taipei Metro attack. Retrieved May 16, 2015 from http://en.wikipedia.org/wiki/2014_Taipei_Metro_attack/

Wood, A. (2006). "Straight" women, queer texts: Boy-love manga and the rise of a global counterpublic. *Women's Studies'Quarterly, 34(1/2), 394-414.*

Wright, B. W. (2001). *Comic book nation: The transformation of youth culture in America.* Maryland: The Johns Hopkins University.

Yang, Y. X. (2009). *An exploratory study examining college students' embrace of the Japanese culture and their use of Japanese entertainment media on their learning motive of the Japanese language.* (Master Thesis, Southern Taiwan University, Taiwan, Tainan). Retrieved from http://handle.ncl.edu.tw/11296/ndltd/12545898600435858083

註： 楊于萱（2009）。哈日風潮與娛樂媒體接觸行為對大學生日文學習動機之初探。南臺科技大學碩士論文。

Yen, Y. J. (2010). *The kingdom of princes: Research on the behavior characteristics and pleasure experience of BL (Boy's Love) manga fans in Taiwan. (*Master Thesis, National Taiwan University of Arts, Taiwan, New Taipei). Retrieved from http://handle.ncl.edu.tw/11296/ndltd/66522209092770233225

註： 葉原榮（2010）。王子的國度：臺灣BL（Boy's Love）漫畫迷的行為特質與愉悅經驗之研究。國立臺灣藝術大學碩士論文。

Yu, P. H. (2012). *The interpretation to violent scenes in anime comic of 5th and 6th grade students in Taiwan.* (Master Thesis, Shih Chien University, Taiwan, Taipei). Retrieved from http://handle.ncl.edu.tw/11296/ndltd/8853854 7394163284373

註： 尤沛涵（2012）。國小高年級兒童對漫畫內容中暴力情節的解讀。實踐大學碩士論文。

Yukari, F. (2013). Women in "Naruto", women reading "Naruto." In Berndt, J. & Meibauer, B. K. (Eds.). *Manga's cultural crossroads.* (pp.172-191). NY: Routledge.

施宜煌 （2015）。Paulo Freire意識覺醒理念及其對教師教學理念的啟示。新竹教育大學教育學報；32（2）。第3頁。

補充註解

1. 「**文化創制者（Culture-makers）**」（P.57）：當弗雷勒將農務相關的圖片拿給農民時，農民說：「為何你不先解釋這些圖畫？它又花不了多少時間，這樣也不會讓我們這麼傷腦筋。」這些農民幾乎從未了解到，在他們與世界及他人的關係中，他們可以「因自己操作而知道某些事物」成為文化創制者。摘自方永泉譯（2003）《受壓迫者教育學（卅週年版）》（原作者：P. Freire）第97-98頁。

2. 「**創制者（Makers）**」（P.57）：弗雷勒認為：「當人們有效地對世界產生影響，透過他們的勞動來改造世界時，他們的意識就變成歷史性的，並且受到文化的影響（Freire, 1971, 56-57）。」該段參考甄曉蘭、張建成主譯（2017）《弗雷勒思想探源-社會正義與教育》（原作者：Carlos A. Torres）第50頁。

3. 「**編碼（Codification）**」（P.57）：在《We Make the Road by Walking: Conversations on Education and Social Change》中，弗雷勒解釋道：「『編碼』對學生和教育者來說皆是挑戰，它將自己暴露給認知主體，讓那些想了解、願意閱讀編碼的人將其作為現實面的展示。正因為你在編碼中呈現的現實面就是真實學生的樣貌，因此當觀察編碼時，學生們再次看到了自己已經知道的那些關於現實面的東西，所以他們會談論他們所看到的。而當他們談論他們所看到的東西時，他們正表達了在談話前他們如何感知現

實面。閱讀編碼使人們理解他人在談話前對現實面的看法（1990,
87-88）」。

4. 「**提問式教育**（Problem-posing education）」（P.80）：該方
式與囤積式教育相對應，用於發現並且探究衍生課題。它打破了
囤積式教育中的上下模式，它只有在克服了師生間的矛盾後，才
會完成其自由實踐的功能。該段摘自方永泉譯（2003）《受壓迫
者教育學（卅週年版）》（原作者：P. Freire）第117、153頁。

5. 「**衍生課題**（Generative themes）」（P.90）：若將「衍生課
題」視為一個待證明的假設，探究目的將不是在尋求肯定該課題
的本質，而是去確定該課題本身是否存在的問題。因此，我們應
該先去證實他是否是一個客觀的事實，才去嘗試了解該課題的豐
富性、重要性、多元化、變化性與歷史的構作。必須透過對人和
世界的關係，即在此關係上所內涵的人群關係中進行批判反省。
該段摘自永泉譯（2003）《受壓迫者教育學（卅週年版）》（原
作者：P. Freire）第139頁。

6. 「**神奇意識**（Magical consciousness）」（P.223）：是一種典
型的封閉結構，並且個體的意識掩沒於具體的生活實在。此層意識
無法覺知生活實在中的諸多挑戰，而且自身幾乎也以扭曲的方式覺
知外在（Freire, 1985, 75）。弗雷勒樂觀看待教育的力量，認為教育
可轉化個體的意識，使其從神奇意識（magical consciousness）、素
樸意識（naive consciousness）至批判意識（critical consciousness）。
因此在神奇意識的階段，人們以消極被動的方式來面對所處的生
活實在（施宜煌，2015，頁3）。

7.   「文化圈（Culture circle）」（P.246）：原為民族學及社會學
     用語，但在弗雷勒的用法中，文化圈指的是一種學習團體（study
     group），一種具有啟發性的學習情境。它由教師與學生或其他相
     關的人組成，他們在文化圈中共同探究問題、規劃課程與教學活
     動，並採取行動。摘自方永泉譯（2003）《受壓迫者教育學（卅
     週年版）》（原作者：P. Freire）第97-98頁。

8.   「未經測試之可行性（Untested feasibility）」（P.263）：當受
     界線處境否定及約束的人們覺知到界線處境是存有與更加人性化
     之存有之間的界限，而不是存有與虛無之間的界限時，他們會開
     始增加其批判行動，以期達成那種知覺中內含之未經測試之可行
     性。摘自方永泉譯（2003）《受壓迫者教育學（卅週年版）》
     （原作者：P. Freire）第145頁。

國家圖書館出版品預行編目（CIP）資料

用批判的角度閱讀漫畫書：以弗雷勒理論探討臺灣中學生如何受日系漫畫影響／許芳慈作. -- 初版. -- 高雄市：麗文文化事業股份有限公司, 2022.05
　　面；　公分
ISBN 978-986-490-198-2(平裝)

1.CST:弗雷勒(Freire, Paulo, 1921-1997) 2.CST:教育理論 3.CST:文化研究 4.CST:漫畫
520.1　111004322

用批判的角度閱讀漫畫書：
以弗雷勒理論探討臺灣中學生如何受日系漫畫影響

作　　　者	許芳慈
發 行 人	楊宏文
編　　　輯	張如芷
封 面 設 計	Edward Hsu、毛湘萍
內 文 排 版	菩薩蠻電腦科技有限公司

出 版 者　麗文文化事業股份有限公司
　　　　　802019 高雄市苓雅區五福一路 57 號 2 樓之 2
　　　　　電話：07-2265267
　　　　　傳真：07-2233073
　　　　　購書專線：07-2265267 轉 236
　　　　　E-mail：order1@liwen.com.tw
　　　　　LINE ID：@sxs1780d
　　　　　線上購書：https://www.chuliu.com.tw/
臺北分公司　100003 臺北市中正區重慶南路一段 57 號 10 樓之 12
　　　　　電話：02-29222396
　　　　　傳真：02-29220464
法 律 顧 問　林廷隆律師
　　　　　電話：02-29658212

刷　　　次　初版一刷‧2022 年 5 月／初版二刷‧2024 年 6 月
定　　　價　350 元
Ｉ Ｓ Ｂ Ｎ　978-986-490-198-2（平裝）